बहुजन समाज

AF756588

बहुजन समाज

मोहनदास नैमिशराय

नीलकंठ प्रकाशन

I.S.B.N. 978-93-95145-17-6
© प्रकाशक

मूल्य	:	350.00
संस्करण	:	2022
प्रकाशक	:	नीलकंठ प्रकाशन 4760-61, 23, अंसारी रोड़, दरियागंज नई दिल्ली-110002
शब्द-संयोजक	:	शोभा कम्प्यूटर्स, दिल्ली
मुद्रक	:	विशाल प्रिंटर्स, दिल्ली-110032

Bahujan Samaj by Mohandass Nemisaray

बहुजन समाज

मोहनदास नैमिशराय

नीलकंठ प्रकाशन

I.S.B.N. 978-93-95145-17-6
© प्रकाशक

मूल्य	:	350.00
संस्करण	:	2022
प्रकाशक	:	नीलकंठ प्रकाशन 4760-61, 23, अंसारी रोड़, दरियागंज नई दिल्ली-110002
शब्द-संयोजक	:	शोभा कम्प्यूटर्स, दिल्ली
मुद्रक	:	विशाल प्रिंटर्स, दिल्ली-110032

Bahujan Samaj by Mohandass Nemisaray

विषय-क्रम

दो शब्द

भारत में बहुजन राजनीति के उद्भव और विकास का अध्ययन हमें बतलाता है कि बहुजन राजनीति की शुरुआत बहुजन समाज के बीच समग्र चेतना का ही परिणाम है। भारत के दबे-पिसे वर्ग के भीतर यह चेतना शताब्दियों पुरानी रही है। संत साहित्य इस चेतना का महत्त्वपूर्ण स्रोत रहा है। संतों की वाणियों ने जहाँ देश के दलित पिछड़ों को उठना सिखाया, वहीं उनकी फटकार ने उन्हें विषमता पर वार करने की ताकत भी दी।

आधुनिक युग में देखें तो केरल में आयंकाली, आन्ध्रप्रदेश में भाग्य रेड्डी वर्मा, महाराष्ट्र में ज्योतिबा फुले, मद्रास में रामास्वामी नायकर एक सशक्त आंदोलन के रूप में बाबा साहेब डॉ. अम्बेडकर से पूर्व स्थिति में मिलते हैं। डॉ. अम्बेडकर पहले व्यक्ति थे जिन्होंने दलितों की चेतना को राजनीति से जोड़कर सत्ता के बंद ताले को खोला था। आजाद भारत में बहुजन राजनीति को विकसित होने में पूरा-पूरा परिवेश मिला। देश की जमीन इस मामले में पहले से ही उपजाऊ रही है।

आजादी के पूर्व भी काँग्रेस की परंपरागत राजनीति को चुनौती देने वाली बहुजन राजनीति ही थी, जो अलग-अलग पार्टियों तथा संगठनों के रूप में जनता के बीच आई। और बाद में चलकर देश-भर में बने काँग्रेस के साम्राज्य को ध्वस्त करती चली गई थी। 1967 में संविद सरकारों का प्रयोग सफल माना जा सकता है। जब जनता पार्टी की सरकार अस्तित्व में आई और फिर मंडल की आँधी ने ऐसा बवंडर मचाया कि राजनीति के बड़े-बड़े स्तंभ ढहते चले गए। उस समय बहुजन समाज पार्टी नयी रचनात्मक राजनीति के रूप में भारतीय मतदाताओं के सामने आई।

अब जबकि बहुजन समाज पार्टी को एक दशक से भी अधिक समय दलित-पिछड़ों के हक में लड़ाई लड़ते हुए हो गया है तब जरूरी हो जाता है कि पुस्तक के माध्यम से बसपा के द्वारा छेड़े गए सामाजिक तथा राजनैतिक आंदोलन / सत्ता से जुड़ाव / उपलब्धियाँ / तथा उसके सकारात्मक और नकारात्मक पक्ष का निष्पक्ष रूप से आकलन किया जाए।

इस बीच राष्ट्रीय तथा अंतर्राष्ट्रीय पत्र-पत्रिकाओं के साथ क्षेत्रीय तथा गैर-हिंदी

समाचार-पत्रों में बसपा के उद्भव और विकास तथा राजनैतिक प्रतिद्वंद्विता के साथ कांशीराम और मायावती दोनों के व्यक्तिगत और सामाजिक सरोकारों पर अधिकतम छपा है। इतना कि विश्व में अब तक किसी राजनैतिक पुरुष पर इतने लेख, साक्षात्कार और रपट आदि प्रकाशित नहीं हुई होंगी। यह अपने-आपमें सच ही है कि 14 अप्रैल, 1984 तक यानी बामसेफ और डी.एस.फोर के संगठनात्मक गतिविधियों के दौरान एक लाइन भी किसी दैनिक/पाक्षिक/या साप्ताहिक में नहीं छपी थी। जबकि प्रायः हर पखवाड़े तथा माह में राष्ट्रीय स्तर पर कांशीराम के नेतृत्व में सामाजिक / सांस्कृतिक कार्यक्रम होते रहते थे। कभी-कभी दस-दस हजार कार्यकर्ता इन कार्यक्रमों में शामिल होते थे, पर राष्ट्रीय प्रेस दो-चार पंक्तियों का स्थान भी नहीं देती थी।

वह समय कांशीराम और मायावती के साथ अम्बेडकरवादियों के लिए संघर्ष का था। उस संघर्ष की उपलब्धि 14 अप्रैल, 1984 के बाद से होनी आरंभ हुई, तब बसपा ने संसद और विधान सभाओं के दरवाजों पर दस्तक दी। पर जितना भी मीडिया में छपा, वह अपने-आपमें भ्रांति से पूर्ण रहा। उसका कारण यह रहा कि अधिकांश पत्रकार शोध नहीं करते। बस सतही तौर से पाठकों के सामने वह सब परोस देते हैं।

संक्षेप में कहा जाए तो इस पुस्तक में उन सभी सवालों को सिलसिलेवार उठाया गया है, जो कांशीराम / मायावती / तथा बसपा के बारे में सामाजिक तथा राजनैतिक कार्यकर्ताओं के मन में उभरे होंगे, और उन सवालों के जवाब ढूँढने की जद्दोजहद में वे उद्वेलित भी हुए होंगे। यानी रिपब्लिकन पार्टी से लेकर बहुजन समाज पार्टी की लंबी राजनैतिक यात्रा के सामाजिक सरोकारों और राजनैतिक विवशताओं पर गंभीरतापूर्वक प्रकाश डाला गया है। इसकी विशेष आवश्यकता थी, जो कार्य अंततः पूरा भी हुआ।

इस पुस्तक को लिखने में जिन साथियों से सहयोग मिला उनमें योगेन्द्र यादव, पुष्पेन्द्र जी, कंवल भारती और अभय कुमार दुबे प्रमुख है। विकासशील समाज अध्ययन पीठ के साथ बहुजन संगठक तथा आप्रेस्ड इण्डियन के पुराने अंकों से भी मदद मिली। समय-समय पर कुछ साथियों से साक्षात्कार भी लिये। जिनके हम आभारी हैं।

बी-जी-5ए/30-बी, पश्चिम विहार
नई दिल्ली-110063

मोहनदास नैमिशराय

बामसेफ से पूर्व दलित समाज की सामाजिक तथा राजनैतिक स्थिति

देश की आजादी ने दलितों को व्यापक रूप में आगे बढ़ने के अवसर प्रदान किए थे। हालाँकि दलितों की स्वतंत्रता जिन जातियों, वर्गों, समूहों और समुदायों को रास नहीं आई उन्होंने उनकी प्रगति के रास्ते में बाधाएँ उत्पन्न करने के साथ उत्पीड़न की प्रक्रिया को भी जारी रखा। यह उत्पीड़न गुलाम भारत में सवर्णों के लिए अधिक सहज था, क्योंकि दलित समाज गुलामों का गुलाम था और सवर्ण समाज में कुछ गुलामों में प्रतिक्रियावादी अँग्रेज हुक्मरानों के संकेतों पर कार्य करने के आदी थे। इसलिए कि वे सुविधाभोगी गुलाम थे। पर यह स्थिति अधिक दिनों तक चलने वाली नहीं थी। देश भर में आम आदमी करवटें ले रहा था।

आजादी का सूरज उगते-उगते बाबा साहेब डॉ. अम्बेडकर की प्रेरणा से दलितों के भीतर भी चेतना का सूरज और अधिक तेजी से उगने लगा था। हालाँकि चेतना उनमें पहले भी थी, पर समय-समय पर वह सनातनियों द्वारा कुंद कर दी जाती थी। दलित समाज के लोग क्षुब्ध हो जाते थे, कुंठित हो जाते थे। और उनमें से कुछ थक-हार कर अपने नसीब को कोसने लगते थे। बाबा साहेब डॉ. अम्बेडकर के जन्म के बाद दलितों में खास तरह की ऊर्जा आई थी। उनकी सोच में परिवर्तन आया था। वे एकजुट होने का प्रयास करने लगे।

इस तरह भारत में जहाँ तेजी के साथ दलितों में जुझारुता आ रही थी वहीं उनके भीतर राजनैतिक महत्त्वाकांक्षाएँ भी उभरने लगी थीं। मानवीय अधिकारों के लिए वे प्रतिबद्ध थे और परंपराओं को ठुकरा रहे थे। साथ ही राज्य स्तर पर नये-नये सामाजिक संगठन बन रहे थे, जिनका तेजी से विस्तार हो रहा था। बीसवीं सदी को दलित चेतना का चरमोत्कृष भी कहा जा सकता है। विशेष रूप में जब तक पूना पैक्ट के तत्कालीन ज्वलंत विषय को लेकर बाबा साहेब के नेतृत्व में दलितों ने अपने अधिकारों के लिए संघर्ष के आंदोलन की राष्ट्रीय आधार पर शुरुआत की थी। उस काल को सवर्ण बुद्धिजीवियों ने नवजागरण (रेनेसां) भी कहा है, पर असल

में यह पुनर्जागरण था, पर सही मायनों में देखा जाए तो वह समय दलितों का अपनी अस्मिता से रू-ब-रू होने का भी था। यह भी सच है कि ब्रिटिश भारत में दलित समाज के लोगों को अपनी बात कहने का बल भी मिला था। राजनैतिक ही नहीं सामाजिक और सांस्कृतिक गुलामी से मुक्ति की भाषा पूर्व की नहीं पश्चिम की ही देन थी, जिससे दलितों को जीने के अर्थ का पता चला।

वैसे आजादी से बहुत समय पूर्व दलित-पिछड़ों के बीच सामाजिक- सांस्कृतिक और राजनैतिक हवा बहने लगी थी। आज जिन्हें हम पिछड़ा वर्ग कहते हैं, उनकी गिनती शूद्रों में होती थी। उनमें भी अनगिनत जातियाँ थीं। डॉ. अम्बेडकर ने इन्हें सछूत (Touchable) कहा है। सछूत यानी जिन्हें छुआ जा सके। हालाँकि तब के शूद्रों और आज के पिछड़ी जातियों के लोगों की सामाजिक तथा आर्थिक स्थिति बहुत अच्छी नहीं थी। पर वे अपने-अपने गाँव, कस्बों, शहरों में खुशफहमी का शिकार थे। वे सभी अपने-आपको हिंदू कहते थे, पर सवर्ण हिंदू दलितों के साथ उन्हें भी दूसरी श्रेणी का मानते थे।

मद्रास और बिहार दो ही सूबे ऐसे थे जिनमें दलित और पिछड़ों ने संयुक्त रूप से मुक्ति की लड़ाई लड़ी थी। वह बात अलग है कि इसमें दलितों से कहीं अधिक फायदा पिछड़ों को हुआ। मद्रास में 'द्रविड़ आंदोलन' और बिहार में 'अर्जक संघ' और 'त्रिवेणी संघ' के मंच पर दलित पिछड़े ब्राह्मणवाद के खिलाफ एकजुट हुए थे। अन्य राज्यों में दलितों ने गुलामी से मुक्ति की लड़ाई अपने दम पर ही लड़ी थी, बल्कि अगर कहा जाए कि कहीं-कहीं दलितों का पिछड़ी जाति के सामंतों तथा जमींदारों से भी टकराव हुआ था तो गलत नहीं होगा।

उदाहरण के लिए, पंजाब में आदिधर्मी आंदोलन, बंगाल में नमोशूद्र आंदोलन, मध्यप्रांत में रामनामी-सतनामी आंदोलन, आंध्र प्रदेश में आदिशूद्र आंदोलन, उत्तर प्रदेश में जाटव आंदोलन तथा केरल में पोलाया-इजावा आदि आंदोलन दलितों के द्वारा चलाए जा रहे थे। इसके साथ ही राजस्थान में रैगर महा सम्मेलन के माध्यम से दलितों में चेतना लाने के प्रयास हो रहे थे। इनके साथ ही अन्य राज्यों में भी दलितों के भीतर चेतना उभर रही थी।

आजादी के पहले दशक में देखें तो राष्ट्रीय स्तर पर दलितों की चार-पाँच सामाजिक संस्थाएँ ही कार्यरत थीं। इनमें डॉ. अम्बेडकर द्वारा स्थापित 'अखिल भारतीय दलित वर्ग फैडरेशन', भारतीय दलित बर्ग संघ, भारतीय दलित जाति संघ तथा अखिल भारतीय सफाई मजदूर संघ विशेष थीं। इनमें पहली दो संस्थाएँ राजनैतिक पार्टियों के रूप में भी चुनाव लड़ रही थीं। भारतीय दलित वर्ग संघ का बाबूजी ने गठन किया था।

आजादी के बाद दलित समाज में जैसे-जैसे चेतना आ रही थी वैसे-वैसे ही उन पर उत्पीड़न की घटनाएँ और अधिक होने लगी थीं। विशेषतौर पर दलित महिलाओं

पर बलात्कार की घटनाएँ बढ़ रही थीं। महिलाओं की इज्जत से छेड़छाड़ का अर्थ उसकी जाति के पुरुषों की अस्मिता पर चोट। इसलिए दलित महिलाओं पर वार किया जाता था।

उदाहरण के लिए, तमिलनाडु राज्य के तंजौर जिले के किलेवनमणि ग्राम में दिसंबर, 1969 में सवर्ण-जाति के लोगों ने 42 दलित मजदूरों को, जिनमें अधिकांश महिलाएँ व बच्चे थे, जिंदा जला दिया था। गुजरात के रणमलपुरा गाँव में सवर्णों के कुएँ से पानी लेने का प्रयास कर रहे दलितों को मारा-पीटा गया। उनकी झोंपड़ियाँ जला दी गई। आंध्र प्रदेश के कांचिका-चेरला गाँव में एक दलित लड़के को खंभे से बांधकर, मिट्टी का तेल छिड़क, जिंदा जला दिया गया। उत्तर प्रदेश में बाकेबर पुलिस स्टेशन के इंचार्ज ने तो हैवानियत से भी आगे का कुकृत्य कर डाला। उसने रामचरन नाम के दलित मजदूर के घर दौड़ डाली तथा उसकी अधेड़ पत्नी व किशोर पुत्र को लाखना कस्बे के चेयरमैन के घर ले गया। वहाँ उन दोनों को नंगा किया गया तथा माँ को जमीन पर लिटा कर पुत्र को उससे बलात्कार करने पर मजबूर किया गया।

बिहार के सहरसा जिले के मधुबनी गाँव में सवर्ण जाति का बारह वर्षीय लड़का सांप के काटने से मर गया था। लड़के के अंधविश्वासी परिवार ने समझा कि दलित जाति की एक महिला ने जादू-टोने से उसे मार दिया। बस क्या था, उस महिला के परिवार की चार महिलाओं को सार्वजनिक रूप से गाँव में नंगा कर उन्हें मारा-पीटा गया और मृतक लड़के को जिंदा करने के लिए कहा। बाद में लोहे की सलाखों को गर्म कर चारों महिलाओं के हाथ-पैर व गुप्तांगों को दागा गया। उत्तर प्रदेश के एक जिला केंद्र पर अगस्त, 1973 में, मंदिर में एक पुलिस इंस्पेक्टर ने दलित महिला के साथ बलात्कार किया। यही नहीं देश की राजधानी में भी दुर्व्यवहार की घटना हुई।

दिल्ली के बापा नगर मुहल्ले की प्रेमलता नाम की दलित छात्रा ने अपनी प्रधानाध्यापिका द्वारा 'कृष्ण जन्माष्टमी' का प्रसाद फेंक देने पर किए गए अपमान स्वरूप कुएँ में छलांग लगाकर आत्महत्या कर ली। बाद में इसी घटना को लेकर कई दिनों तक दलित समाज द्वारा आंदोलन किया गया था।

विदर्भ में गवई बंधुओं की आँखें निकाल ली गई। महाराष्ट्र के ही बावड़ा या ब्राह्मण गाँव में बौद्धों पर जो अन्याय हुआ, उससे आक्रोशमय हुए उन्हीं लोगों की बस्ती वाले लेबर कैंप (माटुंगा) के दो युवकों ने ही प्रथम विधान सभा में आग बरसाई। उस समय मराठी दलित लेखक राजा ढाले ने कहा था—**"किसी महिला की इज्जत से किसी राष्ट्रध्वज के कपड़े का सम्मान कैसे अधिक हो सकता है? अगर महिलाओं के कपड़े फटते रहे तो हमें राष्ट्रध्वज से क्या लेना?"**

दलित उत्पीड़न की यह घटनाएँ इस बात का सबूत रही थीं कि जहां दलितों

के भीतर उनके अपने अधिकारों के लिए जागरुकता आ रही थी। वहीं उन्हें आहत कर उत्तेजित भी किया जा रहा था। परिणामस्वरूप सामाजिक और सांस्कृतिक जागरण के पश्चात् अगले चरण में वे राजनैतिक सत्ता के बंद दरवाजों पर दस्तक भी देने लगे थे।

9 जुलाई, 1972 की दलित पैंथर की स्थापना के बाद दलित आंदोलन महाराष्ट्र भर में फैलने लगा था। दलित तरुण समाज पैंथर की तरफ तेजी से आकर्षित होने लगा था। यह प्रवृत्ति इतनी प्रवाहमयी और मुग्ध करने वाली थी कि तमिलनाडु में द्रमुक की मंत्री सत्यवाणी मुथ्थु ने मंत्री पद का त्याग करके दलित पैंथर जैसे जुझारू संगठन में प्रवेश किया था।

दलित पैंथर को जन्म दिया महाराष्ट्र के उन युवा मराठी दलित साहित्यकारों ने जिनके मन में दलितों के शोषण एवं उत्पीड़न के खिलाफ शोले भड़क रहे थे। अमेरिकी नीग्रो आंदोलन 'ब्लैक पैंथर' इनका प्रेरणा-स्रोत बना। न केवल महाराष्ट्र, बल्कि उसके बाहर भी गुजरात, तमिलनाडु, कर्नाटक, आंध्र प्रदेश, दिल्ली तथा उत्तर प्रदेश में भी इसका तेजी के साथ विस्तार हुआ। जो भी गरीब है, दलित है, बाबा साहेब की इस मूलभूत व्यापक भूमिका को लेकर दलित आंदोलन में प्राण फूँकने के लिए आगे आए उनके नामदेव ढसाल, ज.वि. पवार, आदि खड़े हो गए थे। असल मे े ही सर्वप्रथम दलित पैंथर की स्थापना में शामिल हुए थे।

जिस समय गवई बंधुओं की आँखें निकालने का अत्याचार दलितों पर ढाया गया, उस समय दलित पैंथर के चार-पाँच सौ युवकों ने ही प्रदर्शन किया था। उसी सम ा रा.सु. गवई उपसभापति के पद को सँभालते हुए चुप रहे। लगभग यही हाल मंत्री पद पर बैठे हुए दादा साहेब रूपवते का भी था। कहा जाता है कि मंत्री होने के बावजूद उनको अलग बरतन में पानी पीना पड़ता था, फिर भी मंत्री पद का लोभ उनसे छूटता न था। शाहजीराव के भाई शंकरराव बाजीराव पाटिल के स्वरों में स्वर मिलाते हुए रूपवते नाइक मंत्रिमंडल में चुपचाप बैठे रहे। तब दलित समाज के मंत्री चुप रहते थे और समाज के युवाओं के स्वर आसपास के परिवेश को गुंजायमान करने में लगे थे।

वैसे दलित पैंथर निष्क्रिय हुए रिपब्लिकन नेतृत्व को झटका देने वाली स्वतःस्फूर्त प्रतिक्रिया थी। जिन युवकों के हाथ में दलित पैंथर का नेतृत्व था, उनके पास बौद्धिक शक्ति तो थी, लेकिन दूरदर्शिता की कमी थी। कवि, लेखक स्वभाव का यह युवा नेतृत्व व्यावहारिक राजनीति में कच्चा था। बाद के दिनों में वामपक्षीय आंदोलन की इसमें घुसपैट से दलित पैंथर के कार्यकर्ताओं के बीच मतभेद पैदा हुए। रही सही कमी को पूरा किया काँग्रेस ने।

अनुसूचित जाति एवं अनुसूचित जनजाति आयुक्त शंकरराव माने ने 1975 में अपनी एक रिपोर्ट में कहा था कि यदि समय रहते न चेता गया तो दलित समाज

भीषण विद्रोह करेगा। महाराष्ट्र में दलित पैंथर बनने का भी यही उद्देश्य भी था। तब दलितों पर अत्याचारों के सवाल पर राजनीतिज्ञों का ध्यान खींचने के लिए महाराष्ट्र विधान सभा की दर्शक-दीर्घा से हवा में मुँह से मिट्टी का तेल छोड़कर और उसे माचिस की तीली से भड़काकर **'गवले-मोइले'** नाम के दो बौद्ध युवकों ने आग बरसाई थी। उनके इस कार्य से हालाँकि किसी को चोट नहीं पहुँची थी, पर इस घटना ने समूचे महाराष्ट्र के दलित नवयुवकों को जुल्म और अत्याचार से निपटने के लिए भरपूर प्रेरणा दी थी। पर उस समय किसे यह सब मालूम था कि राजनीतिज्ञों का अत्याचारों की ओर ध्यान खींचते-खींचते दलित पैंथर जैसा जुझारू संगठन भी स्वयं एक दिन राजनीतिज्ञों की गोद में बैठ जाएगा। बेशक समूचे दलित पैंथर संगठन के कार्यकर्ताओं ने हथियार डालकर अपने-आपको अवसरवादी राजनीतिज्ञों के हवाले नहीं किया था, लेकिन ऐसे अधिकांश कार्यकर्ताओं के बीच मतभेद उभरने लगे थे। दलित पैंथर की दस्तक से जैसे-जैसे दलित मानव जागता गया वैसे-वैसे उसे महसूस हुआ कि उसे जगाने वाले संगठन में राजनैतिक समीकरण उभरने लगे हैं। इसलिए दलित पैंथर के बाद के दिनों में उतना दम-खम नहीं रहा था।

यह सवाल अकेले दलित पैंथर का नहीं, बल्कि दलितों की अस्मिता और पहचान के नाम पर बनने वाली हर दूसरी राजनैतिक पार्टी का था, जिन्हें शीर्ष पर बैठे राजनीतिज्ञों ने हर उत्पीड़न की घटना के बाद राजनीति करना सिखा दिया था। उनमें से बहुत कम को यह मालूम होगा या जानकारी लेने का प्रयास किया होगा कि उत्पीड़न में सहयोगियों या उत्पीड़कों को सजा मिली भी या नहीं या किसी विशेष केस के निर्णय में कितना समय लगा। ऐसे मुकदमों को अधिक लंबा खींचे रखने में कितना और कहाँ से राजनैतिक दबाव पड़ा और सेशन कोर्ट से हाईकोर्ट तक केस को आने में स्वयं पीड़ित पक्ष को कितने पापड़ बेलने पड़े।

वैसे भी काफी पहले से ही राजनैतिक चुनाव से दलित उत्पीड़न का रिश्ता सीधे-सीधे जुड़ गया। वह चाहे बिहार के भोजपुर का दनवार-बिहटा गाँव हो या गुजरात का बनासकांठा संसदीय क्षेत्र। आंध्र प्रदेश के नालगोंडा जिले में आदिवासियों की बस्तियाँ हों या उत्तर प्रदेश का छपरौली क्षेत्र हो। चुनाव में सामंतों के संकेत मात्र पर उनकी पार्टी या उम्मीदवार को वोट न देने का अंजाम हिंसा और बलात्कार की घटनाएँ आम बात हो गई। यही नहीं चुनाव के बाद अगर किसी प्रदेश के मुख्यमंत्री या उसकी सरकार को गिराना है तो वहाँ दलित हत्याकांड करा दिया गया यही नहीं अपनी तमाम नैतिकता को भुलाकर राजनीतिज्ञों की शह पर दलित महिलाओं पर सामूहिक बलात्कार भी हुए। उनका राजनीतिज्ञों के उत्थान और पतन में भरपूर इस्तेमाल हुआ।

यहाँ यह सवाल उठता है कि कांशीराम ने ही आखिर क्यों इस संगठन को बनाने में रुचि ली? करोड़ों लोगों में कोई विरला ही धधकती हुई आग में कूदता

है। हालाँकि यह बात अपने-आपमें सही भी है। क्योंकि अपने सगे बाप से विप्लवी का खिताब लेने वाले युवा कांशीराम ने 'ख्वासपुर' को फिर कभी पीछे मुड़कर नहीं देखा था।

1957 में उन्होंने सर्वे ऑफ इंडिया में ज्वाइन किया, लेकिन प्रशिक्षण के दौरान ही वह नौकरी छोड़ दी। बाद में डिफेंस रिसर्च एंड डवलपमेंट आर्गनाइजेशन में वैज्ञानिक के पद पर उनकी नियुक्ति हुई। और पुणे के पास किर्की में एक्सप्लोसिव रिसर्च एंड डवलपमेंट में उनकी पोस्टिंग हुई। पर उस विभाग में वे अधिक दिनों तक नहीं रहे। 1964 में ही उन्होंने इस्तीफा दे दिया। इस्तीफे का कारण जैसा बतलाया जाता है। उक्त विभाग में उस वर्ष अम्बेडकर जयंती और बुद्धा जयंती दोनों अवकाश समाप्त कर दिए गए थे। कुछ साथियों ने विभाग के उच्च अधिकारियों की इस सवर्ण मानसिकता का खुले रूप में विरोध किया। परिणामस्वरूप उन्हें सस्पेंड कर दिया गया। बाद में कांशीराम ने उन्हें कानूनी सहायता जुटाने के लिए स्वयं भी इस्तीफा दे दिया।

शायद कांशीराम के मन पर उन दिनों बाबा साहेब डॉ. अम्बेडकर के महत्त्वपूर्ण दर्शन का ही प्रभाव था।

जरूरी बात है कि एक महत्त्वपूर्ण पद से इस्तीफा देने के बाद कांशीराम को भी असुविधा हुई होगी। पहले सवर्णों से और फिर दलितों के छुटभैये नेताओं से, दोस्तों और रिश्तेदारों से। तीखी बातें सुनने को मिली होंगी। उन सबके उल्लेख करने का यहाँ कोई औचित्य नहीं है। केवल इतना ही कहा जा सकता है कि उनके उद्वेलित मन में कुछ और अधिक करने के दुस्साहस का भाव पैदा हुआ होगा।

जैसा कि स्वयं कांशीराम लिखते हैं, "इस वर्ग के मनोभावों को ध्यान में रखते हुए और इस वर्ग की सामाजिक जिम्मेवारी को देखते हुए पुणे में हम कुछ लोगों ने इन शिक्षित कर्मचारियों को संगठित करने का निर्णय लिया, जिसका ध्येय है समाज को दासता से मुक्ति दिलाना। उसी समय शिक्षित कर्मचारियों को अखिल भारतीय स्तर पर और पक्के तौर पर संगठित करने का भी निर्णय लिया गया कि ऐसे संगठन के माध्यम से अपने विचार को मूर्त रूप प्रदान किया जाए।

इसी तरह की परिस्थितियों के बारे में 27 अक्तूबर, 1991 को इटावा के जी. आई.सी. स्कूल के मैदान में बी.एस.पी. के लोकसभा चुनाव उद्‌घाटन करते हुए कांशीराम ने भाषण के रूप में अपने जो विचार रखे थे, हम उन्हें ज्यों का त्यों दे रहे हैं–

हमने निर्धन समाज में से ही उनके हितों के लिए धन पैदा किया

"साथियों, इन्होंने बहुजन समाज को निर्धन समाज बनाकर रखा है इसलिए इनको ऐसा लगता है कि धन तो हमारे पास है, तो फिर ये कौन से धन से ये अपना कारोबार चलाते हैं। मैंने इसके ऊपर गौर किया है और गौर तो अब नहीं वर्षों पहले

किया है। 1971 में मैं इस नतीजे पर पहुँचा था कि हमें अपना कारोबार बढ़ाने के लिए कुछ धन की जरूरत पड़ेगी। हमारा कारोबार जो बाबा साहेब अम्बेडकर चलाया करते थे, उनके जाने के बाद वो धीमा क्यों पड़ा है। धन की कमी एक बड़ी कमी उसमें नजर आई। इसलिए मैंने सोचा कि भाई धन तो हम दूसरों के मुकाबले में बहुत कम लगेगा, लेकिन कुछ न कुछ तो जरूर लगेगा, उतना धन हमें पैदा करना ही होगा। तो मेरी निगाह अपने समाज के चारों तरफ गई और मुझे ऐसा लगा कि इस निर्धन समाज में हमारे बुजुर्गों की कोशिश के कारण, खासकर बाबा साहेब अम्बेडकर की कोशिश के कारण जो शेड्यूल्डकास्ट, शेड्यूल्ड ट्राइब्स के लोगों को आरक्षण की सहूलियत मिलो है, पढ़ने-लिखने का मौका मिला, और इसके बाद आरक्षण की सहूलियत मिली, उसका फायदा लेकर शेड्यूल्डकास्ट, शेड्यूल्ड ट्राइब्स के 26 लाख पढ़े-लिखे कर्मचारी नजर आते हैं, और इनकी तनख्वाह 10 हजार करोड़ रुपये से ज्यादा है, हमें तो ज्यादा-से-ज्यादा 10 करोड़ की जरूरत पड़ सकती है। जिसमें जिस समाज का एक अंग सूझबूझ वाला पढ़ा-लिखा 10 हजार करोड़ रुपया कमाता हो तो क्या वो 10 करोड़ रुपया इकट्ठा नहीं कर सकता है, मैंने सोचा की 10 करोड़ की जरूरत ही तब पड़ेगी जब हम इस देश के शासक बनने जाएँगे। पहले तो एक करोड़ से ही काम चल जाएगा, लाखों में ही चल जाएगा तो इसलिए सबसे पहले मैंने इन 26 लाख पढ़े-लिखे कर्मचारियों को संगठित करना जरूरी समझा। ताकि हम निर्धन समाज में से कुछ धन ढूँढकर हम इस समाज को, गिराए गए समाज को अपने पैरों पर खड़ा कर सकें। हमारा लक्ष्य था, गिराए हुए समाज को अपने पैरों पर खड़ा करना। तो फिर हमें दिमाग की जरूरत चाहिए, उससे भी हमें हुनर चाहिए इसके लिए पैसा चाहिए, तो मुझे ये पढ़ाई-लिखाई, ये हुनर, ये पैसा इन 26 लाख पढ़े-लिखे कर्मचारियों में मुझे नजर आया, और इस समाज के लोगों की तरफ ही बाबा साहेब ने इशारा किया था, आरक्षण दिलाने के बाद वो कहते थे कि आरक्षण मैं इसलिए चाहता हूँ कि जब इस समाज के लोग मार्के की जगह पर जाएँगे तो इस समाज के साथ हो रहे धोखे को रोक सकेंगे। यह बात दूसरी है कि पढ़े-लिखे कर्मचारी काम नहीं कर पाए हैं, लेकिन जिस बाबा साहेब अम्बेडकर के संघर्ष के कारण हमारे समाज में पढ़ाई-लिखाई का प्रचार-प्रसार हुआ, उससे ही बात आग बढ़ी, जिन लोगों को इजाजत नहीं थी पढ़ने के लिए उन्हें मौका मिला, मौके के बाद सहूलियतें मिलीं।

इसलिए साथियों, मुझे ऐसा लगा कि हमारे समाज की इन्होंने नींबू की तरह से निचोड़ा है, बुरा किया है, हमारे समाज के साथ धोखा किया है। नींबू में रस नहीं छोड़ा है, लेकिन फिर भी किसी कोने में मुझे रस नजर आया, ये पढ़े-लिखे कर्मचारियों का कोना था जो रस से भरा हुआ नजर आया, और ऐसा लगा कि रस इसमें बढ़ता जा रहा है। जब मैंने यह काम शुरू किया था उस वक्त 15 लाख पढ़े-लिखे

कर्मचारी थे, और आज 26 लाख से ज्यादा हैं। इन पार्टियों को मैं कहना चाहता हूँ कि हम अपने समाज में से जितना हमें इस समाज को अपने पैरों पर खड़ा करने के लिए, आगे बढ़ाने के लिए, दौड़ में उतारने के लिए और दौड़ में इतना तेज दौड़ाने के लिए कि हम मुट्ठी भर लोगों को पछाड़ सकें, इसके लिए हमें जितना धन चाहिए हम अपने समाज में से पैदा कर सकेंगे। इसी तरह से मुझे ऐसा लगा कि अगर पढ़े-लिखे कर्मचारी अपनी जिम्मेदारी निभा पाएँगे तो भी कोई घबराने की बात नहीं है। बहुजन समाज 70-75 करोड़ लोगों का समाज है। 70-75 करोड़ लोग निचोड़े गए हैं उनमें रस नहीं रहा है, लेकिन फिर भी जिंदा है और जिंदा रहने के लिए उनको सही खाना नहीं मिलता है, भूखे मरते हैं, लेकिन जो कुछ भी खाते हैं ऐसा लगता है कि एक व्यक्ति एक दिन में तीन रुपये का तो जरूर खा जाता होगा। भूखा मरता मरता भी तीन रुपये का जरूर खा जाता है, ऐसा सरकार का अनुमान है। तो 70 करोड़ लोग 200 करोड़ रुपये का हर रोज खाना खाते हैं। 200 करोड़ रुपये का हर रोज हम लोग खाना खाते हैं। भाई दूसरों के कारण तो हम लोग भूखा मरते हैं दूसरों के लिए हम भूखे मरते हैं, अगर एक दिन अपने लिए हम भूखे रह जाएँ तो हम 200 करोड़ रुपया अपने समाज को तैयार करने के लिए बचा सकते हैं। यह बात हमारे उन भाइयों को, जो हमारी तरफ उंगली उठाते हैं उनको इस बात का एहसास होना चाहिए, मुझे लगता है इस बात का उन्हें एहसास जरूर है।''

कांशीराम का यह भाषण दलित समाज के पढ़े-लिखे कर्मचारियों की ओर संकेत करता हैं, जिन्हें उन्होंने धन इकट्ठा करने का माध्यम भी बनाया इस प्रकार 1973 के आसपास सामाजिक उपयोगिता की धारणा के रूप में बामसेफ जैसे संगठन बनाने का विचार पैदा हुआ। इसकी ज्यादा सिद्धि के लिए 6 दिसंबर 1973 को बामसेफ की योजना अवधारित की गई और हम मुट्ठी-भर लोग पुणे और दिल्ली से पाँच दिन के लिए दिल्ली में एकत्र हुए इसके पाँच वर्ष बाद बामसेफ को जन्म देने का निर्णय लिया। इस तरह ठीक पाँच वर्ष बाद 6 दिसंबर, 1978 को दिल्ली के 'बोट क्लब' मैदान में बामसेफ का जन्मोत्सव मनाया गया। बामसेफ यानी ''द ऑल इंडिया बैकवर्ड (एस.सी., एस.टी., ओ.बी.सी.) एंड मायनारिटी कम्युनिटीज इंपलाइज फेडरेशन'' नाम का सामाजिक साहित्यिक और सांस्कृतिक गैर-राजनैतिक संगठन अस्तित्व में आया। इसके संस्थापक अध्यक्ष कांशीराम स्वयं थे। उस समय कांशीराम के साथ मुट्ठी-भर साथी थे...।

बामसेफ संगठन की स्थापना और उसके विकास ने बहुत सारी संभावनाओं को जन्म दिया था। यह उक्त संगठन की विशेषता ही कही जा सकती थी कि कम समय में ही प्रतिबद्ध अम्बेडकरवादी कार्यकर्ताओं की मेहनत और लगन से देश के विभिन्न शहर तथा कस्बों में तेजी के साथ इसका प्रचार-प्रसार होने लगा था। समता सैनिक दल के बाद शायद पहली बार देश में इस तरह के महत्त्वपूर्ण संगठन की

स्थापना हुई थी।

6 दिसंबर, 1978 को बामसेफ का गठन हुआ। और चार-पाँच सालों में पचास हजार सदस्य बनाए जा चुके थे। यह एक मिशन की सफलता थी। 14 जून, 1979 को दिल्ली में बामसेफ का सम्मेलन हुआ, जिसमें रामविलास पासवान, एस.डी. सिंह चौरसिया आदि सांसदों ने भाग लिया था। 6 दिसम्बर 79 को इसका नागपुर में सम्मेलन हुआ। नवम्बर 1980 में दिल्ली में रामलीला मैदान में तथा अक्तूबर, 1981 को चंडीगढ़ में सम्मेलन हुए।

बामसेफ चूंकि शिक्षित कर्मचारियों का संगठन था। इसलिए अलग-अलग विभागों में दलित, आदिवासी एवं पिछड़े वर्गों के कर्मचारियों पर हो रहे उत्पीड़न के खिलाफ संस्था के माध्यम से आगे सम्बन्धित अधिकारियों से संपर्क किया जाता था। लेकिन शेष समाज की ओर भी ध्यान दिया जाना था। उक्त संगठन का धीरे-धीरे जन आधार बनता चला जा रहा था। संगठनात्मक गतिविधियों को बढ़ाने के लिए कुछ प्रयोग भी किए गए थे। जिनमें सफलता भी मिली थी।

संस्था की गतिविधियों के प्रचार-प्रसार के लिए बामसेफ संस्था की ओर से दस-बारह पत्र-पत्रिकाएँ भी प्रकाशित होने लगे थे। नई दिल्ली से हिंदी साप्ताहिक 'बहुजन संगठक' तथा अँग्रेजी मासिक 'द आप्रेस्ड इंडियन' के साथ-साथ शेष अन्य नागपुर, पंजाब, गुजरात आदि स्थानों से प्रकाशित होते थे।

अगले एक-दो वर्षों में बामसेफ के माध्यम से तेज गति से कार्य होने लगा था। संस्था के विभिन्न कार्यक्रमों में विभिन्न राजनीतिज्ञों को आमंत्रित किया जाने लगा था। इस बीच कुछ राजनीतिज्ञ ऐसे थे जिन्हें बार-बार बामसेफ के कार्यक्रमों में बुलाया जाता था। उन सबमें सबसे ऊपर रामविलास पासवान का नाम था। अन्य में एस.डी. सिंह चौरसिया (राज्यसभा सदस्य) रामलाल कुरील (लोकसभा सदस्य), उत्तर प्रदेश आर.पी.आइ. के उपाध्यक्ष एडवोकेट छेदीलाल साथी, एडवोकेट गुरु प्रसाद मदान, आगरा से पूर्व विधायक एडवोकेट खेमचंद सौगत, पूर्व विधायक और आर. पी.आइ. के नेता मान सिंह, खुर्शीद आलम खाँ, सांसद तथा अल्पसंख्यक सेल के संयोजक, श्री जी.एस. रेड्डी, सांसद और ऑल इंडिया कैथोलिक यूनियन के पूर्व अध्यक्ष, भोला पासवान शास्त्री, सांसद, तथा अनुसूचित जाति एवं जनजाति आयोग के चेयरमैन के साथ अन्य सांसदों में महीलाल (उत्तर प्रदेश) जे.एस. आनंद (पंजाब) कृष्णामूर्ति (आंध्र प्रदेश) गंगाराम निर्वाण (जो 1989 में हुए लोकसभा की करोलबाग क्षेत्र से बी.एस.पी. के टिकट पर चुनाव लड़े।) हीरालाल परमार (गुजरात से इंका के टिकट पर लोकसभा में आए थे।) जयपाल सिंह कश्यप तथा जगपाल सिंह (दोनों उत्तर प्रदेश से सांसद) भोला पासवान, कर्पूरी ठाकुर तथा महाराष्ट्र से काँग्रेस के सांसद और पूर्व न्यायविद् श्री आर.आर. भोले, उत्तर प्रदेश से चुने गए सांसद, श्री राजनाथ सोनकर शास्त्री आदि। 1977 तक काँग्रेस और लोकदल के टिकट पर चुने गए सांसद

बामसेफ और कांशीराम में अच्छी-खासी रुचि लेते थे। बाद में जब जनता पार्टी सत्ता में आई तो उक्त पार्टी के सांसद और विधायकों का जमघट बामसेफ संस्था के कार्यक्रमों में खूब होता था।

उस दौरान बामसेफ में मायावती का स्थान उतना प्रभावूपर्ण न था, पर बीच के कुछ समय में मेहनत कर मायावती ने नंबर दो का दर्जा प्राप्त कर लिया था। उस समय तक वह प्राइमरी स्कूल में पढ़ाती थीं। यूँ मायावती के साथ-साथ अन्य महिलाएँ भी बामसेफ में सोशल-वर्कर के रूप में कार्य करती थीं। पर मायावती के तेवर उन सबमें अलग थे तथा उन्हीं को पीछे ढकेलकर स्वयं आगे आ जाने में सक्षम चरित्र भी था मायावती का। अन्य महिलाओं में, शकुंतला राजौरा, कांतामौर्य (जो बाद में कम्युनिस्ट पार्टी की फुल टाइम सोशल वर्कर बन गई) कृपा गौतम, रजनी आदि-आदि। कुछ महिलाएँ अप्रत्यक्ष रूप से बामसेफ की सरंचना में सहयोग देती थीं। लेकिन उनके मन में राजनीति में आने की लालसा बिलकुल न थी। उन दिनों मायावती के चेहरे पर राजनीतिक महत्वाकांक्षाएं साफ तौर पर पढ़ी जा सकती थी। जो बाद में चलकर तन के साथ मन पर भी उभरी।

दिल्ली में बामसेफ का पहला सम्मेलन 6, 7 और 8 दिसंबर, 1978 को बोट क्लब पर हुआ। जिसमें दो हजार के लगभग प्रतिनिधियों ने भाग लिया। 14 जून, 1979 को दिल्ली में ही एक और सम्मेलन किया गया। जिसमें रामविलास पासवान, एस.डी. सिंह चौरसिया आदि सांसदों ने भाग लिया। 1980 में फिर एक और सम्मेलन दिल्ली के रामलीला ग्राउंड में आयोजित हुआ। इसी दौरान यानी 1977 से 1980 के बीच देश-भर में बहुत से कार्यक्रम बामसेफ संस्था की ओर से आयोजित हुए। इन सबके पीछे कुछ अन्य कारण भी थे।

जिस समय बामसेफ का गठन हुआ, उन दिनों दलितों के बीच निराशाजनक वातावरण था। लगता था जैसे दलित समाज का आम व्यक्ति अपने ही वर्ग के उथले नेतृत्व से ऊब चुका था। युवा मन में महज छटपटाहट थी। महाराष्ट्र से दलित राजनीति की शुरुआत हुई थी और वहीं सबसे पहले बिखराव के लक्षण भी वहीं देखे गए थे। अधिकांश दलित नेताओं के बीच स्वार्थ के लिए आपाधापी मची थी। इन सबका पूर्ण रूप से फायदा कॉंग्रेस को ही मिला था। 1968 में महाराष्ट्र में जिला परिषद् और नगरपालिका के चुनाव हुए। पहली बार कॉंग्रेस का रिपब्लिकन पार्टी से राजनैतिक स्तर पर समझौता हुआ। जिसका आर.पी.आई को कोई विशेष फायदा न हो सका। बल्कि नुकसान अवश्य हुआ। पार्टी की अब तक बनी हुई साख टुकड़े-टुकड़े हो गई थी। अधिकांश दलित मतदाताओं ने यह समझ लिया कि जैसे सवर्ण नेता ऐसे ही उनके अपने नेता भी हैं। बाद में दलित पैंथर उन दलितों-शोषितों के आंदोलन के रूप में उभरा जो रिपब्लिकन पार्टी और उसके नेताओं से निराश हो चुके थे। पर जल्दी ही दलित पैंथर का भी वैसा ही हश्र हुआ।

1977 में केंद्र में जनता पार्टी के सरकार में आने के बाद दलित उत्पीड़न की घटनाओं में वृद्धि हुई। बेलछी, बेलापुरम, आगरा और देहुली कांड ने तो दलित मानस को झकझोर कर रख दिया। बिहार के बेलडीहा गाँव में सेंट्रल रिजर्व पुलिस के जवानों द्वारा दिसंबर 1978 को आदिवासी युवतियों के साथ सामूहिक बलात्कार की घटना हुई। चाइबासा तथा सिंहभूम में भी इसी से मिलती-जुलती घटनाएँ हुई। महाराष्ट्र के शिंदखेड़ा तहसील के अलाठे गाँव में भूपतियों ने दलित आदिवासियों को मारा-पीटा तथा उनकी इज्जत से खिलवाड़ किया। वहीं हरियाणा के खुर्द गाँव में दलितों की बुरी तरह पिटाई हुई। देश भर में ताबड़तोड़ तरीके से दलित उत्पीड़न की घटनाएं हुई।

जनता पार्टी के शासन में इसी तरह की दलित उत्पीड़न की घटनाओं से बामसेफ के कार्यकर्ताओं के तेवर में परिवर्तन आया। इन सभी अत्याचार की घटनाओं तथा इनसे जन्म लेते सवालों को हल करने के लिए बामसेफ के कार्यकर्ताओं ने देश-भर में सभाएँ की तथा दलित सवालों पर गोष्ठियाँ आयोजित की। दिल्ली में (कांस्टीट्यूशन क्लब) 11, 12, 13, 14 जून, 1979 को **'बिल अम्बेडकरिज्म रिवाईव और सरवाईव'** विषय पर सेमीनार आयोजित किया गया। इसी विषय पर देश-भर के लगभग 10 स्थानों पर भी अन्य सेमिनार आयोजित किए गए। उदाहरण के लिए, 29 अप्रैल, 79 को भोपाल, 21-22 अप्रैल को चंडीगढ़, 6 मई को अहमदाबाद, 9 मई को बंबई, 20 मई को बंगलौर, 27 मई को हैदराबाद, 3 जून को नागपुर और 6 जून की कलकत्ता में ऐसे ही सेमिनार आदि का आयोजन किया गया।

इसी बीच त्यागी बिल संसद में आया, जिसका उद्देश्य दलितों को ईसाई बनने से रोकना था। 1978 में यह बिल ओ.पी. त्यागी ने संसद पटल पर रखा था। जिसके परिणामस्वरूप ईसाई समाज में आक्रोश फूटा। ईसाईयों की कुछ संस्थाओं ने बंबई में विशाल जलसे का आयोजन किया। इन्हीं दिनों मुस्लिमों पर भी अत्याचार की घटनाएँ हुई। अलीगढ़, मेरठ आदि स्थानों पर दंगे हुए। इन सबका परिणाम यह हुआ कि मुस्लिम और ईसाई समाज के कुछ नेता कांशीराम अथवा बामसेफ से जुड़े। दिल्ली की तुर्कमान गेट के नजदीक एक मस्जिद में बामसेफ के कार्यकर्ताओं की मीटिंग मुस्लिम कार्यकर्ताओं के साथ हुई। जिसमें कांशीराम जी के साथ अन्य सहयोगी मौजूद थे।

उन्हीं दिनों दलित, पिछड़ों तथा अल्पसंख्यकों के बीच एक-दूसरे के नजदीक आने की भावना का विकास हो रहा था। उसका सबसे बड़ा कारण रहा कि अपनी-अपनी सुरक्षा बेल्ट को मजबूत करना। देश में विकसित नये तरह का ब्राह्मणवाद दलित-पिछड़ों पर ही हावी न था, बल्कि अल्पसंख्यकों पर भी भारी पड़ता था। दूसरे दलित राजनीति उदासीनता के लबादे में लिपटी किसी विकल्प के आने की प्रतीक्षा कर रही थी। बामसेफ का उदय भी कुछ ऐसी ही परिस्थितियों के आसपास हुआ था।

यह भी कहा जा सकता है कि बामसेफ जैसी सामाजिक और सांस्कृतिक जुझारू संस्था ने ठहरे हुए पानी में कंपन पैदा किया था। समझौते और सामंजस्य की राजनीति को कुछ नया करने का प्रयास किया था। बामसेफ के अंतर्गत कार्यकर्ताओं के देश-भर में दौरे हुए। अंतर्राज्यीय तथा अंतर-भाषा स्तर पर सभा सम्मेलन हुए। और हिंदू धर्म तथा विषमतावादी व्यवस्था के खिलाफ देश-भर के दलितों, पिछड़ों तथा अल्पसंख्यकों को संगठित होने के लिए प्रेरित किया। परिणामस्वरूप बामसेफ के सदस्यों की संख्या में विस्तार हुआ।

1980-81 आते-आते कांशीराम की चर्चा दलित, आदिवासी तथा पिछड़े वर्गों के बुद्धिजीवी वर्ग के बीच होने लगी थी। सच बात तो यह थी कि कांशीराम चर्चा का विषय बन गए थे। बामसेफ संस्था द्वारा प्रकाशित पत्र-पत्रिकाओं ने उन्हें और भी चर्चा का विषय बनाया था। बामसेफ का कार्यकर्ता इस दौरान दलित समाज के हर तीसरे घर पर दस्तक देता था और संस्था के साथ-साथ कांशीराम के व्यक्तित्व को बाबा साहेब डॉ. अम्बेडकर के समानांतर बतलाते हुए अगला दरवाजा खटखटाने के लिए वहाँ से आगे चल देता था।

बामसेफ द्वारा समता-समानता के लिए छेड़ा गया आंदोलन 1980-81 में चरम सीमा पर था। रह-रहकर यह बात दलितों के बीच उत्पन्न होती थी कि उनकी समस्याओं के निवारण के लिए उनका एक राजनैतिक मंच होना चाहिए। जिसके माध्यम से वे अपनी बात कह सकें। सामाजिक तथा राजनैतिक क्षेत्रों में उन्हें उनके अधिकार मिल सकें। कांशीराम के मन में भी यही बात बार-बार उठती थी, पर उन्हें अवसर की तलाश थी और 1980-81 में उन्हें वह अवसर मिल भी गया। इस संदर्भ में सबसे पहले उन्होंने 1981 में **दलित शोषित संघर्ष समिति** (डी.एस.फोर) और उसके बाद अप्रैल, 1984 में बहुजन समाज पार्टी की स्थापना की।

'बामसेफ' इसके पूरे नाम **'दी ऑल इंडिया बैकवर्ड (एस.सी., एस.टी., ओ.बी.सी.) एंड मायनारिटी, कम्युनिटीज एम्पलाईज फेडरेशन** दिल्ली का संक्षिप्त रूप है। यह तीन मुख्य वर्गों (1) अनुसूचित जाति, (2) अनुसूचित जनजाति एवं (3) अन्य पिछड़े वर्ग को समाहित किए हुए एक व्यापक नाम है। बामसेफ में प्रयुक्त शब्द 'अल्पसंख्यक' को केवल धार्मिक अल्पसंख्यकों यथा—मुसलमान, ईसाई, सिख, बौद्ध एवं पारसी आदि के सीमित अर्थ में लिया गया है।

पिछड़ा वर्ग एवं अल्पसंख्यक समुदाय के शिक्षित कर्मचारियों को संगठित करने के पीछे जो उद्देश्य है वह है—उस पददलित एवं शोषित समाज, जिसमें वे पैदा हुए हैं, को दासता से समग्र रूप से मुक्त करना। बामसेफ में कर्मचारियों का तात्पर्य केवल शिक्षित कर्मचारियों से है। इन पिछड़े वर्गों एवं अल्पसंख्यक समुदाय के केवल शिक्षित कर्मचारियों को ही संगठित करने का निर्णय लिया गया। क्योंकि हमारे ज्ञानार्जन एवं अनुभव के आधार पर तथा सर्वोत्तम निर्णय की दृष्टि से इन समुदायों के शिक्षित

कर्मचारी अपने शोषित पीड़ित समाज में पर्याप्त लाभान्वित होने वाले दिखाई पड़ते हैं। अतएव, हमारे निर्णयानुसार, उनके अपने ही भाइयों, जिनके बीच उन्होंने जन्म लिया है, के प्रति अपने सामाजिक दायित्व का निर्वाह करने के लिए दलित शोषित समाज की मुक्ति हेतु यथाशक्ति त्याग करना अनिवार्य होना चाहिए।

पिछड़े वर्ग एवं अल्पसंख्यक समुदाय के ही कर्मचारी क्यों?

बामसेफ के झंडे के नीचे दलित, शोषित समाज को दासता से मुक्ति दिलाने के लिए अनुसूचित जाति, अनुसूचित जनजाति, पिछड़ा वर्ग एवं अल्पसंख्यक समुदाय के शिक्षित कर्मचारियों को संगठित करने का निर्णय लिया गया है। केवल ऐसे ही कर्मचारियों को संगठित करने की धारणा हमारे इस दृढ़-विश्वास से पैदा होती है कि **बिना स्वाभिमान के कोई भी आंदोलन नहीं चलाया जा सकता।** भारत की सामाजिक व्यवस्था में पिछड़ा वर्ग और अल्पसंख्यक समुदाय इसका पूर्णतः शिकार बना हुआ दिखाई देता है। अतएव, जो इस व्यवस्था का शिकार हो चुके हैं, उन्हें अपनी गिरी हुई दशा में आवश्यक सुधार लाने और उनके साथ होने वाले अन्यायों को समूल नष्ट करने के लिए अपने-आपको एक सूत्र में बाँधना होगा।

हमारा संविधान भी इस तथ्य को स्वीकृति प्रदान करता है कि पिछड़े वर्गों एवं अल्पसंख्यक समुदायों पर सदियों से अन्याय होता आया है। इसी तथ्य को ध्यान में रखते हुए हमारे संविधान में इन समुदायों के अधिकारों और हितों की सुरक्षा का प्रावधान किया गया है। संविधान में ऐसे प्रावधानों को रखे होने के बावजूद सरकार इन समुदायों के अधिकारों और हितों की रक्षा करे या न करे, यह उस पर निर्भर करता है। अतएव, इन समुदायों को अपने अधिकार और हितों की रक्षा के लिए अपने-आपको संगठित करना अनिवार्य हो जाता है।

देखा यह भी गया कि आजादी के बाद से लेकर अनुसूचित जाति, अनुसूचित जनजाति, अन्य पिछड़ा वर्ग तथा अल्पसंख्यक वर्गों के संबंध में अलग-अलग आयोगों का गठन भी किया गया, लेकिन इन आयोगों से कुछ विशेष लाभ नहीं हुआ।

अतएव, शासक वर्ग के उदासीन रवैए तथा असफलता के परिणामस्वरूप इन वर्गों के एक मंच पर साथ-साथ आने की संभावनाओं को ध्यान में रखते हुए यह आवश्यक समझा गया कि जो वर्ग सामाजिक व्यवस्था के शिकार हैं, वे अपने हितों और संवैधानिक अधिकारों की रक्षा के लिए अपने-आपको संगठित करें। यदि ये सभी वर्ग (अनु. जाति, जनजाति, पिछड़ी जातियाँ और अल्पसंख्यक समुदाय) अलग-अलग संगठित होते हैं तो न अपने हितों को सुरक्षित रख सकने योग्य होंगे और न अपने दुखों का निदान कर सकते हैं। यही कारण है कि इन समुदाय के शिक्षित कर्मचारियों को बामसेफ के झंडे के नीचे संगठित करने का निर्णय लिया गया।

कांशीराम लिखते हैं कि आज की वास्तविक स्थिति में हम पाते हैं कि एक

और दलित शोषित समाज के तथाकथित नेतागण और विधायक देश के राजनीतिक तंत्र के व्यवस्थापक उच्च हिंदुओं के यहाँ बंधुवा और टहलुवा बना हुआ हैं और दूसरी तरफ शिक्षित कर्मचारियों का एक विशाल वर्ग समान रूप से स्वार्थी और अपने-आप में ही केंद्रित बना हुआ हैं। अपने जीवन काल में डॉ. बी.आर. अम्बेडकर इस वर्ग के व्यवहार को देखकर बहुत दुखी हुए थे। 18 मार्च 1956 को आगरा के रामलीला मैदान में दलितों शोपितों के विशाल जनसमुदाय को संबोधित करते हुए शिक्षित कर्मचारियों के अपने उन भाइयों के प्रति जिनके बीच वे पैदा हुए हैं, उपेक्षापूर्ण रवैये को देखकर उनकी निंदा ही नहीं, बल्कि भर्त्सना भी की।

इस वर्ग के जनक के उपयुक्त मनोभावों को ध्यान में रखते हुए और उनकी सामाजिक जिम्मेवारी को देखते हुए पूना में हम कुछ लोगों ने इन शिक्षित कर्मचारियों को संगठित करने का निर्णय किया जिसका ध्येय है समाज को दासता से मुक्ति दिलाना था। उसी समय शिक्षित कर्मचारियों को अखिल भारतीय स्तर पर और पक्के तौर पर संगठित करने का भी निर्णय लिया गया कि ऐसे संगठन के माध्यम से अपने विचार को एक मूर्त रूप प्रदान किया जाए।

संगठन की संरचना

समझदार और परिपक्व लोग अपनी शर्त के अनुरूप संगठन का निर्माण करते हैं। जहाँ तक बामसेफ की संरचना का संबंध है वह दलित, शोषित समाज की आवश्यकताओं और शर्तों के अनुरूप हैं और उस लक्ष्य की प्राप्ति के लिए हैं जिसके लिए संगठन का निर्माण किया गया है। ठीक किसी अन्य मिश्रित संगठन की तरह बामसेफ के अंगों का भी गठन किया गया है और पुनः इन्हें एक प्रभावशाली और कल्याणकारी संगठन का रूप देने के लिए अच्छी प्रकार से जोड़ दिया गया है। यहाँ बामसेफ के 10 मुख्य और अत्यंत अंगों का संक्षिप्त विवरण दिया जा रहा है ताकि बामसेफ नाम के संगठन का वास्तविक चित्र लोगों के समक्ष उपस्थित हो सके। ये 10 प्रमुख अंग इतने महत्त्वपूर्ण हैं कि इनके बिना संगठन समुचित ढंग से काम नहीं कर सकता। संगठन को अत्यंत आधुनिक और परिष्कृत रूप देने के लिए उसमें नये-नये विकल्पों और अन्य छोटे-छोटे अंगों को समय-समय पर जोड़ा जा सकता है।

ऐसा भी महसूस किया गया कि ये एक लाख कर्मचारी भारत के चालीस प्रमुख शहरों में आसानी से संगठित किए जा सकते हैं। इस तरह की संरचना के पीछे प्रयास यह भी था कि हम देश के हर कोने में छा जाएँ।

इस संगठन में कुछ सदस्यों को कैडर पर आधारित कार्यकर्ता बनाने की योजना रखी गई। इसके पीछे तर्क यह था कि किसी भी संगठन को जन आधारित और वृहद आकार का बना लेने के उपरांत भी वह संगठन प्रभावशाली ढंग से काम नहीं कर सकता। इसलिए इन तीन तत्त्वों यथा–जन आधारित वृहदाकार एवं कैडर पर

आधारित के समुचित संगठन के लिए सुव्यवस्थित और मजबूत ढाँचा तैयार करने की योजना रखी जाए।

जैसा उन दिनों कांशीराम मानते थे कि बहुजन समाज की आवश्यकताओं के अनुरूप कुल सदस्य संख्या में से 5 प्रतिशत कैडर होना बामसेफ की अनिवार्यता होगी। यह कैडर कुछ जगहों पर केंद्रित नहीं होने चाहिए, बल्कि पूरे भारत में समान रूप से फैले हुए रहने चाहिए।

ऐसा भी ध्यान में रखा गया कि बामसेफ का मुख्य कार्य (क) नियमों, विनियमों एवं कानूनों को क्रियान्वित कराने, (ख) पिछड़े और अल्पसंख्यकों के हितार्थ विभिन्न प्राधिकरणों, द्वारा तैयार की गई योजनाओं, कार्यक्रमों, परियोजनाओं और बजट को पूर्णतः निष्पादित कराना होगा। इसलिए यह आवश्यक हो जाता है कि बामसेफ का अपना सचिवालय हो। इस सचिवालय का आकार पूरे भारत में फैले हुए दलित समुदाय के कार्यों को कराने के लिए उनके अनुरूप होगा। इसके अलावा सचिवालय से यह अपेक्षा रखी जाएगी कि वह कर्मचारियों, विद्यार्थियों, युवक-युवतियों तथा श्रमिकों की सेवा करे।

आरंभिक चरण में बामसेफ के संगठनात्मक ढाँचे का प्रारूप केंद्र से राज्य और राज्य से जिला तक बनाया गया था। जिसका व्यावहारिक स्तर पर पालन भी हुआ था। क्योंकि शुरुआती दौर में किसी भी संस्था या संगठन की पहुँच शहरों तथा महानगरों में रहने वालों तक ही होती है। लेकिन बाद के समय में उक्त संस्था को जिले की बुनियादी इकाई से निचले स्तर पर पहुँचते हुए तालुका / तहसील और फिर प्रखंड और गाँव तक की परिकल्पना की गई थी। शायद इसीलिए बामसेफ भ्रातृ संघ और बामसेफ दत्तक ग्रहण की योजना बनाई गई। बामसेफ भ्रातृ संघ का संबंध भारत की संपूर्ण शहरी जनसंख्या से जोड़ा गया और बामसेफ दत्तक-ग्रहण का ग्रामीण जनसंख्या से।

बामसेफ के इन दो प्रमुख अंगों पर प्रकाश डालने के पहले निम्नलिखित तीन पहलुओं को समझ लेना अत्यंत आवश्यक है।

(क) पृथक् अधिवास (ख) दुखद प्रवसन एवं (ग) सुखद प्रवसन

(क) पृथक् अधिवास

लगभग 40 वर्ष पहले जब बाबा साहेब डॉ. अम्बेडकर दलित शोषित समाज के इन दलित वर्गों विशेषकर अनुसूचित जातियों की बहुमुखी समस्याओं को सुलझाने में गंभीरतापूर्वक व्यस्त थे, उन्होंने उनके लिए एक योजना तैयार की, जिसे पृथक अधिवास के रूप में जाना जाता है। एक सुदीर्घ और गंभीर चिंतन एवं सघन प्रयासों के उपरांत बाबा साहेब डॉ. अम्बेडकर नागपुर में जुलाई, 1942 में इस योजना का विवरण प्रकाश में लाए। जो लोग इस योजना का पूरा विवरण जानना चाहते हैं उन्हें संबंधित पत्रों और बाबा साहेब के ग्रंथों का अध्ययन करना चाहिए। फिर भी तात्कालिक उद्देश्य

के लिए इस योजना से संबंधित दो मुख्य पहलुओं की जानकारी देना ठीक रहेगा। ये दो पहलू इस प्रकार से दिखाई पड़ते हैं :

(1) भारत के गाँवों में अनुसूचित जातियों कि अत्यंत निराशापूर्ण, पराश्रयी और शोचनीय दशा।

(2) भारत के लगभग सभी गाँवों में अनुसूचित जाति के लोगों का अल्पसंख्यक स्वरूप।

इन दो पहलुओं को ध्यान में रखते हुए अनुसूचित जाति की दशा को सुधारने के लिए और पृथक् अधिवास में बहुसंख्यक प्रतिनिधित्व प्राप्त करने के लिए, जो कि प्रजातांत्रिक व्यवस्था में पर्याप्त अनिवार्य है, इस योजना को अमल में लाना निहायत रूप से अनिवार्य था। यद्यपि यह योजना भारत की अनुसूचित जातियों के लिए अनिवार्य और लाभदायक थी, परंतु बहुत से कारणों से इसे मूर्तरूप नहीं दिया जा सका, जिसमें से एक विशेष कारण था 15 अगस्त, 1947 को अँग्रेजों का भारत की धरती से बहिर्गमन।

(ख) दुखद प्रवसन

पृथक् अधिवास हुआ या नहीं, परंतु सच यह है कि गरीब और संतप्त अनुसूचित जाति के लोगों ने वृहद संख्या में गाँवों को छोड़ना शुरू कर दिया। ये गरीब लोग राजधानी वाले शहरों में भागने लगे, ताकि उत्पीड़न और भूख की ज्वाला से अपने को बचा सकें और कुछ हद तक अपने भविष्य को सुधार सकें। इन अकिंचन और उत्पीड़ित प्रवासियों ने भारत के गाँवों से महानगर अथवा शहरी केंद्रों और औद्योगिक संस्थानों की गंदी जगहों, गंदे नदी-नालों, ऊबड़-खाबड़ पत्थरों को हटाकर बसना आरंभ कर दिया। गरीब और संतप्त भारतीयों विशेष रूप से दलित पिछड़ों का इस प्रकार का प्रवसन दुःखद प्रवसन के रूप में परिभाषित किया जा सकता है।

(ग) सुखद प्रवसन

संवैधानिक प्रावधानों, विशेष कर अनुच्छेद क्र. 15(4) एवं 16(4) का लाभ लेकर अनुसूचित जाति और अनुसूचित जनजाति के लोग भारी संख्या में नौकरशाही व्यवस्था में प्रवेश पा लिए। संवैधानिक प्रावधानों के इन लाभ भोगी लोगों की माँग शहरी केंद्रों और औद्योगिक प्रतिष्ठानों में भी कर्मचारियों की पूर्ति के लिए और वहाँ के कार्यों की व्यवस्था के लिए बहुतायत रूप से होने लगी। इस प्रकार के प्रवसन को सुखद प्रवसन के रूप में पारिभाषित किया जा सकता हैं। यद्यपि दुखद प्रवसन की संख्या करोड़ों की थी, परंतु सुखद प्रवसन भी पर्याप्त मात्रा में हुए, जो मोटे रूप से तालमेल करने पर 20 लाख व्यक्तियों से ज्यादा निकल सकते हैं।

अब हम बामसेफ भ्रातृ संघ और बामसेफ दत्तक ग्रहण की ओर मुड़ें अर्थात्

भारत की शहरी और ग्रामीण जनसंख्या पर विचार करें तो उपर्युक्त तीनों पहलुओं की जानकारी बामसेफ के दो प्रमुख अंगों के अध्ययन में काफी सहायक सिद्ध होगी। भ्रातृ संघ का संबंध दलित समाज के शहरी खंड से है। इस अंग की पहली आवश्यकता उन दलित भारतीयों को एक जगह लाने की हैं जो दुखद और सुखद दोनों ही प्रकार के प्रवसनों के परिणामस्वरूप शहरी केंद्रों में आधार प्राप्त कर चुके हैं। इन दो प्रकार के प्रवासियों को एक-दूसरे के नजदीक लाने पर और भ्रातृ संघ केंद्र स्थापित कर लेने पर हमारा प्रारंभिक कार्य पूरा हो जाता है। परंतु हमारा प्रमुख कार्य यदि पूरा हो सकता है तो केवल (1) नियमों, विनियमों और कानूनों के क्रियान्वयन कराने और (2) समाज के गरीबों के लिए योजनाओं, कार्यक्रमों और बजट प्रावधानों को पूर्णतः और ईमानदारी पूर्वक निष्पादित कराने से ही हो सकता है। सर्वोत्तम परिणाम प्राप्त करने के लिए हमें नियमों, विनियमों, कानूनों, योजनाओं, कार्यक्रमों, परियोजनाओं और विभिन्न संबंधित प्राधिकरणों द्वारा तैयार किए गए बजट प्रावधानों के विवरण एवं सार संग्रह तैयार करना नितांत अनिवार्य है। इस प्रकार का मिला-जुला और पेचीदा कार्य केवल शिक्षित कर्मचारियों द्वारा ही पूरा किया जा सकता है। अन्यथा हमारे समाज के उन दलित शोषित, जो करोड़ों की संख्या में शहरी क्षेत्रों की गंदी दमघोंटू बस्तियों में निवास कर रहे हैं, को बिना स्पर्श किए हमारी संभावी योजनाएँ केवल कागज पर ही रह जाएगी।

कांशीराम लिखते हैं कि जब हम अपने विशाल देश के आर-पार फैले हुए 5,76,000 गाँवों की ओर दृष्टिपात करते हैं तो ज्ञान होता है कि बामसेफ एडाप्शन का कार्य कठिन ही नहीं, बल्कि दूभर भी है। दूसरे भारत के गाँवों में शिक्षित कर्मचारियों के अभाव के कारण यह कार्य और भी दुरूह हो जाता है। अतएव, हमारे पास एक जिले में कुछ एक ग्रामीण केंद्रों को ही गोद लेने का विकल्प शेष रह जाता है। इसी कारण इस अंग का नाम दत्तक ग्रहण (एडप्शन) रखा गया।

इस तरह से भारत के दलितों तथा पिछड़ों को एक सूत्र में बांधने, उनके लिए बेहतर विकल्प तलाशने तथा उन्हें उनकी क्षमतानुसार जीवन के हर क्षेत्र में प्रतिभावान बनाने के संकल्प को लेकर बामसेफ की शुरुआत की गई थी।

कंचन चंद्रा अपने शोध के दौरान लिखती है कि रतन राम इमारती काम में ईंटों की चिनाई करने वाले एक राज-मजदूर का बेटा है। अपने घर में पढ़ाई-लिखाई करने वाला वह पहला व्यक्ति था। स्थानीय सरकारी स्कूल से निकलने के बाद उसने व्यावसायिक प्रशिक्षण प्राप्त किया और एक सरकारी संस्था में क्लर्क की नौकरी करने लगा। रतन राम और उसके पिता के सोच में फर्क यह था कि पिता को ईंटों की चिनाई करके रोजी-रोटी कमाकर तसल्ली हो जाती थी, लेकिन शैक्षणिक अवसरों और बेहतर नौकरी के बावजूद रतन राम के दिल में आग लगी रहती थी। जब मैं 1997 में उससे मिली तो उसने नौकरी के दौरान कई प्रकरण सुनाए, जिनमें उसे 'मेरिट' की कमी के कारण अपने साथियों के कटाक्ष झेलने पड़े थे या एक खास जाति का

होने के कारण उसे पदोन्नतियों से वंचित किया गया था। 1978 में रतन राम के हाथ **ऑप्रेस्ड इंडियन** नामक पत्रिका लगी जिसे कांशीराम सरकारी कर्मचारियों के लिए निकालते थे। उसे लगा कि पत्रिका उसी की भावनाओं का प्रतिनिधित्व करती है इसलिए उसने पत्रिका के दफ्तर से संपर्क किया। साल भर बाद रतन राम ने एक 'कार्यकर्त्ता शिविर' में हिस्सा लिया जहाँ उसे कांशीराम ने प्रशिक्षण दिया। इस तरह वह **बामसेफ** का सदस्य हो गया और होशियारपुर (पंजाब) में **बहुजन समाज पार्टी** की स्थापना करने वाले शुरुआती कार्यकर्त्ताओं में से वह एक सक्रिय सदस्य बना।

यह एक साधारण किंतु प्रभावपूर्ण प्रक्रिया थी। बामसेफ से अब तक लाखों अम्बेडकरवादी जुड़ चुके थे। वे अलग-अलग प्रदेशों से थे। उनकी भाषा, पहनावा भी अलग-अलग था, पर विचार एक था। वे सभी अम्बेडकर के संघर्षपूर्ण दर्शन के तहत जुड़ रहे थे, एक-दूसरे के नजदीक आ रहे थे। उनमें अधिकांश जुझारू थे। बावजूद इसके कि वे सरकारी कर्मचारी थे। उन सभी के मन में बाबा साहेब डॉ. अम्बेडकर के सपनों को पूरा करने की भावना थी।

मैकूराम जी के विचार में बामसेफ संस्था की उद्‌भव और विकास होना एक महत्वपूर्ण ऐतिहासिक घटना थी। जिसके माध्यम से देशभर के दलित, आदिवासी, पिछड़ों तथा अल्पसंख्यक समुदायों के लोगों को जोड़ा गया। जिस प्रयास की उपलब्धि भी हुई।

संदर्भ एवं टिप्पणी

- कांशीनाथ कावलेकर, नान ब्राह्मण मूवमेंट इन साउथर्न इंडिया (1873-1949) शिवाजी यूनीवर्सिटी पब्लिकेशन, कोल्हापुर, 1979
- कपंचम लाल, भारत में सामाजिक क्रांति, किताब मंच, अमरनाथ रोड, पटना, 1993
- मुंशी एन.एल. खोब्रागड़े, मध्य प्रांत में दलित आंदोलन का इतिहास बालाघाट, मध्य प्रदेश 1999
- निर्भय पथिक, अम्बेडकर मार्ग, वडाला, बंबई, 15 मई, 1988
- बामसेफ एक परिचय, आनंद साहित्य सदन, अलीगढ़, 1981 पृष्ठ 4
- वही, पृष्ठ, 5
- वही, पृ. 7
- वही, पृ. 8
- वही, पृ. 10
- वही, पृ. 11
- वही, पृ. 12
- कंचन चंद्रा, 'ट्रांसफार्मेशन ऑव इथनिक पॉलिटिक्स इन इंडिया : दि डिक्लाइन ऑव कांग्रेस एंड राइज ऑव बहुजन समाज पार्टी इन होशियारपुर', *दि जनरल एशियन स्टडीज 59,* अंक-1, फरवरी 2000, पृ. 35-36
- 5 मई, 1979 को नई दिल्ली के बिहार भवन में मैकूराम उपमहानिदेशक, बिहार पुलिस से बातचीत के आधार पर। इस मुलाकात में सुश्री मायावती भी साथ में थीं।

बामसेफ से बहुजन समाज पार्टी

बामसेफ का अगला चरण डी.एस.फोर था। यह एक जुझारू संगठन था। डी.एस. फोर का सदस्यता शुल्क उस समय तीन रुपए वार्षिक था। इसमें और बामसेफ में बुनियादी फर्क यह था कि बामसेफ का कोई सदस्य सरकारी कर्मचारी राजनीतिक प्रचार में भाग नहीं ले सकता था। लेकिन डी.एस.फोर को इसी मकसद से बनाया गया था। डी.एस.फोर में कई विंग्स (मोर्चों) बनाए गए। आर.के. सिंह बताते हैं कि आंदोलन के संचालन के लिए कांशीराम ने इसमें दस विंग्स बनाने की योजना बनाई। पहले तीन विंग्स जागृति विंग, महिला विंग और छात्र विंग बनाए गए। जागृति मोर्चा काफी सक्रिय हुआ। उसने भाषण, गीत-संगीत और नुक्कड़ नाटकों के जरिए उत्पीड़तों में चेतना पैदा करने का काम किया। महिला विंग की संयोजक मायावती को बनाया गया। डी.एस.फोर ने ग्रार्माण और शहरी इलाकों में व्यापक कार्यक्रम किए और दलित व पिछड़ों में कांशीराम के विचारों का प्रचार किया। साइकिल प्रचार यात्राएँ निकालीं और जनसभाएँ आयोजित कीं।

डी.एस.फोर का सबसे बड़ा कार्यक्रम दक्षिण में कन्याकुमारी से शुरू किया गया साइकिल मार्च था। इसी के साथ डी.एस. फोर के अंतर्गत उत्तर-पूर्व में कोहिमा से, पश्चिम में पोरबंदर से और पूर्व में पुरी से साइकिल यात्राएँ कीं गईं। ये चारों यात्राएँ एक सौ दिन तक चलीं। 6 दिसंबर, 82 से शुरू होकर यह कार्यक्रम 15 मार्च, 1983 तक चलता रहा। फिर दिल्ली पहुँचकर करीब तीन लाख लोगों की एक विशाल रैली हुई। इन यात्राओं में समता और सम्मान के संघर्ष का नारा दिया। जिससे अभिभूत होकर लोग जुड़ते चले गए।

डी.एस.फोर ने उत्तर प्रदेश में शराब विरोधी कार्यक्रम भी किया। उसके स्वयंसेवक राज्य भर में साइकिलों से घूमे और दलित व पिछड़े समुदायों की बस्तियों में शराब की दुकानें खोलने का विरोध किया। डी.एस.फोर के कार्यकर्ता दलित और पिछड़ों की प्रत्येक बस्ती में जाते और तत्कालीन सरकार की कथनी और करनी की दोगली नीति पर चोट करते। कांशीराम का कहना था कि सरकार एक तरफ़ गाँधी के सिद्धांतों की बातें करती है। साथ ही दूसरी तरफ दलित और पिछड़ों की बस्तियों

में शराब की दुकानों में बढ़ोत्तरी करती है। इस तरह से गरीबों को सरकार और भी मजबूर तथा विवश कर रही है। बामसेफ के सदस्यों ने डी.एस.फोर के पीछे रहते हुए उसके कार्यक्रमों को आगे बढ़ाया। डी.एस.फोर के माध्यम से कांशीराम ने बसपा बनाने से पहले ही चुनाव को मशीनरी की रूपरेखा बना ली थी। कांशीराम का कहना था कि उन्होंने डी.एस.फोर का निर्माण कल की लड़ाई के लिए कमजोरों को तैयार करने के लिए किया है। उन्होंने उस समय कहा था, "मैं अपने प्रतिद्वंद्वियों को पूरी आजादी देता हूँ कि वे बहुजन समाज को जितना बाँट सकें, बाँटें। लेकिन यह मेरा अधिकार है कि मैं उन्हें उनका हक दिलाने के लिए संगठित करूँ।"

1983 की दिल्ली में हुई रैली ने उनके सामने बहुजन समाज आंदोलन के लिए एक राजनीतिक दल की जरूरत को साफ कर दिया। इस तरह अपनी योजना के तीसरे चरण में डॉ. अम्बेडकर के जन्मदिन 14 अप्रैल, 1984 को दिल्ली में बहुजन समाज पार्टी के गठन की घोषणा की गई। 22, 23 और 24 जून को पार्टी का पहला राष्ट्रीय सम्मेलन लाल किले के मैदान में हुआ। पार्टी को चुनाव आयोग में पंजीकृत कराया गया। इस तरह बसपा के माध्यम से कांशीराम ने गुरु किल्ली की खोज शुरू की।

2 'गुरु किल्ली' की ओर

जिन दिनों कांशीराम बामसेफ और डी.एस.फोर के दौर से गुजर रहे थे, अर्थात् स्वयं उनके शब्दों में पाँच हजार जातियों में बँटे **'बहुजन समाज में एकता पैदा करने का अभियान'** चला रहे थे, उनकी तरफ बहुत कम लोगों ने ध्यान दिया। बामसेफ की प्रभावकारिता और संगठन शैली स्वतः स्पष्ट थी, लेकिन उसके पीछे की दूरदेशी को कोई नहीं पकड़ पाया। बामसेफ के बाद डी.एस.फोर फिर बसपा के निर्माण का यह क्रम उन्हें नियोजित और गहरे उद्देश्यों वाला नहीं लगा। शायद ही किसी प्रमुख बुद्धिजीवी या समाजशास्त्री ने उस समय कांशीराम को गंभीरता से लिया हो। दलितों में काम करने वाली वामपंथी शक्तियाँ उस जमाने में कुछ-कुछ व्यंग्य के साथ ही साइकिल पर घूमते रहने वाले कांशीराम के बारे में चर्चा करती थीं। समाचार पत्रों में भी डी.एस.फोर की साइकिल यात्राएँ खबरों के हाशियों पर ही रह गईं। पत्रकार और अन्य प्रेक्षक कांशीराम की बढ़ती हुई लोकप्रियता और 'जय भीम' के अभिवादन का नया मर्म नहीं समझ पाए।

स्तंभकार ए.एस. अब्राहम के अनुसार बामसेफ और डी.एस.फोर पत्रकारों के लिए सिर्फ शाब्दिक फार्मूले भर थे। उन्होंने पत्रकारों को केवल मनोविनोद की सामग्री प्रदान की और बदले में पत्रकारों ने इन शब्दों को उपहासपूर्ण सहिष्णुता के साथ ग्रहण कर लिया। यही नहीं बसपा ने गठन के बाद जब चुनावों में तुरंत कोई उल्लेखनीय जीत हासिल नहीं कर पाई तो उसे एक और जातिवादी जमावड़ा कहकर खारिज कर दिया गया जो ऐसे पत्रकारों की टिप्पणी लगभग यही होती थी 'बसपा उतनी

ही जल्दी तिरोहित हो जाएगी जितनी जल्दी उसका फैलाव हुआ है।' काँग्रेस ने उसे राजनीतिक शरारत करार दिया और 'मौसमी पार्टी' कहकर उसकी अल्पजीविता की भविष्यवाणी कर दी।

ऊपर से देखने में बसपा और उसके पूर्ववर्ती संगठनों के पास कोई राजनीतिक तामझाम था भी नहीं। बामसेफ और डी.एस.फोर के पास दफ्तर के नाम पर लखनऊ के उदयगंज इलाके में कुरील महोदय की कोठरी थी। दिल्ली में कांशीराम रैगरपुरा की घनी बस्ती के एक मामूली से कमरे को अपना केंद्र बनाए हुए थे। बसपा के पास प्रचार का मुख्य साधन साइकिल थी और कांशीराम की अपने कार्यकर्त्ताओं को सलाह थी कि बीस कि.मी. तक पैदल चलो और इसके बाद साइकिल का इस्तेमाल करो। ऐसी साधनहीन पार्टी को भला राजनीतिक ताकतें क्यों मुँह लगातीं, जो जीपों और कारों के काफिलों के साथ जनता के बीच में जाती थीं। दूसरे, कांशीराम ने रणनीति भी ऐसी ही बनाई थी कि चुपचाप तैयारी करो और चुनाव के समय उभर कर सामने खड़े हो जाओ।

यह थी कांशीराम की योजना। उस योजना के तहत आगे के कदम उठाए गए। जिसने लंबे अरसे के बाद दलित राजनीति की पहचान कराई। हालाँकि यह अब तक बहुजन राजनीति में परिवर्तित हो चुकी थी। वह अलग सोच थी और कार्य करने की प्रणाली भी अलग थी। इसे दलित राजनीति के विराटता की ओर बढ़ते कदम भी कहा जा सकता है।

बकौल अभय कुमार दुबे भीमराव अम्बेडकर ने कभी सोचा भी नहीं होगा कि अनुसूचित जातियों को नौकरियों में मिले आरक्षण के गर्भ से दलितों के लिए किसी राजनीतिक परियोजना का जन्म हो सकता है। आरक्षण के प्रावधान की परिकल्पना तो दलितों पर वर्णव्यवस्था द्वारा सदियों से आरोपित सामाजिक और शैक्षणिक पिछड़ेपन के प्रभाव को मंद करने के लिए की गई थी। उस समय अम्बेडकर के लिए भविष्य में झाँककर यह देख लेना शायद नामुमकिन था कि आजादी के चालीस साल बाद दलित सरकारी कर्मचारी एक ऐसे राजनीतिक दल को जन्म देंगे जो उन्हें प्रतीक के रूप में अवश्य अपनाएगा, लेकिन उसे न तो उनके वैचारिक मर्म में दिलचस्पी होगी और न ही उनकी राजनीतिक-सांगठनिक विरासत में।

कभी पूना में किर्की स्थित एक्सप्लोसिव रिसर्च एंड डवलपमेंट लेबोरेटरी में अनुसंधान सहायक की नौकरी करने वाले जिन कांशीराम को बहुजन समाज पार्टी का संस्थापक और सर्वेसर्वा माना जाता है, उन्होंने अपनी विचारयात्रा पूना में हुए 1932 के गाँधी-अम्बेडकर समझौते की कटु आलोचना से शुरू की थी। कांशीराम ने किसी वाग्जाल का सहारा लिए बिना दावा किया था कि पूना समझौते ने दलित नेताओं के नाम पर सिर्फ चमचों को ही जन्म दिया। कांशीराम ने अपनी एकमात्र पुस्तक 'चमचा युग' शीर्षक से इसी विषय पर लिखी। दरअसल, यह पतली-सी किताब

अम्बेडकरयुगीन दलित राजनीति की व्यर्थता को आक्रामक शैली में पेश करने के अलावा कुछ नहीं है। इसीलिए कांशीराम और महाराष्ट्र के कुछ दलित नेताओं ने मिलकर जब 1978 में **आल इंडिया बैकवर्ड एंड माइनारिटी कम्युनिटीज एपलाईज फेडरेशन** (बामसेफ) का गठन किया तो उनका इरादा धीरे-धीरे एक ऐसी पार्टी के निर्माण की तरफ बढ़ना था जिसे मंदिर प्रवेश से लेकर मनुस्मृति जलाने और धर्मांतरण तक दलितों द्वारा अपनाई गई अतीत की किसी भी अम्बेडकरवादी सामाजिक मुहिम में कोई रुचि नहीं हो सकती थी। उसे रिपब्लिकन पार्टी और दलित पैंथरों द्वारा चलाए गए नामांतर सरीखे आंदोलनों में अपना समय खराब नहीं करना था। अछूतों के सामाजिक और जातीय स्रोत के बारे में अम्बेडकर की वैचारिक और मानवशास्त्रीय स्थापनाओं को दरकिनार करते हुए इस पार्टी की अपनी विचारधारात्मक भित्ति **आर्य बनाम अनार्य** की ज्योतिबा फुले द्वारा प्रवर्तित अवधारणा के आधार पर बनानी थी।

बसपा के उभार के पहले ज्योतिबा फुले के विचार और दलितों, पिछड़ों, आदिवासियों और अल्पसंख्यकों का गठजोड़ बनाने का दावा करने वाली बहुजन थीसिस उत्तर भारत में प्रचलित नहीं थी। आर्य बनाम अनार्य के इस नस्ली सिद्धांत को ठुकराने वाले अम्बेडकर ने मनु को जातिवाद का संस्थापक मानने से भी इनकार कर दिया था। लेकिन बहुजन समाज पार्टी के माध्यम से देश की राजनीति में **मनुवाद** नामक राजनीतिक अभिव्यक्ति लोकप्रिय होनी थी जिसे न केवल ब्राह्मणवाद का नया नाम बन जाना था वरन जिसके माध्यम से ब्राह्मणवाद के स्रोत की आधुनिकतावादी सीमाओं का प्राचीन भारतीय अतीत तक विस्तार हो जाना था। बहुजन समाज पार्टी को एक ऐसा राजनीतिक दल बनना था जिसे अम्बेडकर की भाँति दलितों को आधुनिक अर्थों में मजदूर वर्ग के अंग के रूप में देखने का प्रयोग करने की फुरसत नहीं मिल सकती थी और न ही ग्रामीण समाज में खेतिहर मजदूरों के रूप में दलितों की राजनीतिक गोलबंदी का कोई कार्यक्रम उसके एजेंडे पर होना था। जाहिर है कि आर्थिक शोषण की बजाए इस पार्टी का जोर **आत्मसम्मान** और अस्मिता के प्रश्नों पर होना था। इस पार्टी की तो चुनावी राजनीति और निर्मम जोड़-तोड़ के जरिए सिर्फ **'चाबियों की चाबी'** की सीधी तलाश में व्यस्त रहना था। उसे अगर किसी पहलू से अम्बेडकर की अनुयायी बनना था, तो वह केवल यही था। अम्बेडकर ने दलितों के लिए राजसत्ता को चाबियों की चाबी अर्थात् 'मास्टर की' करार दिया था और जिसे कांशीराम ने अपनी पंजाबी जुबान में **गुरु किल्ली** कहा था।

बामसेफ की स्थापना के ठीक तीन साल बाद प्रचारात्मक उद्देश्यों से **दलित शोषित समाज संघर्ष समिति** (डी.एस.फोर) का गठन हुआ और फिर उसके तीन साल बाद **बहुजन समाज पार्टी** बनी। बामसेफ कर्मचारियों का संगठन होने के बावजूद ट्रेड यूनियन की तरह पंजीकृत नहीं था और डी.एस.फोर भी फुटकर चुनाव तो लड़ता था, लेकिन चुनाव आयोग में रजिस्टर्ड नहीं था। दूसरी ओर बसपा को शुरू से ही आयोग

में पंजीकृत कराया गया। उसके शुरुआती चुनावी अनुभव काफी उत्साहवर्धक रहे। तथ्य बताते हैं कि बामसेफ के बुनियादी और डी.एस.फोर के प्रचारात्मक काम ने एक स्तर की बहुजन एकता की पृष्ठभूमि तैयार कर दी थी। खास बात यह थी कि इस एकता के शीर्ष पर दलित राजनीतिक हित थे। बसपा को अपने प्रभाव वाले इलाकों में दलित समाज के उन हिस्सों का निर्विवाद समर्थन मिला जो आरक्षण और सरकारी नौकरियों के माध्यम से अपेक्षाकृत साधन-संपन्न हो गए थे। बसपा ने पिछड़े वर्गों में अतिपिछड़ी जातियों का उल्लेखनीय समर्थन जीतने में कामयाबी हासिल की और मुसलमानों में भी उसके प्रति पर्याप्त आकर्षण देखा गया। बसपा के उभार ने दलित मतदाताओं को काँग्रेस के वोट बैंक की मातहत हैसियत से निकालकर एक स्वतंत्र राजनीतिक शक्ति के रूप में स्थापित कर दिया। बसपा ने दलितों को यकीन दिला दिया कि काँग्रेस उनका वोट तो लेती है, लेकिन बदले में उन्हें संगठन और सत्ता में आनुपातिक नुमाइंदगी नहीं देती। बसपा ने दावा किया कि केवल वही दलितो को सत्ता के नजदीक पहुँचा सकती है। अपनी राजनीतिक गतिविधियों से उसने साबित किया कि बसपा के जरिए दलित समाज किसी एक पार्टी को बहुमत न मिलने की सूरत में सत्ता में अपनी वास्तविक शक्ति से ज्यादा हिस्सेदारी की माँग कर सकता है और यदा-कदा अनुकूल परिस्थितियाँ होने पर अल्पकाल के लिए ही सही, पर सत्ता प्राप्त कर सकता है।

अपने गठन के दस वर्ष के अंदर-अंदर बसपा ने उत्तर प्रदेश में समाजवादी पार्टी के साथ मिली-जुली सरकार बनाई और फिर इस गठजोड़ को तोड़कर भारतीय जनता पार्टी की मदद से दो बार फिर सरकार बनाने में सफलता हासिल की। बसपा को चुनाव आयोग से 1999 में राष्ट्रीय पार्टी की मान्यता मिली। राष्ट्रीय मतदान में बसपा का हिस्सा 1996 में 4, 1998 में 4.7 और 1999 में 4.3 फीसदी रहा, जबकि 1991 में उसे केवल 1.6 फीसदी वोट ही मिले थे। संसद में भले ही बसपा के पास उल्लेखनीय सीटें न हों, लेकिन वोटों के लिहाज से वह काँग्रेस, भाजपा और मार्क्सवादी कम्युनिस्ट पार्टी के बाद देश की चौथे नंबर की पार्टी बन चुकी थी। इस तरह से देखा गया कि दलितों का संघर्ष और मेहनत रंग लाया बकौल छेदीलाल साथी नीला रंग भगवा रंग पर भारी पड़ा।

इस पार्टी पर विस्तृत अनुसंधान करने वाले विद्वानों और स्वयं बसपा का भी दावा है कि वह सिर्फ दलित की नहीं, बल्कि बहुजनों की पार्टी है। इस दावे के मुताबिक बसपा कोशिश करती है कि चुनाव के लिए उम्मीदवार बनाते समय बहुजन समीकरण का ध्यान रखा जाए। 1996 के उत्तर प्रदेश विधान सभा चुनाव में उसने तीस फीसदी टिकट पिछड़े वर्गों, (जिनमें से आधे से ज्यादा टिकट अति पिछड़ों को), 29 फीसदी अनुसूचित जातियों और सोलह फीसदी टिकट मुसलमानों को दिए थे। उपरोक्त आँकड़ों और तथ्यों के आधार पर मोटे तौर पर बसपा को एक सफल राजनीतिक दल कहा जा सकता है।

लेकिन बसपा की इस जोरदार सफलता का एक दूसरा पहलू भी है जो पिछले दो-तीन वर्षों से उभरकर सामने आ रहा है। 1996 और 98 के चुनावी आँकड़े बताते हैं कि बसपा ने हरियाणा, पंजाब, उत्तर प्रदेश और मध्य प्रदेश में सात से लेकर बीस फीसदी वोट हासिल किए हैं। जाहिर है कि बहुजन दायरे में टिकट वितरण करके और करीब सोलह फीसदी टिकट ऊँची जातियों के बीच बाँटकर भी बसपा प्रादेशिक और राष्ट्रीय स्तर पर गुरु किल्ली प्राप्त करने के निकट नहीं दिखती। चूँकि यह कई प्रांतों में चुनाव लड़ती है और हर जगह उसके उम्मीदवार **बहुजन व्यूह रचना** के कारण कुछ-न-कुछ वोट हासिल कर ही लेते हैं, इसलिए उसे राष्ट्रीय मान्यता लायक वोटों का प्रतिशत तो उपलब्ध हो जाता है, लेकिन माकपा, भाजपा या काँग्रेस की तरह या उत्तर प्रदेश की समाजवादी पार्टी की तरह वह किसी भी प्रदेश में नंबर एक की पार्टी बनने में नाकाम रहती है। संसद में उसकी उपस्थिति काफी कम है और उत्तर प्रदेश विधानसभा में उसके विधायकों की संख्या कभी सत्तर तक नहीं पहुँची। मतदाताओं और समर्थन आधार के झुकावों के कई अध्ययन बताते हैं कि बसपा दलित मतदाताओं की प्रमुख लेकिन एकमात्र पसंदीदा पार्टी नहीं है। पर बाद के दौर में दलितों का झुकाव महसूस किया गया।

सवाल यह है कि बसपा की यह सीमा बहुजन आधारित चुनावी व्यूह-रचना का परिणाम है या उस रणनीति पर अमल न कर पाने का नतीजा है? एक प्रश्न यह भी है कि क्या चुनावी राजनीति के हिस्सा-बाँट के माध्यम से बहुजन समाज को एक राजनीतिकृत और एकताबद्ध समुदाय के रूप में उपलब्ध किया जा सकता है? सामाजिक-आर्थिक रूप से उत्पीड़ित और शोषित तबकों के लिए राजसत्ता उपलब्ध कराने का दावा करने वाली एक संभावनाशील पार्टी के रूप में बसपा के अतीत, वर्तमान और भविष्य का यह अध्ययन दलित-बहुजन राजनीति के उन पहलुओं की शिनाख्त करने का प्रयास करेगा जिनके कारण बसपा की प्रकट सफलताएँ अपने अंतर्गत में कई तरह की सीमाओं से ग्रस्त लगती हैं। इस अध्ययन में वर्णन-प्रधान शैली को अपनाया गया है। इसके पीछे मुख्य भावना यह है कि बसपा के बारे में आमतौर पर तथ्य उपलब्ध नहीं हैं। यह एक ऐसी पार्टी है जिसने अपने राजनीतिक और सामाजिक महत्त्व के अनुपात में समाज विज्ञानियों का ध्यान अपनी ओर नहीं खींच पाया है। इस पार्टी के संगठन, विचारधारा, नेतृत्व और रणनीति का बहुत कम अध्ययन हुआ है।

बसपा के राजनीतिक और सांगठनिक जीवन का यह अध्ययन बताता है कि उसके संस्थापक कांशीराम की निगाह में बामसेफ और डी.एस.फोर की गतिविधियों के केंद्र में बहुजन समाज की एकता के प्रयास थे और जब उन्हें लगा कि अब इस एकता को चुनावी समीकरण में बदला जा सकता है तो उन्होंने ऐलान कर दिया कि उनकी दिलचस्पी किसी रिपब्लिकन या नामांतर मूवमेंट में न होकर सिर्फ **'पावर मूवमेंट'** में है। इससे स्पष्ट होता है कि बसपा के बनने से पहले का दौर राजनीतिक

कम और सामाजिक आंदोलन का ज्यादा था। दूसरे शब्दों में, वह राजनीतिक उद्देश्यों से किया गया सामाजिक कर्म था। बसपा के गठन के बाद स्थिति में परिवर्तन हो गया और यह मुहिम पूरी तरह बहुजन एकता के सीधे राजनीतिकरण के माध्यम से एक राजनीतिक समुदाय बनाने की कोशिशों में बदल गई। ठोस रूप से देखें तो लगता है कि बसपा एक स्तर पर दलितों के आंतरिक विभेदों से परे जाते हुए पूरे दलित समाज के आर-पार एक तरह की एकीकृत दलित राजनीतिक एकता की रचना करना चाहती है और फिर इस एकता के नेतृत्व में पिछड़ी, अतिपिछड़ी जातियों, अल्पसंख्यकों और आदिवासियों का चुनावी मोर्चा बनाना चाहती है। इसके लिए उसने **सौ फीसदी राजनीति** का पंद्रह वर्षीय सिलसिला चलाया है और तकरीबन मान लिया है कि सामाजिक आंदोलन का चरण पूरा हो गया है और अब सत्ता में ज्यादा-से-ज्यादा हिस्सेदारी हासिल करके दलित अस्मिता के सवालों पर केंद्र करते हुए यह प्रक्रिया काफी दूर तक चलाई जा सकती है। सवाल यह है कि क्या बसपा की यह मुहिम पूर्ववर्ती दलित आंदोलन की उपलब्धियों को सुरक्षित रखते हुए उनमें कोई योगदान कर पाई है? दूसरा सवाल यह है कि नौकरशाही के दलित हिस्से के बुनियादी प्रयास से बनी इस पार्टी को राजसत्ता मिलने पर बहुजन समाज की चुनावी एकता के उन प्रयासों पर क्या असर पड़ा? क्या इस तरह की चुनावी एकता किसी स्थायी अथवा कुछ हद तक टिकाऊ राजनीतिक समुदाय के निर्माण का आधार बन सकती है? एक महत्त्वपूर्ण आकलन का विषय यह है कि दलित-बहुजन नेताओं ने **'चाबियों की चाबी'** को कैसे इस्तेमाल किया? इन सवालों का जवाब पाने के लिए इस अध्ययन को तीन हिस्सों में बाँटा गया है?

बहुजन एकता की तलाश

रतन राम का उदाहरण साफ करता है कि बसपा की विचारधारा, सांगठनिक व्यूह रचना और समर्थन आधार की तुलना देश के किसी भी राजनीतिक संगठन से नहीं की जा सकती। इस पार्टी के पास न कोई लिखित घोषणा पत्र है और न ही कोई सुसंगत आर्थिक-राजनीतिक नीति वक्तव्य। यह एकमात्र पार्टी है जिसका आर्थिक दर्शन न किसी को पता है और न ही इसके नेता या नेताओं ने उसे पेश करने की कभी जहमत उठाई है। उसकी विचारधारा न तो पूँजीवाद के किसी खाने में फिट होती है और न समाजवाद के खाने में। उसे उदारतावादी दायरे की पार्टी बताने वालों को भी ऐसा करने के लिए काफी जोखिम उठाने पड़ सकते हैं। क्योंकि बसपा अक्सर हित-आधारित लोकतांत्रिक राजनीति की स्थापित परंपराओं का उल्लंघन करती रहती है। बसपा के इस अनूठेपन के कारण उसके बारे में जानकारी पाने के सिर्फ दो व्यावहारिक स्रोत रह जाते हैं—इनमें पहला है उसके नेता कांशीराम का विकट जीवन, छुटपुट रचनाएँ, भाषणों और वक्तव्यों का लंबा सिलसिला, और दूसरा है इससे निकलने

वाले निष्कर्षों की पुष्टि करने के लिए रतन राम सरीखे कांशीराम द्वारा प्रशिक्षित किए गए कार्यकर्त्ताओं के जीवन का राजनीतिक पाठ। कांशीराम और उनके शिष्य रतन राम के उदाहरण बताते हैं कि बसपा आरक्षण के माध्यम से सरकारी नौकरी प्राप्त करने वाले उन सरकारी कर्मचारियों की राजनीतिक परियोजना का परिणाम है जो सरकारी दफ्तरों में सामाजिक-प्रशासनिक भेदभाव के शिकार होते रहे हैं और जिन्हें सामान्य कर्मचारी ट्रेड यूनियन राजनीति के माध्यम से उन्हें कभी न्याय नहीं मिला। इसलिए इन कर्मचारियों को अपना अलग संघ बनाना पड़ा। चूँकि यह संघ सरकारी कर्मचारियों का था इसलिए इसकी राजनीति जनांदोलनकारी प्रवृत्तियों से कतराने वाली ही होनी थी। कांशीराम को उनके निजी तजुर्बों ने सिखाया था कि कानूनी माध्यमों में अपनी माँगें मनवाने लायक गुँजाइशें हैं और कानून तोड़ने की कोई जरूरत नहीं है। यह अलग कर्मचारी संघ सीधे किसी राजनीतिक दल से जुड़ने के लिए तैयार नहीं था, क्योंकि उसका मकसद आगे चलकर स्वयं एक राजनीतिक दल को जन्म देना था। संभवतः यही कारण था कि बामसेफ को संगठन के रूप में कहीं पंजीकृत नहीं कराया गया। उसका ढाँचा भी अनौपचारिक ही रहा।

बैकवर्ड एंड माइनारिटी कम्युनिटीज इंपलाइज फेडरेशन (बामसेफ)

देश के किसी भी क्षेत्र में बसपा के उदय की परिघटना का अध्ययन किया जाए तो उसके पीछे बामसेफ की छाया उपस्थिति नजर आती है। सामने आए बिना बामसेफ के सदस्य प्रशासन में अपनी हैसियत का कुशलतापूर्वक इस्तेमाल करते हुए बसपा के लिए बीज डालने का काम करते हैं और संसाधन जुटाते हैं। बामसेफ अपने-आप में एकदम नए तरह का विचार था। शुरू में बड़े दलित अफसरों ने हमदर्दी होते हुए भी इस संगठन से सुरक्षित दूरी बनाए रखी। सवर्ण अफसरों की जातिवादी ज्यादतियों के खिलाफ संघर्ष चलाते मँझोले और निचले दलित कर्मचारियों के बीच इसके पैर जम गए, लेकिन इसकी मंजिल कर्मचारियों की यूनियन के रूप में सीमित हो जाना नहीं था। कांशीराम चाहते थे कि यह शिक्षित कर्मचारियों का संगठन तो बने, लेकिन शिक्षित कर्मचारियों के लिए ही काम न करता रहे। इस संगठन के शिक्षित कर्मचारियों से उम्मीद की जाती थी कि वे उत्पीड़ित समाज के अन्य सदस्यों की मदद करेंगे और इस तरह बहुजन समाज आंदोलन के लिए **'ब्रेन बैंक'**, **'टैलेंट बैंक'** और **'फाइनेंशियल बैंक'** बन जाएँगे। बसपा के समर्थकों का दावा है कि स्थापना के थोड़े दिन बाद ही बामसेफ से पाँच सौ पीएचडी, तीन हजार एमबीबीएस / एमएस / एमडी, पंद्रह हजार वैज्ञानिक और सात हजार अन्य स्नातक और स्नातकोत्तर डिग्री धारी कर्मचारी जुड़ गए। अधिकांश सदस्य महाराष्ट्र और उत्तर प्रदेश के थे और अनुसूचित जाति के थे। इस संगठन में पिछड़े वर्ग के कर्मचारियों की संख्या सबसे ज्यादा उत्तर प्रदेश से थी।

कर्मचारियों की अपनी सरकारी श्रेणी (ओहदा) बामसेफ में आकर खत्म हो

जाती थी। वहाँ सभी सदस्य बराबर होते थे। बामसेफ के सदस्य छह से बारह रुपए तक सदस्यता शुल्क देते थे और समय पड़ने पर आंदोलनों के लिए धन जमा करना उनके कार्यभारों में महत्त्वपूर्ण स्थान रखता था। हर सरकारी दफ्तर में बामसेफ का खंजाची होता था, जिसके पास धन जमा होता था। यह स्थायी नहीं, बल्कि बदलता रहता था। जिले या मंडल का संयोजक इसकी नियुक्ति करता था। खंजाची जमा धन जिले के संयोजक के हवाले कर देता था। संयोजक इसे कांशीराम तक पहुँचा देता था। इस संयोजक की नियुक्ति कांशीराम के हाथों में होती थी। वे कार्य कुशलता और निष्ठा को ध्यान में रखते हुए उसका चयन करते थे। संयोजक पैसे की व्यवस्था के अलावा नए सदस्य भी बनाता था, कांशीराम के निर्देशों को संगठन में पहुँचाता था और हर महीने के अंतिम रविवार को जिले-भर में बामसेफ कार्यकर्त्ताओं की बैठक आयोजित करता था।

मंडल स्तर और प्रांत स्तर पर भी कांशीराम संयोजक नियुक्त करते थे। मंडल संयोजक प्रांत और जिले के बीच कड़ी का काम करता था। प्रांत संयोजक सभी संयोजकों के बीच तालमेल रखता था। कांशीराम ने बामसेफ सदस्यों को चुनाव प्रचार में भाग लेने के लिए कभी उत्साहित नहीं किया। और न ही बामसेफ का सदस्य होने के लिए बसपा को वोट देना जरूरी माना—लेकिन बामसेफ के गठन का अंतर्निहित तर्क था ही ऐसा कि उसके सदस्य बसपा के राजनैतिक उपादान बने बिना नहीं रह सकते थे। बामसेफ ने बसपा के विकास में भारी योगदान किया। पार्टी का खर्च निकालना और प्रतिभाशाली कार्यकर्त्ता सप्लाई करते रहना कोई छोटी-मोटी जिम्मेदारी नहीं थी। कांशीराम ने बामसेफ के पी अपनी अवधारणा की व्याख्या इन शब्दों में की :

> बामसेफ के पीछे धारणा है—'समाज को वापस देना।' अतएव, यह बसपा के लिए दिमाग, प्रतिभा और कोष जुटाता है। लेकिन 1985 में मैंने इसे छाया संगठन में बदल दिया। अब इसका सार तत्त्व केवल मेरी निगाह में है और केवल मैं ही इसका पदाधिकारी और सदस्य रह गया हूँ। देश के करीब चार सौ सर्वोच्च सिविल सर्वेंट बसपा के ब्रेन बैंक हैं। बामसेफ के 26 लाख अनुसूचित जाति-जनजाति के कर्मचारी कार्यकर्त्ता सारे देश में फैले हुए हैं। उनकी शुद्ध आय दस हजार करोड़ सालाना है। वे बसपा को कोष सप्लाई करते हैं। आखिरकार बसपा का मासिक खर्चा एक करोड़ रुपये है।

कांशीराम के इस कथन से दो बातों का अंदाजा लगता है—उनके आंदोलन में आरक्षण के जरिए नौकरी पाए कर्मचारियों का महत्त्व कितना ज्यादा है और उन कर्मचारियों पर कांशीराम की व्यक्तिगत पकड़ कितनी मजबूत है। 1984 में बसपा के निर्माण के बाद कांशीराम ने बामसेफ को पूरी तरह पृष्ठभूमि में धकेल दिया। यह संगठन लगभग आँखों से ओझल हो गया, लेकिन इसका वजूद नहीं मिटा।

घुमा-फिरा कर बामसेफ के लोग बसपा से जुड़ गए। मायावती और राज बहादुर जैसे नेतृत्वकारी कार्यकर्ता बामसेफ से ही निकले। बसपा के चुनाव दफ्तरों का संचालन हो या चुनाव में खर्च होने वाले पैसे का लेखा-जोखा हो, बामसेफ के लोग ही इन चीजों पर नियंत्रण करने लगे। स्थानीय परिस्थितियों के अनुसार चुनावी व्यूह रचना करने का कांम भी बामसेफ के अदृश्य हाथ में चला गया।

लखनऊ में बामसेफ के राष्ट्रीय अधिवेशन के संबंध में बसपा के प्रदेश अध्यक्ष जंग बहादुर पटेल ने कहा, **''बामसेफ गुजरे हुए जमाने की चीज है। हम लोग कांशीराम के साथ आगे बढ़ते जा रहे हैं। जो लोग पीछे रह गए हैं, वे ही निष्क्रिय पड़ी बामसेफ के बारे में गला फाड़ रहे हैं।''** इस अधिवेशन में बसपा के किसी नेता या मंत्री ने हिस्सा नहीं लिया था। वैसे उनमें से किसी को बुलाया भी नहीं गया था।

पटेल ने आगे कहा, ''बामसेफ बनाने का मकसद पूरा हो गया है। बसपा अब बामसेफ के टूटे हुए हिस्सों को खुद में मिलाने में दिलचस्पी नहीं रखती।'' पटेल ने बामसेफ की उपेक्षा को अम्बेडकर के प्रसिद्ध कथन का हवाला देकर उचित ठहराया कि ''शिक्षित और आंदोलित करने के चरण बामसेफ और डी.एस.फोर बनाकर पूरे हो चुके हैं। अब हम समाज के संगठन में सपा के साथ भागीदारी करते हुए जुटे हुए हैं।''

बसपा के गठन के समय कांशीराम को बामसेफ में असंतोष की कुछ सुगबुगाहट सुनाई भी दी। इसकी बुनियाद में बामसेफ के उद्देश्यों को समझ को लेकर कुछ नेताओं के कांशीराम के साथ मतभेद थे। बामसेफ के कई संस्थापक सदस्य बसपा के जरिए अपनी बढ़ती हुई राजनीतिक भूमिका से रोमांचित तो हुए, लेकिन कुछ के मन में शंकाएँ भी पनपीं। दूसरी ओर सीधे-सीधे बसपा में आए पूर्णतः राजनीतिकृत नेताओं और कार्यकर्त्ताओं ने इस अपंजीकृत छाया संगठन की पार्टी पर चौधराहट को नाराजगी से देखा। इस तरह बामसेफ वालों और बसपा के बीच एक तरफ तो गर्भनाल का संबंध रहा और दूसरी तरफ अंतर्विरोध की बुनियाद भी पड़ी। शुरू में ये अंतर्विरोध मित्रतापूर्ण रहे, लेकिन बाद में उन्होंने नुकसानदेह स्वरूप भी अख्तियार करना शुरू कर दिया। बसपा वालों का आरोप था कि बामसेफ वालों को फील्ड का अनुभव नहीं होता और जब उन्हें इस बारे में जानकारी दी जाती है तो भी वे इस पर ध्यान नहीं देते। बसपा वालों ने कई बार कांशीराम द्वारा बामसेफ के सलाह-मशविरे पर ज्यादा ध्यान देने की शिकायत की। बसपा का और ज्यादा विकास होने पर नब्बे का दशक आते-आते बामसेफ की भूमिका उत्तरोत्तर अदृश्य-सी होती चली गई। इस परिस्थिति ने बामसेफ के अंदर उसकी अपनी भूमिका पर भी बहस पैदा कर दी। इसके कुछ संस्थापक सदस्यों की राय थी कि उत्पीड़ित वर्ग को ऐसे बौद्धिकों की जरूरत है जो उन्हें सामाजिक-आर्थिक न्याय दिला सके। इस लक्ष्य की पूर्ति बामसेफ से जुड़े अधिकारी वर्ग द्वारा ही संभव है। जबकि कांशीराम यह जिम्मेदारी बसपा की ओर स्थानांतरित कर देना चाहते थे।

दलित शोषित समाज संघर्ष समिति (डी.एस.फोर)

जाहिर है कि बामसेफ को एक छाया-संगठन या अर्धभूमिगत संगठन की तरह ही कल्पित किया गया था। इसका नाम स्वयं में एक आवरण था जिसमें बैकवर्ड और माइनारिटी शब्द तो मौजूद थे, लेकिन दलित या अनुसूचित जाति जैसे शब्द नहीं थे; जबकि व्यवहार में इसका संचालन दलित कर्मचारियों के हाथ में ही था। बामसेफ की गतिविधियाँ जैसे-जैसे सुदृढ़ होती गईं वैसे-वैसे यह राजनीतिक परियोजना अगले चरण की ओर बढ़ी। बामसेफ वाले सरकारी नौकरी में होने के कारण आंदोलनों में या राजनीतिक प्रचार में भागीदारी नहीं कर सकते थे। इसलिए कांशीराम ने 6 दिसंबर, 1981 को डी.एस.फोर नामक संगठन बनाया। इसके नाम में एक 'डी' और चार 'एस' थे–**दलित शोषित समाज संघर्ष समिति**। यह भी बाकायदा राजनीतिक दल नहीं था, लेकिन इसकी गतिविधियाँ काफी कुछ वैसी ही थीं। डी.एस.फोर ने उत्तर प्रदेश, बिहार और हरियाणा के किसान नेताओं का ध्यान भी अपनी ओर आकर्षित किया। चरण सिंह, देवीलाल और कर्पूरी ठाकुरी को इस संगठन में संभावनाएँ लगीं। इस गैर राजनैतिक संगठन ने तीन वर्षों में ही कांशीराम को इतना मजबूत राजनैतिक आधार मिला कि उन्होंने संघर्ष और जनप्रेरक कार्यक्रमों के लिए राजनैतिक बल के रूप में डी.एस.फोर का गठन कर सामाजिक जागृति के कार्यक्रमों के द्वारा पूरे भारत के राजनैतिक दलों की नींद उड़ा दी। येवगेनिया युरलोवा ने दावा किया है कि डी. एस.फोर को शुरू में चरण सिंह ने राजनीति में पैर जमाने में मदद की। युरलोवा का यह कथन ज्यादा सही नहीं लगता, क्योंकि डी.एस.फोर जिन ताकतों का प्रतिनिधित्व कर रही थी, उनका चरण सिंह के अनुयायियों से सामाजिक स्तर पर टकराव था।

डी.एस.फोर बड़े फुटकर ढंग से चुनाव लड़ती थी, इसलिए सामाजिक टकराव होते हुए भी राजनीतिक तालमेल होना मुमकिन नहीं था। चरणसिंह राजनीति में उभरते हुए उस मजबूत किसान वर्ग की नुमाइंदगी करते थे जो सवर्णों की तरह व्यवहार करता था। वह रंग-रुतबे के मामले में सवर्णों से होड़ कर रहा था और दलितों को कुचलने में वह कई-कई जगह तो सवर्णो से भी आगे था।

बकौल कंवल भारती कांशीराम ने 1982 में अपने राजनीतिक आधार की परीक्षा के तौर पर ही डी.एस.फोर को पहली बार हरियाणा के विधानसभा चुनावों में उतारा, जिसे उन्होंने एक सीमित राजनीतिक कार्यवाही कहा। 1982 में ही दिल्ली कौंसिल के चुनाव में डी.एस.फोर के माध्यम से कांशीराम ने चुनावी परीक्षण किया।

जनवरी, 1983 में दिल्ली में चुनाव लड़ा गया। जून, 83 में जम्मू में। वहाँ उसने ताकत दिखाई और नवंबर, 1983 में माधवगढ़ उपचुनाव (उत्तर प्रदेश) में वह तीसरे नंबर पर पहुँच गई।

इन चुनावों में डी.एस.फोर को 57588 वोट प्राप्त हुए थे, जो कुल वोटों का 1.19 प्रतिशत था। यह स्थिति तीन अन्य राजनैतिक दलों सी.पी.आई. (36.639-0.75

प्रतिशत), सी.पी.आई.एम. (18,616-0.38 प्रतिशत) और काँग्रेस (एस) (458-0.01 प्रतिशत) के मुकाबले काफी अच्छी थी। यह चुनाव हरियाणा में अम्बेडकरवाद की स्थिति को मापने के लिए प्रयोग था। चुनाव जीतना मुख्य लक्ष्य नहीं था। वरन् कांशीराम के सामने मुख्य मुद्दा यह था कि समाज अपने अधिकारों के प्रति कितना सजग है। वे उस सजगता को महसूस करना चाहते थे।

मानसिंह जी एक मुलाकात में बतलाते हैं कि कांशीराम जी ने सोये हुए दलित समाज को जगाने और उन्हें सजग बनाने में तो सफलता पाई लेकिन सत्ता की राजनीति में सत्ता तक पहुंचते-पहुंचते वे मात खा गये।

संदर्भ एवं टिप्पणी

- आज के नेता, आलोचनात्मक अध्ययन माला, पृ. 53
- *इंडियन एक्सप्रेस,* 16 मार्च, 1991
- राष्ट्रीय मतदान में बसपा की यह भागीदारी आशुतोष वार्ष्णेय के लेख 'इज इंडिया बिकमिंग मोर डेमोक्रेटिक?' *दि जरनल ऑव एशियन स्टडीज 59',* अंक-1, फरवरी-2000, पृष्ठ 8-9 से।
- देखें गेल ऑम्वेट, 'दि बहुजन समाज पार्टी, *फ्रंटियर,* अंक 44, खंड 25, 12 जून, 1993, पृष्ठ 3-9 और क्रिस्टोफ जफरलोट, 'दि बहुजन समाज पार्टी इन नॉर्थ इंडिया : नो लोंगर जस्ट ए दलित पार्टी?' *कम्परेटिव स्टडीज ऑव साउथ एशिया, अफ्रीका एंड दि मिडिल ईस्ट,* 18(1), 1998
- *दैनिक भास्कर,* 8 जनवरी, 1990
- लखनऊ के इन्दिरापुरम निवास पर 7 अगस्त, 1987 को अल्पसंख्यक आयोग के पूर्व सदस्य तथा एडवोकेट छेदीलाल साथी से बातचीत के आधार पर
- पूना में नौकरी करते समय कांशीराम ने दीना भान नामक दलित कर्मचारी के उत्पीड़न के खिलाफ संघर्ष किया था। बुद्ध जयंती और अम्बेडकर जयंती की रद्द छुट्टियाँ बहाल कराने के सवाल पर कानूनी रास्ते से जीत हासिल करने के उनके इस निजी अनुभव ने आगे चलकर बसपा की रणनीति और कार्यनीति बनाने में निर्णायक योगदान किया। इस दिलचस्प ब्योरे के लिए देखें : अभय कुमार दुबे, *कांशीराम : एक आलोचनात्मक अध्ययन,* राजकमल, दिल्ली, 1997, पृष्ठ 32-33; आंबेथ राजन, *माई बहुजन समाज पार्टी,* एबीसीडीई प्रकाशन, दिल्ली, 1996, पृष्ठ 2-3 और अभय कुमार दुबे, 'एनाटॉमी ऑव ए दलित पॉवर प्लेयर', घनश्याम शाह के संपादन में दलित राजनीति पर सेज, दिल्ली द्वारा सद्यः प्रकाशित संकलन।
- आम्बेथ राजन, उपरोक्त, पृष्ठ 7
- *संडे ऑब्जर्वर,* 12 अगस्त, 1990
- येंथगेनिया युरलोवा, 'पॉलिटिकल इमर्जेंस ऑव शड्यूल्डकास्ट इथनो कम्युनिटी', *मेनस्ट्रीम,* 12 अक्टूबर, 1991
- कंवल भारती, कांशीराम के दो चेहरे, पृष्ठ 13
- ओमप्रकाश, अंबेडकर शती वर्ष में बसपा का बिखराव, जनसत्ता, नई दिल्ली, 22 मार्च, 95
- कांशीराम के दो चेहरे, पृष्ठ 13
- आगरा के चक्की पाट बुद्ध विहार में 22 अक्तूबर, 2001 को पूर्व विधायक तथा आर.पी.आई. नेता मानसिंह से बातचीत के आधार पर

बसपा की राजनैतिक यात्रा

दलित समाज के अधिकांश लोगों का मानना रहा है कि भाजपा आरंभ से ही दलित-पिछड़े वर्गों को विकास के समान अवसरों से वंचित रखने की पक्षधर रही है। जब-जब भारत में कोई आंदोलन दलित पिछड़े वर्गों की भागीदारी के लिए चला, तब-तब भारतीय जनता पार्टी ने कोई-न-कोई धार्मिक आंदोलन खड़ा करके उसे दबाने का प्रयास किया। मंदिर मुद्दे पर उसकी हिंदू राजनीति भी मुख्यतः मंडल विरोधी रही। बकौल भगवान दास भाजपा दलित-पिछड़े वर्गों के भविष्य के लिए जितनी घातक है, उतनी मुसलमानों के लिए नहीं है। अल्पसंख्यकों को संगठन के प्रतिनिधित्व देने के सवाल पर पार्टी में जो रोष पैदा हुआ था, जिसके कारण वह प्रस्ताव भी निरस्त हो गया, उससे यह आसानी से समझा जा सकता है कि भाजपा दलित-पिछड़े वर्गों को समान भागीदारी देने के प्रश्न पर किस कदर विभाजित हो सकती है? आज यदि वह अविभाजित है तो इसका अर्थ अनुशासन नहीं, बल्कि सवर्ण हितों के प्रश्न पर उसका ध्रुवीकरण है।

यहाँ तक वामपंथी दलों का सवाल है, उनका नेतृत्व भी आरंभ से ही सवर्णों के हाथों में रहा है। इस नेतृत्व ने गरीबी और श्रमिकों के उत्पीड़न के खिलाफ जरूर आवाज उठाई, परंतु जिस ब्राह्मणवादी व्यवस्था से ये दोनों चीज उपजी हैं, उसे उखाड़ फेंकने की दिशा में कोई आंदोलन नहीं चलाया। यही कारण है कि पश्चिम बंगाल में जहाँ लंबे समय से वामपंथियों की सरकार बनती आई है, पूँजीवाद और ब्राह्मणवाद दोनों मिलकर दलित-पिछड़े वर्गों और आदिवासियों का भरपूर शोषण करते रहे हैं तथा आज भी उनके लिए स्वतंत्रता एक बेमानी शब्द बना हुआ है।

जहाँ तक विश्वनाथ प्रताप सिंह के द्वारा मंडल आयोग की रिपोर्ट लागू करने की बात है, उसे कोई सार्थक प्रयास नहीं कहा जा सकता। वह रिपोर्ट और रिपोर्ट लागू करने वाली नीति अपने-आपमें विरोधाभास का शिकार रही। दलित और पिछड़े वर्ग को उससे कुछ विशेष लाभ नहीं हो सके।

बकौल कंवल भारती डॉ. अम्बेडकर जब तक रहे, वे कांग्रेस और ब्राह्मणवाद के मिले-जुले षड्यंत्र के खिलाफ आवाज उठाते रहे। दुर्भाग्य से 1956 में उनका

परिनिर्वाण हो गया। उनके बाद भारतीय राजनीति में कोई दूसरा दलित नेता उनका स्थान नहीं ले सका। रिपब्लिकन पार्टी के नेता भी कॉंग्रेस के समर्थक हो गए। कॉंग्रेस दलितों को लुभाती रही और दलित समाज के लोग उस पर विश्वास करते रहे। किंतु लंबे समय के पश्चात् 70 के दशक में जब भारतीय सामाजिक आंदोलन के इतिहास में कांशीराम का उदय हुआ और 1982 में उन्होंने डी.एस.फोर बनाकर पूरे देश में पूना पैक्ट की स्वर्ण जयंती को **धिक्कार दिवस** के रूप में मनाया, तो परंपरागत राजनीति में भूचाल आ गया।

कंवल भारती ने बसपा के अस्तित्त्व में आने तथा राजनैतिक संघर्ष की शुरुआत को दूसरी आजादी की लड़ाई बतलाया है।

कांशीराम ने अपनी बहुजन थीसिस फुले और अम्बेडकर के विचारों से निकाली है। बावजूद इसके उनके राजनीतिक प्रयासों में कई बार अम्बेडकर से अलग हटकर बनाई गई कार्यनीतियाँ झलकती हैं। दलित आंदोलन के अध्येता डॉ. गोपाल गुरु ने कांशीराम पर आरोप लगाया हैं कि उन्होंने एक सामाजिक आंदोलन को पूरी तरह रोजमर्रा के राजनीतिक जोड़-तोड़ में सीमित कर दिया हैं। लेकिन कांशीराम की इसी कमी को ब्रिटिश अध्येता एड्रूं बैट उनकी खूबी मानते हैं–

बसपा पर हमें ध्यान इसलिए देना चाहिए, क्योंकि वह दलितों की राजनीतिक मुक्ति के लिए जरूरी है। बसपा भारतीय राजनीति की मौजूदा हालत को देखने के लिए एक उपयोगी माध्यम भी है। बसपा के उभार को कई तरीके से व्याख्यायित किया जा सकता है। इसे भारत में बहुलवादी राजनीति के अच्छे स्वास्थ्य के प्रमाण के रूप में भी देखा जा सकता है।

योगेंद्र यादव भारतीय राजनीति के नये चेहरे में बसपा जैसी पार्टियों का स्थान इस तरह रेखांकित करते हैं–

एक वर्चस्व वाली मध्यमार्गी सबको साथ लेकर चलने वाली एवं विभिन्न तबकों को गोलबंद कर अपनी प्रमुखता बरकरार रखने वाली पार्टी के पतन के परिणामस्वरूप 'अपने-अपने' तबकों के राजनीतिक एजेंडों वाली एवं दूसरे तबकों को बहिष्कृत कर चलने वाली पार्टियो का उदय होना लगा। दलीय प्रणाली के हाशिए पर स्थित बहुजन समाज पार्टी जैसी पार्टियाँ समाज के सारे तबकों को प्रभावित करने की कॉंग्रेस की घटती क्षमता की उपज हैं। इनमें कुछ पार्टियाँ केवल तात्कालिक साबित हो रही हैं और जितनी जल्दी पैदा हुई हैं उतनी जल्दी खत्म भी हो सकती हैं। पर इनमें से कुछ टिकाऊ भी होंगी। यह विडंबना ही है कि ये अधिकतर राजनीतिक संगठन, जो अब तक लोकतंत्र के औजार के रूप में काम करते हैं, स्वयं अपने सांगठनिक ढाँचे एवं कार्य-शैली में पूरी तरह अलोकतांत्रिक हैं।

बसपा के गठन होते ही 1984 का संसदीय निर्वाचन लड़ा गया और सारे देश में पार्टी ने 10.05 लाख वोट हासिल किए। पंजाब के विधानसभा चुनाव में उसने

खास करामात दिखाई और काँग्रेस की झोली से 2.2 फीसदी वोट निकाल लिए। ये वे दलित वोट थे जिनके मिलने से काँग्रेस अकालियों को हरा सकती थी। दिसंबर, 1985 में हुए बिजनौर उपचुनाव में बसपा ने मायावती को चुनाव में उतारा। मायावती के सामने बाबू जगजीवन राम की पुत्री काँग्रेस की मीरा कुमार थीं जो भारतीय विदेश सेवा छोड़कर राजनीति में आई थीं। बिजनौर के इस चुनाव से बहुत कुछ तय होना था। बाबूजी को राजनीति में किसी दलित द्वारा प्राप्त सफलता का अंतिम पर्याय माना जाता था। आखिरकार उस समय तक बाबूजी ही एकमात्र दलित थे जिनका नाम प्रधानमंत्री पद के लिए चला था। मायावती के जरिए बसपा ने बिजनौर की लड़ाई में साबित किया कि काँग्रेसी दलित नेताओं का जमाना लद चुका है। अब उत्पीड़ित वर्ग उनके साथ नहीं है। मायावती चुनाव जरूर हार गईं पर परिणाम चौंका देने वाले निकले। मायावती ने 61,000 वोट हासिल किए और मीरा कुमार की जीत का अंतर पीछे घसीटकर केवल पाँच हजार कर दिया। काँग्रेस उम्मीदवार साल भर पहले ही इस क्षेत्र से 95,000 वोटों से जीता था।

बसपा ने चुनाव के मैदान में तीसरा प्रयोग हरिद्वार में किया। 1987 में मायावती ही यहाँ से लड़ीं। इस बार उनके मुकाबले जनता दल के दलित नेता रामविलास पासवान थे। पासवान बिहार से चुनाव जीतने का विश्व रिकार्ड बना चुके थे और उन्हें जगजीवन राम द्वारा छोड़े गए शून्य को भरने लायक नेता माना जा रहा था। हरिद्वार में मायावती ने पासवान को ध्वस्त कर दिया। बसपा को 1,35,225 वोट नसीब हुए। जीत काँग्रेस उम्मीदवार की हुई, लेकिन केवल 14-15 हजार वोटों से। काँग्रेस को 1,49,000 वोट मिले। लोकदल और भाजपा के उम्मीदवारों का तो पता ही नहीं चला। भाजपा को उस समय केवल 4400, कम्युनिस्ट पार्टी को 5000 और रामविलास पासवान को 32,000 वोट मिले। चुनाव विश्लेषकों के अनुसार अगर पासवान 70,000 वोट पा लेते और भाजपा को कुछ और वोट मिल जाते तो जीत बसपा की होती।

दूसरा उदाहरण देखें, विश्वनाथ प्रताप सिंह इलाहाबाद उपचुनाव में काँग्रेस के अनिल शास्त्री के मुकाबले उतरे। यह चुनाव राष्ट्रीय राजनीति में एक महत्त्वपूर्ण मोड़ था। यह काँग्रेस की सरकारी ताकत और संयुक्त विपक्ष (23 पार्टियाँ) की एक जुट ताकत का टकराव था। इसके परिणामों का 1989 में होने वाले आम चुनाव की राजनीति पर असर पड़ने वाला था। बसपा ने काँग्रेस और संयुक्त विपक्ष के इस संघर्ष में दलितों की ओर से स्वतंत्र दावा किया, ताकि वे स्वयं को तीसरी धारा के रूप में शिनाख्त करा सकें। यह आसान काम नहीं था। बसपा उम्मीदवार को सम्मानजनक वोट मिलने ही चाहिए थे। तभी दलित खुद को समान स्तर की राजनीतिक ताकत सिद्ध कर सकते थे। काफी कुछ दाँव पर था। इसलिए बसपा प्रमुख कांशीराम ने किसी और को न लड़ाकर स्वयं को उम्मीदवार के रूप में पेश किया। इस चुनाव

की पूर्वपीठिका के रूप में बहुजन समाज पार्टी साल-भर से अपना सोशल एक्शन कार्यक्रम चला रही थी। 15 अगस्त, 1987 से प्रदेश-भर में छुआछूत, अमानवीयता, अन्याय, असुरक्षा और असमानता के खिलाफ बसपा के धरने और साइकिल यात्राएँ जारी थीं।

खुला पत्र

बसपा ने इस इलाहाबाद चुनाव को अपने प्रचार के स्वर्ण अवसर के रूप में देखा। कांशीराम ने एक खुला पत्र तैयार किया। पहली बार लोगों के सामने बसपा का उद्देश्य कमोबेश एक अधिकारिक दस्तावेज के रूप में आया।

कांशीराम के कथन में मान्यता झलक रही थी कि जाति चेतना का राजनीतिकरण किए बिना न तो जाति के परंपरागत रूप टूट सकते हैं और न ही जाति की बीमारी का इलाज हो सकता है। यद्यपि उनके बहुजन समाज में दलित, आदिवासी, पिछड़े और धार्मिक अल्पसंख्यक शामिल थे, लेकिन प्राथमिकता के लिहाज से उनका पहला जोर दलितों पर, दूसरा पिछड़ों पर और तीसरा धर्म परिवर्तन किए हुए अल्पसंख्यकों पर दिखाई देता था। अम्बेडकर ने भी अपनी जनवादी क्रांति की प्राथमिकताएँ इसी प्रकार निर्धारित की थीं। इस पर्चे से लगता था कि राजनीति में बसपा के प्रवेश के समय उन्होंने इसके लिए तीन प्रमुख कार्यभार निर्धारित किए गए थे—दलितों और पिछड़ों के लिए संविधान में अम्बेडकर द्वारा प्रदत्त विशेष सुविधाओं को वास्तव में लागू करने के लिए संघर्ष; चुनाव सुधारों के लिए दबाव बनाना, ताकि कमजोर वर्ग के लिए मतदान करने लायक माहौल की गारंटी हो सके : नमूने के तौर पर कम कीमत में चुनाव लड़ने की जनाधारित शैली विकसित करना; और मौजूदा शासक वर्ग की राष्ट्रभक्ति पर प्रश्नचिह्न लगाना और बसपा को ज्यादा राष्ट्रभक्त दिखाना।

इलाहाबाद के उप चुनाव में यह बात एकदम साफ तौर पर उभरकर आई कि विश्व हिंदू परिषद्, आर.एस.एस., बजरंग दल, भाजपा और रामजन्मभूमि मुक्ति समिति यानी कट्टरवादी हिंदू तथा मुस्लिम लीग, मुस्लिम मजलिस, जमाते इस्लामी, मौलाना बुखारी और सैयद शहाबुद्दीन की बाबरी मस्जिद एक्शन कमेटी भी वी. पी. सिंह को जिताने और कांशीराम को हराने के लिए कंधे से कंधा मिलाकर चल रहे थे। वाजपेयी और आडवाणी वहाँ 21 दिन जमे रहे। बनारस के पंडों ने वी.पी. सिंह को राजऋषि का खिताब दिया था और तलवार भेंट की थी कि यह ब्राह्मणवाद की रक्षा करने वाला सबसे अच्छा इंसान है। यहाँ दोनों धर्मों, पक्षों का हित एक ही था। कांशीराम के जीतने से सवर्ण हिंदू और मुसलमान दोनों को अपनी कुर्सी पर हमला होने की आशंका थी। इस चुनाव के बाद जैसा कि कांशीराम कहते हैं कि उन्होंने फैसला किया कि मुसलमानों में हिंदुओं की अनुसूचित जातियों से गए लोगों को ही तैयार किया जाए। जो कुल मुसलमानों का 90 प्रतिशत हैं।

बाद के दौर में इस बारे में बहुजन समाज पार्टी में जोर-शोर से कार्य शुरू हुआ।

जून, 88 को इलाहाबाद संसदीय उपचुनाव हुआ। इस लोकसभाई क्षेत्र की पाँच में से तीन विधानसभाई सीटें–बारा, मेजा और करछना जमुनापार देहाती इलाके की हैं। मेजा क्षेत्र में ही वी.पी. सिंह का पुश्तैनी घर मांडा नामक गाँव भी रहा है। यहाँ कोल आदिवासियों की अच्छी तादाद है, जिनमें मार्क्सवादी कम्युनिस्ट पार्टी का खासा असर था। इस बार माकपा ने वी.पी. सिंह को अपना समर्थन दिया था। भरतगंज नाम के कस्बे में पाँच-छः हजार की आबादी थी। यहाँ काँग्रेस और बसपा का समर्थन था। करछना विधानसभाई क्षेत्र ब्राह्मण बनाम भूमिहार की राजनीति पर टिका था। हवा पूरी तरह वीपी सिंह के पक्ष में थी उनके साथ केरल, कर्नाटक, आन्ध्र प्रदेश, पश्चिम बंगाल और हरियाणा के मुख्यमंत्री थे। संसाधनों के ढेर लगे हुए थे। जबकि कांशीराम ने साइकिल और उस पर लगे माइक के दम पर चुनाव लड़ा था। साइकिल पर लगा हुआ हाथी के निशान वाला बसपा का नीला झंडा उनके आंदोलन का प्रतीक बन गया था।

इंका के प्रत्याशी सुनील शास्त्री को जिताने के लिए काँग्रेस का पूरा अमला यहाँ मौजूद था। जिनमें प्रदेश के मुख्यमंत्री वीर बहादुर सिंह, गुलाम नवी आजाद, गोपीनाथ दीक्षित, राजेन्द्र कुमारी बाजपेयी आदि-आदि थे। वी.पी. सिंह को जिताने के लिए भी पूरी-पूरी तैयारी थी। कांशीराम के साथ कोई बड़ा नेता न था, केवल उनके सहयोगी और कार्यकर्ता ही थे जो उनके चुनाव प्रचार में लगे थे। उनके साथ लोगों का विश्वास था।

कांशीराम के अनुसार इलाहाबाद संसदीय क्षेत्र के मतदाताओं की संख्या इस प्रकार थी–कुल मतदाता, आठ लाख; अनुसूचित जाति के करीब ढाई लाख वोट, कुर्मियों के एक लाख, यादव 50 हजार, ब्राह्मण 60 हजार, केवट और मल्लाह 50 हजार, ठाकुर 50 हजार, कायस्थ 50 हजार, मुसलमान 60 हजार शेष में अन्य।

इस उपचुनाव में वी.पी. सिंह जीते। वैसे उनका जीतना पहले से ही तय था। काँग्रेस को मालूम था कि सुनील शास्त्री नहीं जीतेंगे। महज पचास फीसदी के आसपास वाले मतदान में करीब आधे वोट विश्वनाथ प्रताप सिंह खींच ले गए। सुनील शास्त्री के 92 हजार 221, कांशीराम के 68 हजार 836 और वी.पी. सिंह के 2 लाख 3 हजार 167 मत थे।

इलाहाबाद से बहुजन समाज पार्टी के उम्मीदवार कांशीराम के नामांकन के समय उनकी राजनीतिक उपस्थिति को गंभीरता से नहीं लिया गया था, पर चुनाव के बाद जब परिणाम आना आरंभ हुआ तो केवल काँग्रेस के खेमे में हलचल नहीं मची बल्कि एक बार को तो विपक्ष के संयुक्त उम्मीदवार विश्वनाथ प्रताप सिंह को भी सोचने पर मजबूर होना पड़ा था। बारा और करछना विधानसभाई अंचलों में

कांशीराम हालाँकि विश्वनाथ प्रताप सिंह से पीछे थे, लेकिन सुनील शास्त्री से वे आगे रहे। करछना में कांशीराम ने 18117 वोट लिए, जबकि सुनील शास्त्री को 15,396 वोट मिले। बारा में बारहवीं गिनती के अंत में बसपा को 21,600 वोट मिले थे, जबकि इंका उम्मीदवार केवल 21,093 वोट ही ले पाया। कोराँव ब्लाक में कुछ जगहों पर कांशीराम, विश्वनाथ प्रताप सिंह और सुनील शास्त्री दोनों से आगे थे। चुनाव के अंतिम नतीजे में बसपा के उम्मीदवार कांशीराम ने 69,000 वोट लेकर तीसरा स्थान प्राप्त किया। वैसे कांशीराम थोड़ा और प्रयास करते तो उनका दूसरा नंबर भी हो सकता था।

मिर्जापुर, मध्य प्रदेश और बांदा से सटा हुआ पूरा क्षेत्र जिसमें कोराँव और बारा पड़ता है, कोल बहुल क्षेत्र है, जो हालाँकि जनजाति मूल के लोग हैं, फिर भी अनुसूचित जातियों में शरीक किए गए हैं। बसपा को यहाँ प्रबल समर्थन मिला। कांशीराम के हक में बड़ी संख्या में इन मतदाताओं ने मतदान किया।

हालांकि बहुजन समाज पार्टी के अध्यक्ष कांशीराम का राजनीतिक कद हरियाणा में थोड़ा छोटा हुआ था। इसके बाद के इलाहाबाद उपसंसदीय चुनाव में ऊपर उठा। हरियाणा में उनकी पार्टी को मिले वोटों का प्रतिशत 2.81 था। फिर वही प्रतिशत अचानक 18 तक पहुँच गया। कांशीराम ने काँग्रेस के परंपरागत दलित वोटों में सेंध लागाई, जिससे पार्टी हाईकमान को एकबारगी कांशीराम की मौजूदगी पर सोचने के लिए विवश होना पड़ा।

बहुजन समाज पार्टी के नेता कांशीराम का बहु प्रचारित नारा–''ठाकुर, ब्राह्मण, बनिया छोड़ बाकी सब डी.एस.फोर था,'' जिसके कारण राजनैतिक गलियारों में बहुजन समाज पार्टी की चर्चा जोर-शोर से हो रही थी। केंद्रीय स्तर के कुछ नेता कांशीराम और मायावती दोनों का केवल मजाक उड़ाते थे। उन्हें तरह-तरह की उपमाओं से अलंकृत करते थे। उनमें सवर्ण और दलित दोनों तरह के नेता शामिल थे। इनमें अधिकांश नेता ऐसे थे जो तत्कालीन वस्तुस्थिति से अपरिचित थे या दलितों के बदलते मिजाज से परिचित होना भी नहीं चाहते थे। लेकिन कुछ राजनीतिज्ञों को दलित मतदाताओं के बदलते हुए रुख का अहसास अवश्य ही होने लगा था। वे नये जुझारु दर्शन की राजनीति से प्रभावित होने वाले दलित, पिछड़े और अल्पसंख्यक मतदाताओं की भाषा का गंभीरतापूर्वक अध्ययन कर रहे थे।

स्वयं भारतीय जनता पार्टी के खेमे में फोर्थ इस्टेट के सवाल पर बहस होती थी। भाजपा के अध्यक्ष अटल बिहारी वाजपेयी के अपने राजनैतिक फ्रेंड्स सरकल में इसी तरह के सवाल उभरते थे। सवाल पूछने वाले अधिक हुआ करते थे और उत्तर देने वाले बहुत ही कम। अरुण सिंह ने बंबई के सत्र में एक बार कहा था कि राष्ट्रीय दृष्टिकोण से देखा जाए तो उनका उभरना डिस्टर्ब करने वाला है। लोकदल के उपाध्यक्ष एच.एन. बहुगुणा का कहना था कि आप अब उन्हें नजरअंदाज नहीं

कर सकते। उत्तर प्रदेश के एक काँग्रेसी, जिन्होंने बिजनौर के उपचुनाव में स्वयं जाकर मायावती की गर्जना देखी और सुनी थी, उन्होंने कहा था कि उन्होंने तो हमारे मुख्यमंत्री वीर बहादुर सिंह की छवि को ही कम नहीं किया, बल्कि उसे धक्का भी पहुँचाया।

राजनीतिज्ञों के बीच इस पर भी चर्चा होती कि वे कौन हैं। कुछ के लिए जवाब आसान था तो कुछ के लिए कठिन और गंभीर भी। अटल बिहारी वाजपेयी और वी.पी. सिंह उन्हें अभी भी पुराने नाम से पुकारते थे। वे उन्हें डी.एस.फोर (दलित शोषित समाज संघर्ष समिति), के नाम से बतलाते। दलितों के संघर्ष का जो अगला (बामसेफ के बाद) पड़ाव था। हालाँकि अप्रैल, 1984 में बहुजन समाज पार्टी का नियमतः गठन हो गया था। लेकिन बहुजनों की इस बहुजन समाज पार्टी को स्वीकार करने के हक में सवर्णों के खेमे में से अभी कम नेता थे।

आशुतोष मिश्र लिखते हैं कि खुद कांशीराम "एक आँख के बदले दो आँख निकालने और 'हिजड़ा सरकार' से निपट लेने की घोषणाएँ अक्सर करते रहते हैं। उनके अखबार में फूलन देवी को प्रतिशोध की देवी के तौर पर पेश किया जाता है। जिनके काम को हर जगह दुहराया जाना चाहिए।" मार्च, 1987 के उपचुनावों में बसपा ने इतनी तेजी और ताकत से जातिवादी जहर फैलाया कि रातोरात धुर्वीकरण हो गया। उस दौर में ही **'ब्राह्मण की बोली, ठाकुर की गोली और बनिये की झोली'** छीनने का इरादा जाहिर हुआ और **'बामन-बनिया-ठाकुर चोर, बाकी सब है डी.एस. फोर'** की घोषणा हुई।

संडे के विशेष अंक में छपी कवर स्टोरी के अनुसार कांशीराम की तथा विशेष तौर पर मायावती की तो सभी राजनैतिक सभाओं में यह कहा जाता था कि उनकी सभा में अगर कोई सवर्ण जाति का व्यक्ति हो तो वह अपने-आप उठकर सभा से बाहर चला जाए। अन्यथा उसे लाठियों और पत्थरों से पीट-पीटकर बाहर कर दिया जाएगा।

इसी पृष्ठ के अगले अध्याय में नारों के बारे में लिखा होता है कि—**तिलक, तराजू और तलवार, इन पर मारो जूते चार, दूसरा नारा देखें, "राम को फेंको नदिया में, भीम को लो कंधिया में, वोट हमारा, राज तुम्हारा, नहीं चलेगा, नहीं चलेगा।"**

अजय भारती जब एक साक्षात्कार में कांशीराम से यह पूछते हैं कि आपकी बातों से तो ऐसा लगता है कि आप देश में वर्ग-संघर्ष छिड़वाकर मानेंगे, क्या यह एक खतरनाक लक्षण नहीं है? उत्तर में कांशीराम बतलाते हैं कि जब दलित मारे जाते हैं तो लोग मान लेते हैं कि कुछ कीड़े-मकोड़े मर गए हैं। मैं सोचता हूँ कि लोकतंत्र में इस डर से चुप नहीं बैठना चाहिए कि वर्ग-संघर्ष छिड़ जाएगा। वर्ग-संघर्ष की चिंता उनको करनी चाहिए, जिनका वंश नाश हो जाएगा। उन लोगों को यह भी सोचना चाहिए कि यदि कुल जनसंख्या के 85 प्रतिशत हमारे लोगों में से 15 प्रतिशत मर भी गए, तो भी 70 फीसदी बच जाएँगे, किंतु यदि वर्ग-संघर्ष में 15

प्रतिशत सवर्ण मारे गए तो उनका समूल नाश हो जाएगा।

कांशीराम इस बात को स्पष्ट करते हुए यह भी कहते हैं कि सवर्णों ने क्या कभी यह सोचा है कि जिनका वह अपनी रक्षा के लिए इस्तेमाल करते हैं वे किन जातियों के हैं? उनमें से अधिकांश दलित और यादव आदि जातियों से संबंधित ही होते हैं। यदि कल उन्होंने सवर्णों के हाथों इस्तेमाल होने की जगह उनके खिलाफ हथियार उठा लिए तो क्या होगा?

बहुजन समाज पार्टी ने मार्च, 1991 में राजधानी के वोट क्लब पर रैली का आयोजन कर चुनावी मुद्दों की रूपरेखा रखी। रैली में आए लोगों को संबोधित करते हुए कांशीराम ने कहा कि हम समाज व्यवस्था, अर्थव्यवस्था आदि सभी व्यवस्थाओं में बदलाव लाना चाहते हैं और जब तक इन नेताओं की कुर्सियाँ नहीं हिलेंगी तब तक बदलाव नहीं आएगा। वी.पी. सिंह कीं आलोचना करते हुए उन्होंने कहा था कि वी.पी. सिंह सामाजिक न्याय की बात करते हैं, हम सामाजिक परिवर्तन की बात करते हैं, लेकिन वी.पी. सिंह सामाजिक न्याय दिला पाएँगे ऐसी उम्मीद नहीं है। सामाजिक परिवर्तन एवं आर्थिक मुक्ति को अपना चुनावी मुद्दा बताते हुए कांशीराम ने चुनावी नारा दिया कि जो **जमीन सरकारी है, वो जमीन हमारी है।**

अपनी चुनावी रणनीति को लोगों के सामने रखते हुए उन्होंने बतलाया कि बहुजन समाज पार्टी सभी 543 सीटों के लिए अपने उम्मीदवारों को चुनाव मैदान में उतारेगी।

वोट क्लब पर आयोजित इस रैली में भाग लेने के लिए लगभग सभी राज्यों से डेढ़-दो लाख के करीब लोग आए थे। इनमें बड़ी संख्या में महिलाएँ भी बच्चों समेत आई हुई थीं। पर रैली में कुल मिलाकर पंजाब, उत्तर प्रदेश व मध्य प्रदेश, बिहार से आए लोगों की संख्या अधिक थी। रैली में बहुजन समाज पार्टी के 3 सांसद व तेरह विधायक भी उपस्थित थे।

राजनैतिक दृष्टि से इस रैली का प्रभावपूर्ण असर हुआ। दलित राजनीति में जहाँ कांशीराम और मायावती दोनों का कद बढ़ने लगा था। वहीं अन्य पार्टियों में दूसरे दलित नेताओं का राजनैतिक वजन घटने लगा था।

सांगठनिक ढाँचा और प्रचार की विधि

देखा जाए तो इस चुनावी कामयाबी के पीछे कांशीराम का कठोर परिश्रम और अपने जनाधार के सतत संपर्क में रहने की खूबियाँ मुख्य थीं। उन्होंने निरंतर प्रचार यात्राएँ कीं लोगों से मुलाकात ली और आंदोलनकारी कार्यक्रम किए। बहुजन समाज पार्टी की संगठन शैली उन्होंने अपने आंदोलन की व्यावहारिक जरूरतों के आधार पर निर्धारित की, न कि पार्टी बनाने की किसी पूर्वस्थापित शैली के आधार पर।

बसपा का गठन करने हेतु पूरे देश को सौ डिवीजनों में बाँटा गया। सारे देश

में साढ़े तीन हजार से ज्यादा बसपा दफ्तर खोले गए। पार्टी का मुख्यालय दिल्ली में रहा और कांशीराम उसके निर्विवाद प्रमुख बने। शुरू में कोई और पदाधिकारी था ही नहीं। सभी पार्टी के कार्यकर्त्ता थे। तकनीकी रूप से अध्यक्ष सही, पर कांशीराम स्वयं को भी कार्यकर्त्ता कहना पसंद करते थे। प्रांतीय और स्थानीय स्तर पर पार्टी के प्रमुख कार्यकर्त्ता को संयोजक कहा जाता था। शुरू में प्रांतीय कार्यालय नहीं खोले गए थे, लेकिन बाद में उत्तर प्रदेश जैसे राज्यों में और अन्य कुछ राज्यों में प्रांतीय कार्यालय स्थापित हुए। कांशीराम के बयान, उनके द्वारा लिखित पर्चों, आंदोलन के दौरान की गई घोषणाओं, विभिन्न राष्ट्रीय समस्याओं पर की गई उनकी टिप्पणियों से ही इन आवश्यकताओं की थोड़ी-बहुत भरपाई हो पाती है। पूरी पार्टी पर कांशीराम का कठोर नियंत्रण रहता है।

कांशीराम हर मंडल को एक मंडलीय संयोजक के आधीन रखते थे। इसकी नियुक्ति करते समय कांशीराम साफ कर देते थे कि संयोजक की जवाबदेही सीधे उनके प्रति होगी। उसे बामसेफ वालों की मदद से अपना काम करना होता है। जिला इकाई का संयोजक भी कांशीराम नियुक्त करते हैं। वह भी सीधे उन्हीं के प्रति जवाबदेह रहता है। और बामसेफ वालों की मदद से बसपा के लिए नए सदस्य भर्ती करता है। तहसील और ब्लाक स्तर पर भी दफ्तर खोले गए हैं। तहसील संयोजक की नियुक्ति करते समय कांशीराम जिला और मंडलीय संयोजक से परामर्श लेते हैं। ब्लाक संयोजक नियुक्त करने का अधिकार मंडलीय और जिला संयोजक के पास रहता है।

बसपा की एक अनुसंधान शाखा रही। इसके सदस्य कुछ स्थायी और अस्थायी रहते हैं। जरूरत पड़ने पर इसकी उप कमेटियाँ भी बनाई जाती थीं। यह नीतिगत निर्णय लेने या अनुमोदन करने के अलावा जातीय इतिहास की खोज, मिथकों का निर्माण एवं इतिहास की व्याख्या और बसपा के साहित्य का निर्माण करती थी। इसी प्रकार मंडल या जिला स्तर पर भी रिसर्च विंग होते हैं, जो राष्ट्रीय शाखा के अनुरूप ही कार्य करते हैं। इसमें सदस्यों की नियुक्तियाँ मंडलीय संयोजक द्वारा की जाती हैं। बसपा के पास अपना एक खुफिया विभाग भी है। यह सूचनाएँ प्राप्त कर पार्टी अध्यक्ष के पास तक पहुँचाता है। सूचनाएँ जमा करने की मुख्य भूमिका बामसेफ के सदस्य अदा करते हैं। चौबीस घंटे के भीतर अन्य पार्टियाँ या सरकार क्या करती है, हमें इसकी सूचना मिल जाती है। हमारे आदमी हर विभाग में हैं, जो हमें सूचनाएँ देते रहते हैं। पार्टी के पास अपने सुरक्षा गार्ड हैं। पार्टी सम्मेलनों में इसी सुरक्षा गार्ड को तैनात किया जाता है। पुलिस विभाग की सहायता नहीं ली जाती। पुलिस यदि सुरक्षा की दृष्टि से सम्मेलन के परिसर के अंदर प्रवेश कर जाती है तो उससे पार्टी स्वयंसेवक अनुरोध करते हैं कि वह सम्मेलन क्षेत्र से बाहर चली जाए, क्योंकि हम अपनी सुरक्षा खुद कर लेंगे। सुरक्षा गार्ड गारंटी देते हैं कि कोई किसी प्रकार से कानून-व्यवस्था भंग नहीं करेगा। पुलिस की सहायता न लेने के पीछे एक मनोवैज्ञानिक

कारण है। पुलिस की सहायता न लेकर बसपा यह सिद्ध करती है कि उत्पीड़ित वर्ग में साहस है, क्षमता है, और वह आत्मरक्षा कर सकता है।

सुरक्षा गार्ड की स्थापना के पीछे एक उद्देश्य सवर्णों की हिंसक कार्रवाइयों का उत्तर देना भी है। सुरक्षा गार्ड का सदस्य बनने की कोई निश्चित योग्यता नहीं है फिर भी शारीरिक रूप से पुष्ट तथा साहसपूर्ण व्यक्ति को, मंडल या जिला संयोजक इसमें नियुक्त करता है। जिला स्तर पर इस विंग का एक प्रमुख होता है। जिसकी नियुक्ति सीधे कांशीराम द्वारा की जाती है। गार्डों को दिए गए निर्देशों में कहा जाता है कि आप लोग ईंट का जवाब पत्थर से दें। सुरक्षा गार्ड नीले रंग का पेंट तथा सफेद शर्ट पहनते हैं। उनके हाथ में लाठी होती है। बंदूक किसी सुरक्षा गार्ड के पास नहीं होती। सुरक्षा गार्ड सम्मेलन के चारों तरफ होते हैं तथा मंच के आसपास घेरा बनाए रहते हैं। कांशीराम के सम्मेलन क्षेत्र में आते-जाते समय सुरक्षा गार्ड मुख्य द्वार से मंच तक पंक्तिबद्ध ढंग से दोनों किनारों पर खड़े हो जाते हैं। कांशीराम उनके बीच आते-जाते हैं।

बसपा का सदस्य बनने के लिए पहले समाज या क्षेत्र में काम करना पड़ता है। आवेदक की योग्यता और निष्ठा का परीक्षण किया जाता है। सदस्य बनने के लिए किसी एक बसपा सदस्य के औपचारिक अनुमोदन की आवश्यकता होती है। औपचारिक रूप में सदस्यता जाति निरपेक्ष है, परंतु प्रारंभ में व्यवहारतः ऊँची जातियों को पार्टी का सदस्य नहीं बनाया जाता था। बसपा वालों को उनसे किसी प्रकार का संबंध रखने की अनुमति नहीं थी। **कांशीराम कहते थे कि उच्च जाति के लोग पार्टी में शामिल हो सकते हैं, लेकिन वे नेतृत्व ग्रहण नहीं कर सकते।** नेतृत्व दलितों के हाथ में ही रहेगा, *"उच्च जाति के लोग हमसे कहते हैं, कि हमको क्यों नहीं लेते। मैं कहता हूँ कि आप सभी पार्टियों में नेतृत्व कर रहे हैं। यदि आप हमारी पार्टी में सम्मिलित होते हैं, तो यहाँ आप परिवर्तन को रोक देंगे। उच्च जाति के लोगों को पार्टी में लेने में मुझे भय है। वे यथास्थितिवादी होते हैं तथा नेतृत्व ग्रहण करने की कोशिश में सदा रहते हैं। इससे वे हमारी व्यवस्था परिवर्तन की प्रक्रिया को रोक देंगे। जब भय दूर हो जाएगा, तो उन्हें भी पार्टी में ले लूँगा।"*

15 अगस्त, 1988 से 15 अगस्त 1989 के बीच कांशीराम ने पाँच सूत्रीय सामाजिक रूपातंरण आंदोलन चलाया। ये पाँच सूत्र थे : आत्मसम्मान के लिए संघर्ष, मुक्ति के लिए संघर्ष, समता के लिए संघर्ष, जाति उन्मूलन के लिए संघर्ष और विभाजित समाज को भाई-चारे से जोड़ने के लिए संघर्ष एवं 85 फीसदी भारतीय जनता के ऊपर अस्पृश्यता, अन्याय, अत्याचार और आंतक थोपने के खिलाफ संघर्ष। कांशीराम ने इसके लिए साइकिल यात्राओं की अनूठी विधि निकाली और देश के पाँच क्षेत्रों से पाँच साइकिल यात्राएँ निकालीं। 17 सितंबर, 1988 को कन्याकुमारी से ईवी रामस्वामी नाइकर पेरियार के जन्मदिन पर पहली यात्रा शुरू हुई। दूसरी यात्रा कोहिमा

से चली। तीसरी कारगिल से। चौथी पुरी से और पाँचवीं पोरबंदर से चली। ये सभी यात्राएँ 27 मार्च, 1989 को दिल्ली पहुँचकर आपस में जुड़ गईं। कांशीराम ने 1989 में पूरे देश में घूम-घूमकर छह सम्मेलन किए। 10 सितंबर को मुरादाबाद में पहला सम्मेलन हुआ, जिसके केंद्र में मुसलमान थे। 13 को दिल्ली में अनुसूचित जातियों का सम्मेलन हुआ। एक अक्टूबर को कानपुर में पिछड़े वर्गों का सम्मेलन आयोजित किया गया। 8 अक्टूबर को लुधियाना में सिखों का सम्मेलन हुआ। 15 अक्टूबर को विलासपुर में अनुसूचित जनजातियों का सम्मेलन हुआ और फिर बंगलूर में बसपा ने ईसाइयों का सम्मेलन किया। इन सम्मेलनों का मुख्य संदेश था कि मुसलमान, दलित, सिख पिछड़े, ईसाई और आदिवासी केवल बसपा के साथ जुड़कर ही सुरक्षा प्राप्त कर सकते हैं।

1989 के लोकसभा और विधानसभा चुनावों में बसपा ने स्वतंत्र रूप से उम्मीदवार लड़ाए और तीन सांसदों (दो उत्तर प्रदेश और एक पंजाब से) और 15 विधायकों को उत्तर प्रदेश और मध्य प्रदेश से जिताने में सफलता प्राप्त की। कांशीराम ने दावा किया कि उनके उम्मीदवारों ने 31 निर्वाचन क्षेत्रों में नंबर दो पर रहने का श्रेय प्राप्त किया है, इसलिए उसकी जीती हुई तीन सीटों के आधार पर ही उनकी ताकत का आकलन नहीं किया जाना चाहिए। वैसे 1989 में बसपा की संसद में प्रथम उपस्थिति मानी जा सकती है। आलोक मोहन अपने लेख में संकेत करते हैं कि 1989 के चुनाव में ही बसपा के हिस्से में 13 विधायक आए तो उन दलों की आँखों की किरकिरी साबित हुए, जो बसपा से बहुत पहले बने थे। लेकिन 1990 में जब पूरे देश में मध्यावधि चुनाव हुए तो उसमें बसपा की उत्तर प्रदेश में विधायकों की संख्या घटकर भले ही 12 रह गई हो, लेकिन प्राप्त मतों के प्रतिशत में जरूर वृद्धि हुई।

इस चुनाव में कांशीराम ने एक और दिलचस्प प्रयोग किया। वे अमेठी निर्वाचन क्षेत्र में राजीव गाँधी के खिलाफ खड़े हो गए। विपक्ष ने राजीव गांधी का मुकाबला करने के लिए महात्मा गाँधी के पोते राजमोहन गाँधी को उतारा। एक बड़े समाचार पत्र समूह के मालिक ने राजमोहन गाँधी के चुनाव अभियान को चलाने में विशेष योगदान किया। इलाहाबाद उपचुनाव के बाद यह दूसरा मौका था जब कांशीराम अपनी विशिष्ट ताकत को राष्ट्रीय राजनीतिक मंच पर पेश कर सकते थे। विपक्ष ने चुनाव में बहुत जोर बाँधा और समाचार माध्यमों ने जो छवि पेश की, उससे लगा कि राजीव गाँधी के हारने की संभावना भी है। इस बिंदु पर पहुँचकर कांशीराम ने महसूस किया कि अगर राजीव हार गए तो विपक्ष को इसका बहुत ज्यादा लाभ होगा और देश में सत्ता का शक्ति संतुलन गड़बड़ा जाएगा, जिसका नुकसान भविष्य में बसपा जैसी ताकतों को हो सकता है। उनकी मान्यता थी कि काँग्रेस और विपक्ष में जितना नजदीकी संघर्ष होगा उतना ही बसपा को लाभ होगा। ऐसे में कांशीराम

ने नया पैंतरा लिया और अमेठी में अपनी उम्मीदवारी पर जोड़ डालना बंद कर दिया। एक तरह से उन्होंने राजीव गाँधी को जीतने में मदद की। उन पर काँग्रेस से साँठ-गाँठ का आरोप भी लगा, लेकिन अपनी रणनीति का खुलासा करते हुए उन्होंने सफाई दी, *''मैंने अपना पक्ष उभारने के लिए राजीव गाँधी के खिलाफ चुनाव लड़ा, लेकिन मैं उन्हें चुनाव हराना नहीं चाहता था। क्योंकि उससे तो विपक्ष को बहुत ज्यादा फायदा हो जाता।''* इलाहाबाद और अमेठी के चुनावों में बसपा की भूमिका के बारे में कहा जा सकता है कि भारतीय राजनीति में उस संक्रमणकाल में उसने पहले काँग्रेस को हरवाने में और फिर विपक्ष की बढ़त को रोकने में भूमिका निभाई। इलाहाबाद से विश्वनाथ प्रताप सिंह की जीत भी प्रतीकात्मक थी और अमेठी में राजमोहन गाँधी की उम्मीदवारी भी। इन दो प्रतीक संघर्षों को चुनकर बसपा ने बहुजन समाज को संदेश दिया कि वह भविष्य में किस तरह की राजनीति करने जा रही है। यह शक्ति संतुलन की राजनीति की आहट थी जो यह बताती थी कि उत्पीड़ित वर्ग का वोट अब पहले की तरह इस या उस पक्ष में नहीं पड़ता, वरन भविष्य की समझी-बूझी योजना के मुताबिक ऊँची जातियों का प्रतिनिधित्व करने वाली पार्टियों के आपसी संतुलन से भी खेलता है।

1990 में बसपा ने अम्बेडकर जन्म शताब्दी मनाने के लिए 130 दिन लंबी प्रचार यात्रा आयोजित करने का निश्चय किया। यह यात्रा 13 प्रमुख राज्यों से गुजरती थी। इसमें कांशीराम जहाँ-जहाँ गए, दलित और अतिपिछड़ों की भीड़ उनके चारों ओर उमड़ पड़ी। 6 दिसंबर, 1990 को अम्बेडकर की पुण्य तिथि के अवसर पर कांशीराम **'सामाजिक रूपांतरण वाहन'** में सवार हुए। स्थान था भारत का दक्षिणी सिरा कन्याकुमारी। इस वाहन में एक स्वागत कक्ष, एक शयन कक्ष, एक शौचालय और एक स्नान घर था। इसमें एक जेनरेटर, प्रकाश प्रणाली और माइक्रोफोन सिस्टम भी फिट था। तमिलनाडु, केरल, कर्नाटक, आंध्र प्रदेश, महाराष्ट्र, मध्य प्रदेश, उत्तर प्रदेश, हरियाणा, पंजाब, हिमाचल प्रदेश, जम्मू और कश्मीर व चंडीगढ़ होते हुए यह प्रचार यात्रा अम्बेडकर के जन्म-स्थान महू पर पहुँची। कांशीराम ने 130 दिन लंबे इस दौरे का निर्देशन स्वयं किया। 15 मार्च, 1991 को जब यह प्रचार यात्रा नई दिल्ली के वोट क्लब मैदान पर पहुँची तो उसके स्वागत में जबरदस्त रैली हुई। बहुजन समाज रैली में उमड़ पड़ा। यह एक बहुत बड़ी कामयाबी थी।

संगठक अपने संपादकीय में लिखता है–1989 में बहुजन समाज बड़े पैमाने पर तैयार होता नजर आया और नारा देने लगा कि 'संसद चलो–अपने पैरों पर चलो' तो काँग्रेस ने अपनी कमजोरी को महसूस करते हुए काँग्रेस से ही निकली दूसरी टीम 'राष्ट्रीय मोर्चे' (जद, भाजपा, जनता पार्टी व साम्यवादियों) को यह जिम्मेदारी सौंप दी गई, जिनका नेतृत्व विश्वनाथ प्रताप सिंह ने प्रधानमंत्री बनकर सँभाला। ब्राह्मणवादियों को मालूम था कि विश्वनाथ प्रताप सिंह इस जिम्मेदारी को लंबे समय

तक नहीं निभा सकेंगे, तो भाजपा को यह जिम्मेदारी सौंपने के दृष्टिकोण से उसको अपनी शक्ति बढ़ाने का मौका दिया। भाजपा के प्रति लोगों में कितनी आस्था है इस बात की जानने व समझने के लिए 25 सितंबर, 1990 को सोमनाथ (गुजरात) से रामरथ यात्रा निकाली, जिसमें भाजपा के राष्ट्रीय अध्यक्ष आडवाणी उस रथयात्रा पर सवार होकर 30 अक्टूबर, 1990 को अयोध्या पहुँचने के लिए रवाना हुए और वहाँ पहुँचकर बाबरी मस्जिद-राम जन्मभूमि विवादित स्थान पर राम मंदिर बनवाने के लिए कार सेवा शुरू करनी थी। भले ही जनता दल के मुख्यमंत्री लालू प्रसाद यादव ने 23 अक्टूबर, 1990 को रथयात्रा समस्तीपुर (बिहार) में ही रोक ली और भाजपा ने केन्द्र की सरकार से अपना समर्थन वापस लेकर 7 नवंबर, 1990 को विश्वनाथ प्रताप सिंह की जनता दल सरकार गिरा दी, लेकिन उसी जनता दल के अंदरूनी सहयोग से बाद में भाजपा की चार राज्यों में सरकार बनवा दी गयी तथा केंद्र में फिर काँग्रेस की सरकार बन गई। इसके बाद काँग्रेस की कमजोरी का फायदा उठाते हुए भाजपा ने उत्तर प्रदेश में अपनी राज्य सरकार की मोर्चेबंदी से आखिरकार 6 दिसंबर 1992 को बाबरी मस्जिद को ढहाकर लोगों की अपने प्रति आस्था का जायजा लेने का प्रयास किया। इस दौरान काँग्रेस ने अपने बचाव को ध्यान में रखते हुए भाजपा के चार राज्यों (उत्तर प्रदेश, मध्य प्रदेश, राजस्थान व हिमालच प्रदेश) की सरकारें भी बर्खास्त कर दीं।'

बहुजन संगठक के इस संपादकीय से इतना तो स्पष्ट ही है कि तत्कालीन परिस्थितियों में सवर्ण नेताओं के द्वारा किस तरह की अलोकतांत्रिक राजनीति करने की प्रक्रिया जारी थी।

विचारधारा

कांशीराम ने पार्टी साहित्य प्रकाशित करने पर काफी जोर दिया। पहले वे **ऑप्रेस्ड इंडियन** नामक अंग्रेजी पत्रिका निकालते थे। बाद में उन्होंने **बहुजन संगठक** साप्ताहिक निकालना शुरू किया। इनके अलावा अन्य भाषाओं में क्षेत्रीय स्तर पर भी पत्र-पत्रिकाओं का प्रकाशन आरंभ हुआ। प्रकाशन शाखा बसपा का एक मुख्य अंग रहा है। इसका मुख्य कार्यालय दिल्ली में है जहाँ से अँग्रेजी और हिंदी में प्रकाशन होता है। भाषाओं के प्रकाशन का दायित्व भाषावार प्रांतों की शाखाओं को सौंपा गया। बुद्धिजीवी सक्रिय कार्यकर्त्ताओं, कम-से-कम स्नातक योग्यता वाले कार्यकर्त्ताओं और प्रायः एक से अधिक भाषाओं का ज्ञान रखने वाले कार्यकर्त्ताओं को प्रकाशन ब्रांच से जोड़ा गया है। मुख्य संपादक कांशीराम हैं। एक संपादकीय मंडल है, जो संपादकीय लिखने के साथ विषयवस्तु का निर्धारण भी करता है। क्षेत्रों में समाचारों के संकलन के लिए इसके अपने पत्रकार और छायाकार हैं। आमतौर पर ये समाचार कांशीराम के भाषण, बसपा तथा उसके अन्य संगठनों से संबंधों, तथ्यों, बैठकों, इत्यादि

तथा दलित वर्ग की उपलब्धियों तथा उसके उत्पीड़न से संबंधित होते हैं। इस पत्र को मंडल कार्यालयों तथा जिला कार्यालयों पर भेजा जाता है। वहाँ से अन्य स्थानों को वितरण होता है। पत्र डाक द्वारा सीधे मँगाया जा सकता है। आंदोलन से संबंधित वे ही सदस्य पत्र प्राप्त करने के अधिकारी होते हैं, जिन्होंने पत्र सदस्यता शुल्क जमा किया होता है। पत्र आम बाजार के लिए वितरित नहीं किया जाता है।

बहुजन संगठक अपने बारे में ये बातें कहता है : *यह अनुसूचित जाति, जनजाति, अन्य पिछड़ा वर्ग एवं अल्पसंख्यक समुदाय की समस्याओं को उजागर करता तथा समाधान बताता है। यह समता, स्वतंत्रता, बंधुत्व एवं न्याय पर आधारित सामाजिक व्यवस्था के निर्माण में व्यस्त है। इतिहास एवं खोजपूर्ण तथ्यों द्वारा दलित-शोषित समाज में निर्भीकतापूर्वक समता, साहस, स्वाभिमान, साहचर्य सद्‌गुण एवं सद्‌भाव रहता है। दलित-शोषित समाज को उनके, अधिकारों एवं कर्त्तव्यों के प्रति सचेत कर राजनीतिक चेतना पैदा करता है। बहुजन समाज के प्रति रचे जाने वाले षड्यंत्रों का भंडाफोड़ और बचाव का उपाय बताता है। दलित-शोषित समाज को मुक्ति दिलाने वाले संतों, महात्माओं और महापुरुषों के संस्मरण छापकर उनकी कृतियों का स्मरण करता है, बहुजन समाज का संपूर्ण पथ प्रदर्शन करता है। रूढ़ियों एवं पाखंडों, छल, दंभ, द्वेषों का छिद्रान्वेषण तथा यथास्थिति का घोर विरोध एवं प्रगतिशील विचारों का प्रतिपादन करता है। लोकतंत्र का प्रचारक है, धर्मनिरपेक्षता का प्रबल प्रतिपादन करता है। यह समाचार पत्र नहीं, विचार पत्र है। महिला मुक्ति का उद्‌घोषक है, वर्तमान आर्य-अनार्य संघर्ष में अनार्यों का शक्तिशाली अस्त्र है।*

***बहुजन संगठक** में दलितों के सामाजिक इतिहास, ब्राह्मण धर्म से संबंधित अन्यायपूर्ण तथ्यों तथा दलितों की दलित स्थिति का, कविता, लेख, कहानी, नाटक के माध्यम से चित्रण भी होता है। यह अपने-आपमें एक साहित्य है। ऐसा साहित्य, जिसमें वर्तमान के अनुभव के साथ भूत का इतिहास तथा भविष्य का आकलन सम्मिलित है, जिसमें ब्राह्मणवाद और गाँधीवाद की कटु आलोचना है, दासता का चित्रण और विद्रोह की अपील है, आत्म गौरव और अस्मिता पर बल है। साथ ही इसमें भौतिकवाद और मानवतावाद की प्रधानता है। **बहुजन संगठक** में छपने वाले विषय इस प्रकार हैं—ब्राह्मणवादी व्यवस्था में बहुजनों की हानिकारक स्थिति तथा इस व्यवस्था से संघर्ष करने वाले फुले, शाहू महाराज, पेरियार तथा अम्बेडकर के विचारों तथा आंदोलनों का वर्णन, कांशीराम के विचारों, भाषणों का वर्णन और उनके आंदोलन संबंधी जानकारी, दलित-शोषितों के उत्पीड़न का वर्णन अथवा सवर्णों के अत्याचार संबंधी समाचार। बहुजन समाज की विभिन्न जातियों एवं वर्गों का गौरवमय इतिहास।*

बकौल अभय कुमार दुबे इस चित्रण में अधिकांश मिथक होता है : आर्य-अनार्य संघर्ष का वर्णन, अनार्यों की सभ्यता का वर्णन तथा मूलनिवासियों की एकता पर

बल। इस सामग्री में व्यक्तिगत व्यथा की ही अभिव्यक्ति नहीं होती, बल्कि समाज व्यवस्था के प्रति आक्रोश भी व्यक्त होता है। इसे पढ़कर लगता है कि दलित मन को समाज के स्वरूप और परिवर्तन संबंधी सैद्धांतिक विवेचन और विश्लेषण की चाह नहीं है। अपने आसपास के समाज के लोग किस प्रकार जीवन भुगतते हैं, इसका असली चित्रण वह चाहता है। **बहुजन संगठक** में उसके लिए दलित जातियों की वर्तमान सामाजिक-आर्थिक स्थिति उनकी सामाजिक रूढ़ियाँ और रहन-सहन, जाति व्यवस्था और जातीय कट्टरता एवं उत्पीड़न, उनकी प्रगति में बाधक ब्राह्मणवाद के बारे में उनका दृष्टिकोण अथवा ब्राह्मणों, सवर्णों अथवा आर्यों का षड्यंत्र, दलित महिलाओं की स्थिति, शासन-प्रशासन में दलितों की स्थिति का तथ्यात्मक, यथार्थ वर्णन पेश किया जाता है। कविताओं और कहानियों की मूल प्रवृत्ति विद्रोह की होती है। भाषा में तिरस्कार के भाव प्रबल रहते हैं। कहानियों में सामाजिक और राजनीतिक प्रश्न अधिक होते हैं। जीवन के आलेख की अपेक्षा वर्तमान जीवन के संघर्ष का अंकन अधिक होता है। **बहुजन संगठक** की भाषा आक्रोश की परिणति में दलितों को अस्मितावोध भी कराती है। उसका लक्ष्य है कि अस्मिता की खोज दूसरों द्वारा नहीं, अपनी पहचान अपने-आप होनी चाहिए। इस साहित्य से स्पष्ट है कि दलित समस्या केवल आर्थिक समस्या नहीं है, अपितु वह सामाजिक-सांस्कृतिक समस्या अधिक है। **बहुजन संगठक** कहता है कि "संपूर्ण साहित्य पर थोड़े से ब्राह्मण और क्षत्रियों का अधिकार रहा है। शेष बहुजन समाज को इससे वंचित रखा गया है। शिक्षा देना और पाना इन्हीं दोनों का अधिकार था। इसलिए स्वभावतः उन्हीं वर्गों का साहित्य प· एकाधिकार रहा।

जनसाधारण इसलिए जहाँ एक ओर बहुजन साहित्य को सामाजिक परिवर्तन के लिए अपने-आपको तैयार करता है वहीं दलित-शोषित समाज में सांस्कृतिक चेतना जाग्रत कर उसे एक सांस्कृतिक आंदोलन के लिए भी तैयार करना है। आज दलित-शोषित समुदाय के लोग अपनी उस सांस्कृतिक विरासत से पूर्ण रूप से अनभिज्ञ हैं जिसने उन्हें हजारों वर्ष पूर्व एकता के सूत्र में बाँधकर मोहनजोदड़ो-हड़प्पा की संस्कृति का निर्माण करने में महत्त्वपूर्ण भूमिका अदा की थी। समाज के संपूर्ण विकास करने के लिए केवल यही आवश्यक नहीं है कि आर्थिक, सामाजिक व राजनीतिक संगठन शक्तिशाली हों, सांस्कृतिक चेतना के बिना ऊँचाई पर चढ़ने की भावना जाग्रत नहीं हो सकती।"

इस प्रकार बसपा ब्राह्मण साहित्य के साथ उसके नायकों को भी जगीन दिखाने का प्रयास करती है। प्राचीन काल में जिन्हें खलनायक या राक्षस कहा जाता था उनके खलनायकत्व और राक्षसत्व को बसपा के साहित्य में नायक के रूप में बदल दिया गया है। बसपा की दृष्टि में प्राचीन काल का इतिहास यक्ष संस्कृति (आर्य संस्कृति) एवं रक्ष संस्कृति (अनार्य संस्कृति) के संघर्ष का इतिहास है। वाल्मीकि रामायण

में यक्ष संस्कृति एवं रक्ष संस्कृति के बीच संघर्ष का उल्लेख मिलता है। रक्षा संस्कृति के लोग भारत के मूल निवासी थे, जो कमजोरों की रक्षा करना कर्त्तव्य समझते थे, वे आर्यों के यज्ञ का विरोध करते थे। यज्ञ में नष्ट होने वाले, अन्न, घी व जीवों की बलि का विरोध करते थे। वर्ण व्यवस्था के रक्षक क्षत्रियों एवं राक्षसों में भयानक संघर्ष हुए। राक्षस का शाब्दिक अर्थ है–वे महाबली जो भारत के मूल निवासी थे। महाराष्ट्र के दलित साहित्य और इसमें एक मूल अंतर यह है कि इसके लेखन में प्रधानतः दलित-शोपितों को राजनीतिक व्यवस्था में अल्पसहभागी समुदाय के रूप में चित्रित किया जाता हैं और अपनी परिस्थिति में परिवर्तन व उत्थान के लिए राजनीतिक शक्ति पर नियंत्रण की अपील की जाती है, ताकि जातिनिष्ठ समाज व्यवस्था को समाप्त किया जा सके। जबकि महाराष्ट्र का दलित साहित्य इस लक्ष्य को कला और साहित्य से प्राप्त करना चाहता है। वहाँ सामाजिक परिवर्तन मानसिक परिवर्तन हो जाता है।

गठजोड़ों का दशक

1991 के चुनावों से ठीक पहले कांशीराम ने बसपा के कार्यक्षेत्र को इस प्रकार परिभाषित किया के वे "उत्तर प्रदेश और बिहार व मध्य प्रदेश के सीमाई इलाकों में सक्रिय हैं।...पंजाब अपने-आप विकसित हुआ और उसका असर लगे हुए हरियाणा के इलाकों पर पड़ा। हमने दिल्ली और उसके आसपास सौ कि.मी. के दायरे को जानबूझकर नीची प्राथमिकता दी। हम दिल्ली आधारित पार्टी नहीं बनना चाहते थे। अगर हम दिल्ली को केंद्र करेंगे तो बजाए इसके कि हम लोगों के पास जाएँ, जनता हमारे पास आने लगेगी। 1988 के बाद ही हमने दिल्ली के क्षेत्र में कदम रखा।...दिल्ली से सौ कि.मी. दूर बिजनौर हमारा गढ़ है।"

इस दौरान विश्वनाथ प्रताप सिंह द्वारा जनता दल से गठजोड़ करने का प्रस्ताव मानने से बसपा ने इनकार कर दिया। एक चुनावी मुद्दे के रूप में बसपा जनता दल को मंडल आयोग का राजनीतिक फायदा उठाने से रोकना चाहती थी। बसपा नेतृत्व की यह भी चिंता थी कि स्थापित दलों से गठजोड़ करने के चक्कर में फँसने से कहीं उसके कार्यकर्त्ताओं की कार्यसंस्कृति दूषित असर की शिकार न हो जाए। कांशीराम नहीं चाहते थे कि **'बसपा कार्यकर्त्ता लक्ष्य के कहीं भी करीब पहुँचने से पहले ही दूसरी पार्टियों जैसी आदतें डालने लगें।'**

बहरहाल, बसपा नेतृत्व अंदर से खुद को जनता दल से तोड़कर अलग हो जाने वाले देवीलाल और मुलायम सिंह यादव से गठजोड़ के लिए तैयार कर रहा था। इसका पता उस बहस से चलता है जो उन दिनों बसपा के वरिष्ठ कार्यकर्त्ताओं के बीच चल रही थी। इन लोगों को शक था कि यादवों और जाटों से गठजोड़ करके दलितों को ताकतवर मध्य जातियों की मातहती में चला जाना पड़ेगा। उस समय तक बसपा राजनीति में अपने स्थान के प्रति उतनी आश्वस्त नहीं थी, जितना

आश्वस्त कोई पार्टी ज्यादा ताकतवर पार्टी के साथ तालमेल करते समय होने की अपेक्षा रखती है। दलित नेताओं को यकीन नहीं था कि ताकतवर मध्य जातियों के वोट उनके उम्मीदवारों को मिल सकते हैं। इसी कारण से कांशीराम के सहयोगी और पार्टी मुखपत्र के संपादक राम समुझ और बसपा के वरिष्ठ नेता और उत्तर प्रदेश के संयोजक कुंदनलाल गठजोड़ के विरोध में उठ खड़े हुए। ये दोनों नेता तथा पार्टी के 13 विधायकों में से कम-से-कम पाँच इस पक्ष में थे कि बसपा न तो किसी के साथ तालमेल करे और न ही किसी सरकार का समर्थन करे। खुद कांशीराम अभी तक समझौते के खिलाफ बोलते रहे थे। लेकिन मंदिर और मंडल परिघटना के बाद राष्ट्रीय राजनीतिक परिस्थिति बदल गई थी।

फिर भी इन घटनाओं ने बसपा को तुरंत खुला समझौता करने से रोका। नए दुश्मन जनता दल और पुराने दुश्मन काँग्रेस को कमजोर करने के लिए पार्टी ने मुलायम की पार्टी सजपा से एक खुफिया समझौता कर लिया। कांशीराम को लग रहा था कि भाजपा हिंदुत्व की लहर के कारण अपना वोट प्रतिशत काफी बढ़ा लेगी। इसलिए रणनीति यह बनी कि जनता दल के पिछड़े और मुसलमान वोट एवं काँग्रेस के दलित व मुसलमान वोट बसपा व सजपा के ध्रुव पर जमा हो जाएँ, भले ही भाजपा जीत जाए। बसपा अपने इस मकसद में कमोबेश सफल ही हो गई होती अगर काँग्रेस को राजीव गाँधी की हत्या के कारण उपजी हमदर्दी की लहर का लाभ न मिल गया होता। लेकिन, उत्तर प्रदेश की राजनीति में उसका यह अनुमान एकदम ठीक निकला और भाजपा सत्ता में आ गई। 1991 के चुनावों से बसपा ने एक और बात साबित की कि राम लहर में भी उसका वोट प्रतिशत उत्तर प्रदेश में नहीं गिरा। 12 सीटों के साथ बसपा ने अपना दस प्रतिशत का वोट बैंक कायम रखा। अब बसपा के सामने एक तरफ खुशगवार कामयाबी थी और दूसरी तरफ चुनावी गठजोड़ों की जरूरत मुँह फाड़े खड़ी थी, जिसके कारण पार्टी में फूट की शुरुआत हो चुकी थी।

1992 की शुरुआत में कांशीराम को यह साबित करने का मौका मिला कि उनकी पार्टी किसी दल से कम देशभक्त नहीं है और राष्ट्रीय एकता-अखंडता में विश्वास करती है। नरसिंह राव सरकार ने आतंकवाद पीड़ित पंजाब में बहुप्रतीक्षित चुनाव घोषित किए जिसका अकालियों के सभी धड़ों (काबुल धड़े को छोड़कर) ने यह कहकर बायकाट किया कि अभी स्थिति चुनाव के लायक नहीं है। बसपा ने पंजाब चुनाव में हिस्सा लेने का निर्णय किया। परिस्थितियाँ निश्चित रूप से अनुकूल नहीं थीं। सिख आतंकवादियों का मुख्य आधार ताकतवर जाट किसान थे और बसपा का आधार मजहबी सिख थे। मजहबी सिख पंजाब की आर्थिक-सामाजिक परिस्थिति में इतने दबे रहते थे कि जाट सिखों के सामने सिर उठाना उनके लिए मुश्किल था। 1991 खत्म होते-होते आतंकवाद के शिकारों और पुलिस द्वारा मारे गए लोगों की संख्या बढ़कर 35,000 तक पहुँच चुकी थी। इसमें करीब पाँच हजार लोगों की जान

1991 में ही हो गई थी। राज्य-भर में छात्रों, किसानों, सरकारी कर्मचारियों और अध्यापकों के संगठन लकवाग्रस्त हालत में पड़े हुए थे। लोकतांत्रिक राजनीति के लिए गुंजाइशें न के बराबर थीं। वामपंथियों में आमतौर पर निष्क्रियता थी। काँग्रेस का दलितों, किसानों और व्यापारियों में आधार था। भाजपा केवल शहर केंद्रित पार्टी थी।

इन हालात में चुनाव लड़कर कांशीराम दो काम कर सकते थे : मजहबी सिखों को जाट सिखों की धौंस से अलग किया जा सकता था और इन वोटों को काँग्रेस में जाने से रोका जा सकता था। इस प्रक्रिया में बसपा की पंजाब में अपना आधार और मजबूत करने का मौका तो मिल ही सकता था, साथ ही वह अच्छे राष्ट्रवादी चाल-चलन की सनद भी हासिल कर सकती थी। मुश्किलें दो थीं : पहली, अकाली धड़ों ने बसपा से अकाल तख्त के जरिए अपील की कि वह पंजाब चुनाव में भागीदारी न करे और दूसरी, सिख आतंकवादियों ने धमकी दी थी कि वोट डालने जा रहे लोगों को उनकी गोलियों का सामना करना पड़ेगा। कांशीराम और उनके समर्थकों ने दोनों हालातों का दृढ़ता से मुकाबला किया। उन्होंने अकालियों की अपील ठुकरा दी। बसपा कार्यकर्त्ताओं ने निर्भयता से चुनाव प्रचार अभियान चलाया। केवल बसपा ही ऐसी पार्टी थी जिसका चुनाव अभियान पंजाब के तत्कालीन हालात से प्रभावित नहीं लग रहा था। बसपा के नीले झंडे और सफेद रंग के बड़े-बड़े पोस्टर कांशीराम और चुनाव चिह्न हाथी की तस्वीर के साथ गाँव-गाँव में दिखाई दे रहे थे। कांशीराम ने स्वयं पंजाब का जमकर दौरा किया। शहरों की भीड़ भरी सड़कों से लेकर गाँवों की गलियों तक कांशीराम हर जगह दिखे। इस समय पंजाब के हर संसदीय निर्वाचन क्षेत्र में बसपा के दफ्तर सक्रिय थे। केवल बसपा ने ही खुली जनसभाएँ कीं। काँग्रेस और भाजपा की ज्यादातर जनसभाएँ घरों के अहातों के अंदर हो रही थीं। कई जगह तो लग रहा था कि बसपा के अलावा कोई पार्टी मैदान में है ही नहीं।

चुनाव से ठीक पहले आतंकवादियों की तरफ से धमकी आई कि मतदान केंद्र पर पहुँचने वाले पहले पाँच मतदाताओं के हाथ काट दिए जाएँगे। लेकिन बसपा कार्यकर्त्ताओं ने निश्चय किया कि वे सबसे पहले अपने समर्थकों को ही वोट डलवाने ले जाएँगे।

मतदान के दिन जाट सिख वोट डालने नहीं निकले। हिंदुओं ने अधिकांशतः काँग्रेस को वोट दिया। बसपा को मजहबी सिखों के वोट मिले। उसने नौ विधानसभाई और एक संसदीय सीट जीती। बसपा को पूरे पंजाब में पड़े मतों का 15.44 फीसदी मिला। 34 विधानसभा क्षेत्रों में बसपा निकटतम प्रतिद्वंद्वी रही। 39 क्षेत्रों में वह तीसरे नंबर पर रही। बसपा के पाँच उम्मीदवारों को पड़े मतों का 40 से 50 फीसदी तक मिला। 18 क्षेत्रों में यही आँकड़ा तीस से चालीस फीसदी था। यद्यपि, पंजाब में चुनाव विभिन्न अकाली धड़ों के बहिष्कार के कारण किसी भी तरह से समुचित प्रतिनिधित्व

वाले चुनाव नहीं कहे जा सकते थे, लेकिन उनका राजनीतिक महत्त्व था। बसपा विधानसभा में मुख्य विपक्षी दल बन गई थी।

इस राजनीतिक सफलता की कीमत कई बसपा समर्थकों को अपनी जान देकर चुकानी पड़ी। अगर मुख्य तौर पर बसपा और गौड़ रूप से माकपा, भाकपा, आईपीएफ और अकाली दल (काबुल) न होते तो आतंकवादी पंजाब चुनाव को पूरी तरह मजाक और जनता से कटा हुआ करार दे सकते थे। इसलिए उन्होंने अपनी नाराजगी बसपा पर ही उतारी। चुनाव के तुरंत बाद 12 बसपा समर्थक उनकी गोलियों का निशाना बने। कांशीराम का खयाल था कि इन हत्याओं में बसपा के विरोध से खुंदक खाई काँग्रेस की शक्तियों का भी हाथ रहा। उन्होंने आरोप लगाया कि यह चुनाव काँग्रेस द्वारा बड़े पैमाने पर की गई धाँधली का शिकार हुआ है और इसके लिए काँग्रेस ने बीएसएफ और सीआरपीएफ सरीखे अर्धसैनिक बलों का जमकर इस्तेमाल किया है। बसपा ने चुनाव को 'बीएसपी बनाम बीएसएफ' कहकर परिभाषित किया। वोटरों को उग्रवादियों की हिंसा से बचाने की खातिर उँगली पर लगाई जाने वाली अमिट स्याही का इस्तेमाल न करने के निर्णय के कारण भी काँग्रेस को मतपत्रों पर मुहर ठोकने की सुविधा हुई। फिल्लौर लोकसभा सीट तो बसपा ने जीत ही ली होती अगर 'आतंकवादियों के वेश में काँग्रेसी गुंडों' ने बसपा के कार्यकर्त्ताओं की हत्याएँ न की होतीं। बहरहाल, पंजाब में आतंकवाद से निपटने की जिम्मेदारी किसी लोकप्रिय सरकार को देने की तरफदार मीडिया ने बसपा कार्यकर्त्ताओं की शहादत की प्रशंसा की। आतंकवाद की धमकियों के आगे नीले झंडे और हाथी की निर्भयता ने सारे देश का ध्यान आकर्षित किया।

1992 के नवंबर में इटावा संसदीय सीट पर उपचुनाव हुआ। कांशीराम ने बसपा उम्मीदवार के रूप में वहाँ से परचा भरा। मुलायम सिंह यादव ने अपने घरेलू क्षेत्र से निवर्तमान सांसद राम सिंह शाक्य को खड़ा किया। काँग्रेस और भाजपा के उम्मीदवार भी मैदान में उतरे। अब गेंद मुलायम सिंह के पाले में थी। कांशीराम को अपने गढ़ से जिताकर संसद में भेजने की जिम्मेदारी उनकी थी। अभय कुमार दुबे लिखते हैं कि जाहिर था कि अगर मुलायम सिंह की सहमति न होती तो कांशीराम इटावा से नामांकन क्यों दाखिल करते। पर मुलायम सिंह की समस्या यह थी कि उन्हें बरसों के प्रयास से बनाई गई मध्य जातियों की वह एकता कांशीराम के लिए तोड़नी थी जिसके चलते वे इटावा में बेखटके अपने उम्मीदवारों को जिताते रहे थे। काछी (शाक्य), लोधी, यादव और गड़रिया मतदाताओं को मुलायम विभिन्न ढंग से सत्ता में भागीदारी देकर अपनी ओर कर चुके थे। पर इस बार मुलायम सिंह ने शाक्य मतदाताओं को नाराज करने का जोखिम उठाया और उनके समर्थकों ने ऐन मौके पर पिछड़े वर्ग के वोट कांशीराम की तरफ स्थानांतरित कर दिए। इस तरह दलित (मुख्यतः जाटव) और यादव वोटों की एकता पहली बार बनी। मुसलमान भी उसके

साथ जुड़े। प्रतिक्रिया में भाजपा और कॉंग्रेस अंदर ही अंदर एकताबद्ध हो गई। कड़ा संघर्ष हुआ, लेकिन कांशीराम 19 हजार वोटों से जीत कर संसद में पहुँच गए।

इटावा का यह संसदीय चुनाव कई दृष्टियों से मील का पत्थर साबित हुआ। कांशीराम के लिए आसानी हो गई और वे अपने पार्टीजनों को खुले गठजोड़ के प्रति आश्वस्त कर सके। मुलायम सिंह ने परख लिया कि बसपा के साथ उनके और मुसलमानों के वोट मिल जाने से जो ताकत बनती है उसमें चुनाव जीतने की क्षमता है। इटावा का चुनाव इस मायने में नमूना बन गया कि पिछड़े और दलित वोट एक-दूसरे के उम्मीदवारों को जिताने के लिए गोलबंद हो सकते हैं।

ऐतिहासिक गठजोड़

1993 में हुआ समाजवादी पार्टी और बसपा का गठजोड़ कई मायनों में ऐतिहासिक था। इसका फौरी और चुनावी उद्देश्य हिंदुत्व की तेजी से उभरती हुई बढ़त रोकने से संबंधित था। भाजपा के नेता कल्याण सिंह बार-बार घोषित कर रहे थे कि 1991 के चुनाव में जीती गई एक भी सीट अगर हाथ से निकली तो उसे हम अपनी हार मानेंगे। कल्याण सिंह ने इस चुनाव को अयोध्या कांड पर जनमत संग्रह की संज्ञा दे डाली। खास बात यह थी कि केवल भाजपा ही सपा-बसपा गठजोड़ के विरोध में नहीं थी, कॉंग्रेस, जनता दल और कम्युनिस्ट पार्टियाँ भी इसका विरोध कर रही थीं। कम्युनिस्टों की कोशिश यह थी कि मुलायम सिंह की समाजवादी पार्टी बसपा से जुड़ने के बजाय जनता दल से जुड़े और साम्यवादियों से मिलकर धर्मनिरपेक्ष मोर्चा बनाए। माकपा और भाकपा ने इसके लिए मुलायम सिंह पर जमकर दवाब डाला। लेकिन मुलायम सिंह का विचार था कि जनता दल उत्तर प्रदेश के संदर्भ में गिरती हुई ताकत है और कॉंग्रेस अपने स्थायी मतदाता खो चुकी हैं। मुसलमान मस्जिद गिरा दिए जाने के बाद मुलायम के पीछे थे, दलित बसपा के पीछे थे और सवर्ण भाजपा के साथ थे। समीकरण साफ था। भाजपा बनाम सपा-बसपा का ध्रुवीकरण हो सकता था। कम्युनिस्टों की उत्तर प्रदेश में कोई ताकत नहीं थी और इस समीकरण में कॉंग्रेस और जनता दल का दखल ध्रुवीकरण को केवल बिगाड़ ही सकता था।

जनता दल और कम्युनिस्ट समर्थक मीडिया ने आरोप लगाया कि कांशीराम सांप्रदायिकता विरोधी ताकतों को एकजुट होने से रोक रहे हैं। दरअसल, कांशीराम देख रहे थे कि किस प्रकार भाजपा, वीपी सिंह तथा अन्य राजनीतिक ताकतों द्वारा उत्तर प्रदेश में बसपा के समानांतर दलित ताकत तैयार करने की कोशिशें चल रही हैं। भाजपा पहले से ही अयोध्या में राम मंदिर का शिलान्यास एक दलित के हाथों करवाने के बाद दलितों और सवर्णों के सामूहिक भोज के कार्यक्रम कर रही थी। विश्वनाथ प्रताप सिंह ने भी राम विलास पासवान के नेतृत्व में दलित सेना की शुरुआत करवा दी थी और दलित शिक्षा आंदोलन का समर्थन करते हुए अम्बेडकर महासभा

की गतिविधियों के साथ खुद को जोड़ लिया था। इंडियन पीपुल्स फ्रंट ने उत्तर प्रदेश आधारित संगठन दलित महासभा का गठन कर लिया था। इसलिए न केवल मुलायम सिंह के लिए वरन कांशीराम के लिए भी जरूरी था कि वे अपने जनाधार को इन प्रयासों से अलग रहने का संदेश दें और दलितों को स्वतंत्र राजनीतिक पहचान कायम करने का संदेश दें।

इस पूरे राजनीतिक कार्य-व्यापार में सर्वाधिक सकारात्मक पहलू इटावा चुनाव के नतीजों से निकला मुलायम और कांशीराम का यह विश्वास था कि पिछड़े (अधिकांशतः यादव) और दलित (अधिकांशतः जाटव) वोट एक-दूसरे के उम्मीदवारों की तरफ खिसकाए जा सकते हैं। मुसलमान वोट मजबूती से मुलायम सिंह के साथ थे ही। चुनाव जीतने का समीकरण दिखाई दे रहा था। ऐसे में दोनों नेताओं ने होशियारी दिखाई और कांग्रेस व भाजपा विरोधी विपक्ष के प्रस्तावों को टालते रहे। माकपा के दबाव से बचने के लिए मुलायम कहते रहे कि कांशीराम तैयार नहीं हैं और कांशीराम कहते रहे कि मुलायम तैयार नहीं हैं।

कांशीराम और मुलायम सिंह ने उत्तर प्रदेश में जोरदार चुनावी मुहिम चलाई। शुरुआत में ही मुलायम ने दिल्ली की जामा मस्जिद के इमाम मौलाना अब्दुल्ला बुखारी को नसीहत दी कि वे धार्मिक काम-काज तक सीमित रहें और राजनीति में दखल न दें। मुलायम के इस कदम ने सपा-बसपा गठजोड़ की सच्ची धर्मनिरपेक्ष छवि बनाने में मदद की। उनका यह कदम वैचारिक रूप से कांशीराम के अनुकूल भी बैठता था, क्योंकि कांशीराम का मुख्य कार्य भार धर्म परिवर्तन करके अल्पसंख्यक बने दलितों को गोलबंद करना था, न कि शेख, सैयद, मुगल और पठान की श्रेणी में खुद को रखकर गरीब मुसलमानों का शोषण करने वाले 'ब्राह्मणों' जैसे रवैए वाले मुसलमानों को।

चुनाव नतीजे ने भाजपा के लखनऊ के जरिए दिल्ली के सिंहासन पर कब्जा करने के सपने चकनाचूर कर दिए। साथ ही कांग्रेस और जनता दल की उत्तर प्रदेश में वास्तविक ताकत को भी सामने ला दिया। भाजपा की सीटें 221 से घटकर 177 रह गईं। कांग्रेस की 46 से घटकर 28 रह गई और जनता दल 92 से 27 पर आ गया। सपा-बसपा गठजोड़ ने 178 सीटें जीतीं (109 सपा और 69 बसपा) को मिलीं। यह संख्या पिछली विधानसभा में दोनों को मिलाकर जीती गई 46 सीटों की चार गुना थीं। गठजोड़ ने 75 सीटें भाजपा से छीनीं, 37 जनता दल से और 18 कांग्रेस से। अगर पश्चिमी उत्तर प्रदेश में अजित सिंह के नेतृत्व वाला जनता दल भाजपा का मुकाबला कर पाया होता तो भाजपा 177 से भी काफी कम सीटें जीतती।

सरकार बनी। मुलायम सिंह मुख्यमंत्री बने। *दूरदर्शन पर बसपा प्रमुख ने संभवतः पहली बार आम दर्शकों को अपनी शैली के दर्शन कराए। उन्होंने जेब में से अपना पेन निकाला और उसे लंबवत खड़ा करके बताया कि यह है ब्राह्मणवादी समाज*

व्यवस्था। फिर नाटकीय ढंग से उन्होंने पेन को क्षैतिज करके दावा किया कि वे समाज व्यवस्था को ऐसा करने में लगे हुए हैं। बसपा को सरकार में हिस्सेदारी मिली।

चुनाव नतीजों का बारीक अध्ययन, चुनाव के बाद कांशीराम और बसपा का रवैया, अगले साल और मई में हुए मंझनपुर उपचुनाव ने दलित राजनीति में कुछ खास प्रवृत्तियों का सुराग दिया जो निकट भविष्य में और भी सुदृढ़ होने वाली थीं हम यहां अभय कुमार दुबे का चुनावी विश्लेषण दे रहे हैं, जो सही भी रहा और सटीक भी :

• 1993 का चुनाव पिछले किसी भी चुनाव को अपेक्षा अधिक ध्रुवीकृत था। बसपा को जाटवों और पासियों के वोट मिले थे—साथ ही मुसलमानों का एक छोटा-सा प्रतिशत भी उसे मिला था। ध्रुवीकरण में अगर कोई कमी रह गई थी तो सिर्फ इतनी कि कॉंग्रेस ने अनुसूचित जातियों के 22 फीसदी वोट बेकार कर दिए थे और भाजपा पिछड़े वर्गों के 22 फीसदी वोट ले गई थी। अर्थात् मुसलमान और ऊँची जातियों का ध्रुवीकरण तो 55 और 65 फीसदी वोटों के रूप में जबरदस्त था, लेकिन दलित तथा पिछड़े वोट थोड़ा कम ध्रुवीकृत हुए थे। संभावना यह थी कि आगे जैसे-जैसे ऊँची जाति के वोट भाजपा के पक्ष में ध्रुवीकृत होंगे, वैसे-वैसे दलित वोट बसपा के पक्ष में झुकेंगे। मई, 1994 को हुए मंझनपुर (इलाहाबाद) उपचुनाव में यह रुझान देखने को मिला।

• मुसलमान मतदाता पूरी तरह एक राजनीतिक समुदाय के रूप में उभर आए। उन्होंने मौलाना बुखारी के फतवे की बहुत कम परवाह की और भाजपा के मुख्य विरोधी सपा-बसपा गठजोड़ को ही वोट दिया। गठजोड़ में कांशीराम और मुलायम सिंह में से उनकी प्राथमिकता मुलायम सिंह को ही मिली।

• पिछड़ों में अतिपिछड़ों तथा मजबूत पिछड़ों में लोधी तथा कुर्मी वोटों के अच्छे-खासे हिस्से ने भाजपा को भी पसंद किया। यद्यपि बसपा ने कुर्मियों को अपनी ओर करने के लिए उत्तर प्रदेश में अपनी पार्टी के अध्यक्ष और महासचिव का पद दो कुर्मी नेताओं (जंग बहादुर पटेल और सोने लाल पटेल) को दे दिया, फिर भी कुर्मी वोटों में भाजपा की सेंध बनी रही। लोधी वोट तो कल्याण सिंह के नेतृत्व के कारण भाजपा के साथ थे ही।

• मंझनपुर उपचुनाव और उससे पहले कानपुर में मुसलमानों के सम्मेलन से यह भी जाहिर हुआ कि चुनाव लड़ने और जनसंपर्क की बसपा की शैली बदल रही है। यह चुनाव साइकिल पर नीला झंडा लगाकर घूमने वाले समर्पित बसपा कार्यकर्त्ताओं की दम पर न लड़ा जाकर पूरे सरकारी तामझाम की शैली में लड़ा गया।

• कांशीराम ने अफसरों की तैनाती पर विशेष ध्यान दिया। मंत्रिमंडल बनाने में उन्होंने मुलायम सिंह की अपनी घोषणा के अनुसार पूरी छूट दी, पर वे मुलायम सिंह पर दबाव डालकर आईएएस और आईपीएस अफसरों की इधर-उधर करवाते

रहे। संभवतः उनका खयाल था कि उत्तर प्रदेश में कार्यरत अनुसूचित जाति जनजाति के 112 नौकरशाहों के जरिए वे प्रदेश पर ज्यादा अच्छा नियंत्रण स्थापित कर लेंगे। इस काम के लिए उन्होंने मायावती को तैनात किया। मायावती की कार्यशैली से केवल मुलायम सिंह ही असंतुष्ट नहीं हुए, वरन बसपा के अंदर भी कांशीराम द्वारा उन्हें मिल रही प्राथमिकता से सुगबुगाहट शुरू हो गई।

सपा-बसपा सरकार ने शुरुआत अच्छे ढंग से की। सत्ता में आते ही उसने परीक्षाओं में नकल रोकने के लिए लाया गया दंडात्मक कानून वायदे के मुताबिक रद्द कर दिया। सरकार ने ऐलान किया कि वह किसानों और मजदूरों के कल्याण को प्राथमिकता देगी। गाँव और खेती का विकास किया जाएगा। खासतौर से दलितों को शोषण के शिकंजे से मुक्त करने पर खास जोर दिया जाएगा। सरकार ने यह भी वायदा किया कि वह किसी तरह का जातिवादी अभियान नहीं चलाएगी और विधानसभा में सभी पार्टियों की राय लेकर विकास कार्यक्रम आगे बढ़ाए जाएँगे।

वहीं सुरेश द्विवेदी का मानना हैं कि मुलायम सिंह यादव ने मुख्यमंत्री की कुर्सी 5 दिसंबर, 1993 को बसपा अध्यक्ष कांशीराम के आशीर्वाद और बसपा के समर्थन से सँभाली थी। लेकिन डेढ़ महीने बाद से ही कांशीराम के बयानों, बसपा-सपा मंत्रियों के बीच तालमेल के अभाव एवं दलितों और पिछड़ों के बीच बढ़ते तनाव को लेकर सरकार के बारे में तरह-तरह की अटकलें शुरू हो गई। इन अटकलों के पीछे सच्चाई क्या रही?

सुदेश द्विवेदी लिखते हैं—5 दिसंबर, 1993 को मुख्यमंत्री पद की शपथ लेने के बाद मुलायम सिंह को सबसे पहले कांशीराम के बयान ने परेशान किया। कांशीराम ने तब यह कहकर इस सरकार के कार्यकाल की मियाद तय कर दी कि वे नवंबर-दिसंबर, 1994 तक फिर से चुनाव चाहते हैं। उनका कहना था, ''हम चाहते है कि लोकसभा चुनाव के साथ ही विधानसभा के चुनाव भी हो जाएँ। तब तक बसपा की ओर मतदाताओं के ध्रुवीकरण की प्रक्रिया पूरी हो जाएगी। तब हमारी पार्टी न केवल प्रदेश, बल्कि केंद्र में भी विजेता के रूप में अपना अस्तित्व जमा लेगी।'' मुलायम सिंह ने उनके इस बयान की बाबत पूछे गए प्रश्न को तब यह कहकर टाल दिया था कि यह कांशीराम की निजी सोच हो सकती है। लेकिन उसी दिन से मुलायम सिंह अपनी कुर्सी की खातिर कांशीराम से टकराव की स्थिति से बचने की पूरी कोशिश में रहने लगे।

अलग-अलग खेमे

प्रदेश में भले ही सपा-बसपा का गठबंधन हो, लेकिन वास्तविकता यह है कि दोनों पार्टियों के अलग-अलग खेमे रहे। यह स्थिति न केवल बाहर, बल्कि सरकार में भी थी। बसपा कोटे के मंत्रियों ने तो अपनी-लाबी बना रखी। सपा के कार्यकर्त्ताओं-नेताओं

की आम शिकायत है कि बसपा के मंत्री उनकी नहीं सुनते। जिस विभाग में कैबिनेट मंत्री बसपा के हैं और राज्यमंत्री सपा के हैं, वहाँ दोनों में कोई तालमेल नहीं है।

वरिष्ठ चिंतक सुरेन्द्र मोहन के विचार में अलग-अलग खेमों का होना तो कोई बड़ी बात नहीं है, पर सपा और बसपा के शीर्ष नेताओं के द्वंद्वों में परस्पर टकराव होना संकट और बिखराव का कारण रहा। जिसे रोकने के प्रयास नहीं हुए।

संदर्भ एवं टिप्पणी

- कांशीराम के दो चेहरे, पृ. 21
- इंडिया टुडे, नई दिल्ली, 31 जनवरी, 1986
- जनसत्ता, नई दिल्ली, 13 मई, 1998
- संडे, आनंद बाजार पत्रिका प्रकाशन, प्रफुल्ल सरकार स्ट्रीट, कलकत्ता 13-19 फरवरी, 1994, पृ. 32
- कांशीराम का खुला पत्र आर.के. सिंह, *कांशीराम और बीएसपी*, कुशवाहा बुक डिस्ट्रीब्यूटर, इलाहाबाद (उत्तर प्रदेश), 1996, पृष्ठ 92-93
- यह सांगठनिक विवरण आर.के. सिंह की पुस्तक से।
- आम्बेथ राजन, उपरोक्त।
- *पेट्रियट और इंडियन एक्सप्रेस* में छपी सामग्री के आधार पर।
- *हिंदुस्तान टाइम्स*, 6 अप्रैल, 1991
- बहुजन संगठक, करोल बाग, नई दिल्ली, 29 मई, 1995
- बहुजन संगठक का यह बयान आर.के. सिंह की पुस्तक से।
- *हिंदुस्तान टाइम्स*, 6 अप्रैल, 1991
- देखें 23 अप्रैल, 1991 का *इंडियन एक्सप्रेस* और 29 अप्रैल, 1991 का *टाइम्स ऑफ इंडिया।*
- अभय कुमार दुबे, *कांशीराम : एक आलोचनात्मक अध्ययन*, राजकमल दिल्ली, 1997, पृष्ठ 82-84
- अभय कुमार दुबे, पृष्ठ 84-93
- माया, नई दिल्ली 28 फरवरी, 1994
- समाजवादी चिंतक सुरेन्द्र मोहन से 10 जुलाई, 1994 को उनके निवास 17 वी.पी. हाउस रफीमार्ग, नई दिल्ली पर बातचीत के आधार पर।

कांशीराम की दक्षिण यात्रा

पी. गोपाल लिखते हैं कि 'कांशीराम का दक्षिण राज्यों का दौरा कुछ वैसा ही था, जैसे कोई बादशाह साम्राज्य-विस्तार के अभियान पर निकला हो। उत्तर प्रदेश फतह से उत्साहित होकर कांशीराम उन राज्यों में मुलायमों की तलाश में जुटे। वैसे भी उत्तर प्रदेश के किले में सेंध लगाने के बाद कांशीराम घोषणा कर चुके थे कि उनका उद्देश्य दिल्ली का सिंहासन हथियाना है। इस उद्देश्य की प्राप्ति के लिए कांशीराम का दक्षिण अभियान आरंभ हुआ।'

कांशीराम की राजनैतिक यात्रा आंध्र प्रदेश से शुरू हुई। तेलुगू देशम पार्टी के एन.टी. रामाराव और कॉंग्रेस दोनों के लिए ही आंध्रा में कांशीराम की यात्रा का अर्थ तीसरी ताकत का संकेत थी। आन्ध्र प्रदेश में परंपरागत तौर से रेड्डी जाति का दबदबा रहा था। फिर एन.टी.आर. के सत्तासीन होने पर 'कम्मा' के पास ताकत आई। राज्य के गठन के बाद से ही कॉंग्रेस पर हावी 'रेड्डी' और तेलुगू देशम पर हावी 'कम्मा' एक के बाद एक सत्ता पर सवारी गाँठ रहे थे। बावजूद इसके कि राज्य की आबादी में 'कप्पू' समुदाय का अनुपात अधिक है। कांशीराम ने कप्पू समुदाय के नेता शिवशंकर को अपने साथ लाने की विशेष कोशिशें कीं। वे उन्हें बहुजन समाज पार्टी का प्रदेश अध्यक्ष बनाने को भी तैयार थे। जिसकी घोषणा उन्होंने कप्पू समुदाय के संगठन 'कपुनाड' के सदस्यों को संबोधित करने के दौरान की।

तेलुगू देशम के सत्ता में आने पर कप्पू समुदाय के लोगों ने इस उम्मीद में उस पार्टी को वोट दिए थे कि वे सभी कप्पू समुदाय के लोगों को पिछड़े वर्ग में शामिल करेंगी, पर एन.टी.आर. सरकार इस कार्य में फेल हो गई। परिणामस्वरूप 1989 में उन्होंने पुनः कॉंग्रेस की तरफ रुख किया। लेकिन कॉंग्रेस भी उनकी समस्या को हल नहीं कर सकी थी।

असल में दक्षिण राज्यों में केवल आंध्र प्रदेश में ही कांशीराम को सफलता मिलने की उम्मीद रही थी। अनुसूचित जाति, जनजाति, पिछड़ा वर्ग और मुस्लिम को मिलाकर राज्य में इनकी आबादी 70 प्रतिशत बनती है। जो कांशीराम के लिए एक जखीरा साबित हो सकता था। चूँकि इस राज्य में कांशीराम का मुख्य जोर दलितों

की जगह पिछड़े समुदाय 'कप्पू' को आकृष्ट करने पर था। इससे दलितों को निराश होना पड़ा। स्थानीय स्तर पर दलितों के कुछ नेताओं के साथ सामाजिक कार्यकर्ताओं को इस बात का भी मलाल था कि किस तरह एक दलित नेता वोटों के लिए पिछड़ी जाति के नेता में तब्दील हो रहा है। हालाँकि दलित महासभा के अध्यक्ष और 1991 में गुंटुर जिले के 'त्सुंदूर' गाँव में दलित हत्याकांड के विरोध में मुखर रूप में आवाज उठाने के लिए चर्चित हुए **कट्टी पद्म राव** और पुराने नक्सली तथा पीपुल्स वार ग्रुप के **सत्यमूर्ति** बसपा में शामिल हो गए थे। एक तरह से राज्य में बसपा के उत्कर्ष के लिए इसे सफलता भी माना गया था, लेकिन इन सबका असर बहुत कम हुआ।

जबकि माया की रपट में सत्यमूर्ति को पुराने नक्सली और पीपुल्स वार ग्रुप में निष्कासित बतलाया गया है। और पद्मराव को दलित महासभा के नेता और गुजरे जमाने का बुद्धिजीवी बतलाया है। जाहिर बात थी कि उस क्षेत्र में इनका प्रभाव कम हो रहा था। वे विकट परिस्थितियों में चमत्कारी सिद्ध नहीं हो रहे थे।

आंध्र की राजनीति में कट्टी का वाम विरोधी रवैया भी जग-जाहिर हो रहा था। बसपा में कुछ ऐसे भी आना चाहते थे जो नक्सलवाद से संबंध तोड़कर भूमिगत जीवन से निकलना चाहते थे। जिन्हें राजनैतिक संरक्षण की जरूरत थी। बसपा की रैली में जुटी 10,000 की अच्छी-खासी भीड़ में यह भी पता चला कि 'पीपुल्स वार' जैसे संगठनों की बहिष्कार की राजनीति के कारण कुछ लोग बसपा में जा सकते हैं।

वैसे आंध्रा में कांशीराम की यात्रा से इतना तो हुआ कि काँग्रेस सरकार में तत्कालीन मुख्यमंत्री विजय भास्कर रेड्डी ने आगामी चुनावों में पिछड़े वोट बैंक में किसी भी संभावित दरार को रोकने तथा 'कप्पू' समुदाय के लोगों को फुसलाने के लिए तुरता-फुरती में निम्नलिखित घोषणाएँ कर दीं–

– कप्पू समुदाय को पिछड़े वर्ग में लाने के लिए संबंधित जाँच कार्य हेतु पिछड़ा वर्ग आयोग का गठन।
– स्थानीय निकाय के चुनावों में पिछड़े वर्गों का 25 से 33 प्रतिशत आरक्षण बढ़ाने पर विचार।
– राज्य में विभिन्न राजनैतिक पदों पर कप्पू तथा अन्य कमजोर वर्गों की नियुक्ति में 60 प्रतिशत आरक्षण की घोषणा।

कांशीराम के आंध्र प्रदेश से बंगलूर पहुँचने के आसपास ही कोलार जिले में स्थानीय काँग्रेसी नेता वेंकटारम्मा गौड़ा के द्वारा एक दलित को बुरी तरह से पीटा गया तथा जिसे अपनी ही टट्टी खाने पर मजबूर किया गया। इस घटना पर कांशीराम की कोई विशेष सोच नहीं थी। उनके लिए दलित उत्पीड़न की यह आम घटना थी और इस साधारण उत्पीड़न की घटना के लिए राजनीति के असाधारण रथ को नहीं रोका जा सकता था। अंततः उन्होंने जनता दल के देवगौड़ा से समझौता किया। दलित, पिछड़े नेताओं की तुलना में देवगौड़ा को प्राथमिकता देने के उनके फैसले

से दलितों के बीच अच्छी-खासी नाराजगी होती और वह हुई भी। क्योंकि कर्नाटक में गौड़ा जमींदार ही जातीय उत्पीड़न की मुख्य शक्ति रही है। उनके लिए यह आश्चर्य की बात भी थी कि गौड़ा बहुजन समाज का हिस्सा कैसे हो सकते हैं।

वहीं दूसरी ओर कर्नाटक में कांशीराम की रणनीति का एक हिस्सा यह भी रहा कि वे असंतुष्ट काँग्रेसियों को पार्टी से और भी दूर ले जाना चाहते थे। उदाहरण के लिए, केंद्रीय मंत्रिमंडल से अलग हुए चिंता मोहन ने पार्टी छोड़कर बीएसपी ज्वाइन कर ली और वे बंगलौर में कांशीराम के साथ रहे।

जनता दल के प्रदेश अध्यक्ष एच.डी. देवगौड़ा ने भी कांशीराम से समझौता करने में कोई आना-कानी नहीं की। बशर्ते कि मिली-जुली सरकार का उन्हें मुख्यमंत्री बनाया जाए। कांशीराम के दूसरे साथी एस. बंगारप्पा रहे। उनकी भी यही शर्त थी कि उन्हें प्रदेश का मुख्यमंत्री बनाया जाए। कांशीराम के सामने अनगिनत विकल्प थे। अपनी बंगलौर यात्रा के दौरान जयन्त मलहोत्रा की मदद से उन्होंने वीरप्पा मोइली से भी मुलाकात की। मूल बात यह है कि कांशीराम ने कर्नाटक में राजनैतिक दस्तक देकर सबके लिए दरवाजे खोलकर बात करने की रणनीति अपनाई।

पी. गोपाल लिखते हैं कि पिछड़े समाज के नेताओं की तुलना में देवगोड़ा को प्राथमिकता देने के उनके फैसले से कई भौंह तन गई, क्योंकि कर्नाटक में गौड़ा जमींदार ही जातीय उत्पीड़न की मुख्य शक्ति रही है। हर किसी को ताज्जुब होता है कि गौड़ा बहुजन समाज का हिस्सा कैसे हो सकते हैं। आमतौर पर कांशीराम काँग्रेस की ही तर्ज पर दलित, पिछड़ों और मुसलमानों के बीच संतुलन बनाने की नीति पर चलते हैं।

कभी देवराज अर्स पिछड़ों, दलितों और अल्पसंख्यकों को गोलबंद करने में कुल मिलाकर कामयाब रहे थे। इसके अलावा अर्स के भूमि सुधार कार्यक्रमों से सामाजिक शक्ति संतुलन में कुछ तब्दीली आई थी। वैसे प्रदेश में कांशीराम की यात्रा ने सामाजिक और राजनैतिक परिवर्तन के लिए नए दरवाजे भी खोले थे।

कोची केरल में कांशीराम से एस.एन.डी.पी. (श्री नारायन धर्म पाटीपालान योगम) के पिछड़े 'इझावा' समुदाय के कार्यकताओं की मुलाकात इस मायने में महत्त्वपूर्ण कही जा सकती है कि काँग्रेस और कम्युनिस्ट पार्टी के नेताओं से विशेष बातचीत न होकर प्रदेश के पिछड़े समुदाय से राजनैतिक समझौते के लिए वार्तालाप चला। वैसे वरिष्ठ कम्युनिस्ट नेता गौरी के माकपा से निष्कासन के बाद कांशीराम की बातचीत गौरी से भी हुई। हालाँकि स्वयं गौरी अम्मा बसपा के साथ तालमेल की इच्छुक नहीं थी और उन्होंने स्पष्ट कर दिया कि उनका प्रयोग उत्तर प्रदेश की तर्ज पर नहीं होगा। केरल में इस बीच कांशीराम ने इस्लामिक सेवक संघ के अब्दुल नासिर माहेलहानी से भी बात चला रखी थी।

हमारी राय में बसपा के सुप्रीमो कांशीराम द्वारा दक्षिण राज्यों को छूकर चले

आने वाली स्थिति उस समय रही। बाद के दौर में न कांशीराम पुनः उन राज्यों में गए और न बसपा के कार्यकर्त्ता। इसे स्पर्शीय राजनैतिक आंदोलन भी कहा जा सकता है। तब तक मायावती उत्तर प्रदेश में साम्राज्ञी बन चुकी थी। इसलिए उस राज्य की राजनैतिक परिदृश्य बदल चुका था। जो इन राज्यों में पार्टी के प्रत्याशी और कार्यकर्त्ता थे, वे सब सत्ता की लड़ाई लड़ने में व्यस्त थे न कि बाबा साहेब डॉ. अम्बेडकर दर्शन के प्रचार-प्रसार में। उनके सवाल अलग थे और समस्याएँ भी। पर स्वार्थ एक जैसे थे। वे राजनीति की धुरी के चारों तरफ घूमने वाले पहिये थे।

मूलतः देखा जाए तो उत्तरी भारत से दक्षिण भारत की दलित राजनीति के साथ आंदोलन को जोड़ने के बिंदुओं पर कभी गंभीरतापूर्वक चर्चा नहीं हुई। न आजादी के पूर्व और न बाद में। बाबा साहेब डॉ. अम्बेडकर ने अवश्य ही इस तरफ प्रयास किया था, जिसे उनके अनुयायियों ने आगे नहीं बढ़ाया और वहीं छोड़कर अपने-अपने सिरे की तलाश में लगे रहे। आजादी के बाद रिपब्लिकन पार्टी ऑफ इंडिया ने भी दक्षिण राज्यों की राजनीति को राजनीति से जोड़ा था और फिर बसपा का परचम कांशीराम लेकर गए थे।

दक्षिण भारत की राजनैतिक विषय पर गहरी पैठ रखने वाले बुद्धिजीवियों का मानना था कांशीराम ने दक्षिण भारत की राजनीति को प्रभावित करने की अपनी क्षमता को जरूरत से ज्यादा ही आँका है। वे जिस आक्रामक और भड़काऊ भाषा का प्रयोग करते हैं, वह दक्षिण के लिए बिलकुल ही नया है। जातीय गुट, जो उत्तर भारत में काफी स्पष्ट हैं, तमिलनाडु व आंध्र को छोड़कर अन्य राज्यों में लगभग अदृश्य हैं। हालाँकि अनु. जातियों की दक्षिण में भी कमोबेश वही स्थिति है, जो उत्तर में है। उत्पीड़न वहां भी है और उत्पीड़न के वैसे ही औजार भी।

इस तरह आंध्र प्रदेश को छोड़कर दक्षिण में बसपा की संभावनाएँ धूमिल रहीं। बंगारप्पा और गौरी का स्थानीय साम्राज्य उत्तर के इस 'बादशाह' के ताल पर कदमताल करने को तैयार नहीं हुए। एक पत्रकार के अनुसार कांशीराम को समझना चाहिए कि स्थानीय परिस्थितियों के मुताबिक ठोस काम किए बगैर ऊपर ही ऊपर इस कल्पना की अखिल भारतीय स्वरूप देना हँसी-खेल नहीं हैं। जो कांशीराम से ज्यादा उम्मीद लगाए बैठे थे, उन्हें निराश होना पड़ा। आंध्र प्रदेश की सभाओं में उनके भाषण, उत्तर प्रदेश के चुनावी भाषणों के दोहराव थे।

वैसे देखा जाए तो...हैदराबाद में अपनी प्रेस कांफ्रेंस में कांशीराम ने अपने राजनीतिक दर्शन की व्याख्या की। आरक्षण पर उनके विचार दलितों और पिछड़ों के गले किसी तरह नहीं उतरे। बहुजनों में उनके समर्थकों की बड़ी संख्या सरकारी कर्मचारियों की है जो वर्तमान आरक्षण नीति के प्रबल समर्थक हैं और शिक्षा, नौकरी प्रोन्नति और चुनावों में आरक्षण को कायम रखने के पक्षधर हैं। कांशीराम ने यहाँ यह भी कहा है कि इस समय उनके पास दलित महिलाओं की समस्याओं की तरफ

ध्यान देने के लिए बिलकुल समय नहीं है। उन्होंने कहा कि इस मुद्दे पर, "मैं अम्बेडकर के विचारों का विरोधी हूँ।"

'माया' प्रतिनिधि के एक सवाल के जवाब में कांशीराम ने साफतौर पर ऐलान किया कि देश में चले कम्युनिस्ट और नक्सलवादी आंदोलन तथा किसान आंदोलन आदि सभी दलित विरोधी और ब्राह्मणवादी आंदोलन थे। स्पष्ट है कि उनकी इस घोषणा का मकसद सनसनी पैदाकर शीघ्र प्रचार पाना था।

मजलिस-ए-इत्तिहादुल मुस्लिमीन के नेता सुल्तान सलाउद्दीन ओवैसी ने भी बाबरी मस्जिद मुद्दे पर कांशीराम की टिप्पणी पर गहरी नाराजगी व्यक्त की। हैदराबाद में एक संगोष्ठी में कांशीराम ने कहा कि बाबरी मस्जिद का मुद्दा अब हमेशा के लिए खत्म हो चुका है। इस पर ओवैसी ने तीखेपन से कहा कि मस्जिद मुद्दा तब तक खत्म नहीं होगा जब तक बाबरी मस्जिद उसी जगह पर नहीं बन जाती।

तमिलनाडु की सर्वाधिक आक्रामक पिछड़ी जाति है वन्नियार। वन्नियारों का द्रमुक और अद्रमुक से मोहभंग हो चुका है। उन्होंने अपनी पार्टी बना ली है पत्तलि मक्कल काची (पीएमके)। अन्य पिछड़े वर्ग व अनुसूचित जातियाँ कांग्रेस, अन्नाद्रमुक, द्रमुक व भाजपा के बीच बँटी हुई हैं। कांशीराम के साथ कोई नहीं है। और फिर उनकी उत्तर भारतीय पृष्ठभूमि भी उनके खिलाफ जाएगी। माया संवाददाताओं की राज्य में गयी टीम का यह भी विश्लेषण था कि अगर कांशीराम अपने दम पर चुनावी मैदान में उतरना चाहे तो इतनी क्षमता तो उनकी बनी कि बहुजन समाज पार्टी दूसरों का नुकसान कर दें खासतौर से कांग्रेस का।

दक्षिण राज्यों से इतर बहुजन समाज पार्टी के सुप्रीमो कांशीराम के अन्य राज्यों के राजनैतिक दौरों का इतना प्रभाव अवश्य ही हुआ कि दलितों के हित में या दलितों से संबंधित जो योजनाएँ अभी तक अधर में थीं, वे पूरी होने लगीं। उनकी दी गई दस्तक ने अपना प्रभाव अवश्य ही छोड़ा। वह बात अवश्य है कि किस राज्य में कौन सी योजना कितने समय में और कैसे पूरी हुई।

उदाहरण के लिए संडे की रिपोर्ट हमें बतलाती है कि बंबई के शिवाजी पार्क में कांशीराम के जलसे से 48 घंटे पूर्व ही महाराष्ट्र के तत्कालीन मुख्यमंत्री शरद पवार ने दशकों से मराठवाड़ा विश्वविद्यालय के नामांतरण की समस्या को सुलझा दिया। हालाँकि इस उपलब्धि के लिए महाराष्ट्र के दलित नेताओं के द्वारा शुरू किए गए संघर्षपूर्ण अभियानों तथा बलिदानों को ही श्रेय दिया जाएगा, पर राजनीति के ऊँट की किसी को खबर नहीं होती कि वह किस करवट बैठ जाए।

गुजरात के मुख्यमंत्री चिमन भाई पटेल ने तो कांशीराम को इतना मौका ही नहीं दिया कि वे राज्य में आकर आरक्षण के समर्थन में रैलियाँ करते। उन्होंने आनन-फानन में पहली मई, 1995 से आरक्षण के प्रतिशत बढ़ाने की घोषणा कर दी। हालाँकि पूर्व स्थिति में वे आरक्षण विरोधी के रूप में बदनाम रहे। कुछ लोगों ने इसे कांशीराम

की राजनीति का करिश्मा माना जबकि अन्य ने परिस्थितियों की परिणति।

बिहार में देखा जाए तो लालू प्रसाद यादव पहले से ही सजग थे। वे किसी भी रूप में नहीं चाहते थे कि दलित मत किसी अन्य की झोली में जाए। उसी दौरान उन्होंने तुरता फुरती में **हरिजन आदिवासी रैली** का आयोजन कर डाला। बाबूजी की प्रतिमा का अनावरण किया, दलितों के बाल काटने में भी वे पीछे न रहे। कलकत्ता जहाँ कांशीराम ने दिसंबर, 1994 में राज्य में बीएसपी के गठन हेतु गुप्त रूप से दौरा किया था, उसी दौरान पश्चिम बंगाल के मुख्यमंत्री ज्योति बसु ने कम्युनिस्ट पार्टी (मार्क्सवादी) स्टेट कमेटी की बैठक की अध्यक्षता की और राज्य में पिछड़ों के उत्थान की योजनाओं के साथ अनुसूचित जाति के विद्यार्थियों को इंजीनियरिंग और मेडिकल में प्रवेश के बारे में भी पूछताछ की। इस कोरी कार्यक्रम के पीछे कम्युनिस्ट पार्टी का राज्य में पिछड़ों के उभरते जोश को दबाने का कागजी प्रयास भर था। हालांकि दलितों के सवाल राज्य में अभी तक अनछुए ही थे।

जाहिर था कि उत्तर प्रदेश में बसपा की सरकार बनने से पूरे देश की राजनीति किसी न किसी रूप में प्रभावित अवश्य हुई थी।

वरिष्ठ राजनीतिज्ञ और समाज सेवी भाई परमानंद जी का कहना था कि जम्मू और कश्मीर की सामाजिक और राजनैतिक परिस्थितियां अन्य राज्यों से अलग रही हैं। इन्हीं सबका ध्यान रखते हुए हमें मौजूदा राजनीति के बारे में विचार करना चाहिए। बहुजन समाज पार्टी का उद्भव होना महत्वपूर्ण बात रही, पर पार्टी के नेता और कार्यकर्ता किस सूरत में दलितों की समस्याएं हल कर सकेंगे यह परिस्थितियों पर निर्भर है। दलित नेताओं को राजनीति से बढ़कर समाज सेवा की ओर ध्यान देना चाहिए। जम्मू और कश्मीर में स्थिति अलग रही। जैसा भाई परमानंद जी ने भी बतलाया। दलितों तथा पिछड़ों के सवाल पर घाटी में न उतनी उत्तेजना पैदा हुई और न गर्मजोशी जिससे कि डॉ. अम्बेडकर के सामाजिक और राजनैतिक चिंतन को स्वीकार किया जाता। फिर भी कांशीराम शायद पहले दलित राजनीतिज्ञ रहे, जिन्होंने दिल्ली या पंजाब से चलकर कश्मीर में दस्तक दी। उस दस्तक से इतनी खबर तो जम्मू और कश्मीर की पार्टियों में पहुंची कि तत्कालीन सिंहासन को हिलाने वाली किसी शख्सियत का उद्भव हो चुका है। और वह शख्सियत मैदानी क्षेत्रों के साथ बर्फीली पहाड़ियों और घाटियों में रह रहे कश्मीरी समाज के दरवाजों पर भी दस्तक दे सकती हैं।

वैसे बसपा के साथ सीटों का ढीला-ढाला तालमेल करना फारूक की उस रणनीति का हिस्सा था जिसके तहत वे काँग्रेस के दलित वोट बैंक को काटना चाहते थे। जिसमें एक सीमा तक सफल भी हुए। दूसरे नेशनल कांफ्रेंस बसपा तालमेल बनाने में फारूक का निहितार्थ दलित-मुस्लिम गठबंधन बनाना था। जो लगभग सभी सीटों पर प्रभावी ताकत बन सकता था।

नीचे हम सूची दे रहे हैं–

उम्मीदवारों की संख्या (1996)*	
कांग्रेस	78
नेशनल कांफ्रेंस	77
भारतीय जनता पार्टी	56
अवामी लीग	39
बसपा	24
जनता दल	71
पैंथर्स पार्टी	41
निर्दलीय और अन्य	116

(*स्थिति चुनाव के तीसरे चरण तक)

इसके बाद लद्दाख में विधान सभा क्षेत्र दो से बढ़कर चार हो गए। बहुसंख्यक बौद्ध जनता के पिछले वर्ष केंद्र सरकार की गठित लद्दाख पर्वतीय विकास स्वायत्तता परिषद् से हुए मोहभंग को भी नेशनल कांफ्रेंस ने बौद्धों के बीच अपना जनाधार बढ़ाने के लिए भुनाने का प्रयास किया। बौद्ध परंपरागत तौर पर कांग्रेस को वोट देते रहे हैं।

संदर्भ एवं टिप्पणी

- समकालीन जनमत, 302 इंगेट हाउस 36, जमरूदपुर कम्युनिटी सेंटर, नई दिल्ली 16-31 मार्च, 1994 पृष्ठ 16
- संडे, आनंद बाजार पत्रिका प्रकाशन, प्रफुल्ल सरकार स्ट्रीट, कलकत्ता, 13-19 फरवरी, 1991
- माया, हिंदी मासिक, 15 मार्च, 1991 पृष्ठ 13
- समकालीन जनमत, नई दिल्ली पृष्ठ 17
- संडे, कलकत्ता, पृष्ठ 35
- माया, पृ. 12
- समकालीन जनमत, पृ. 17
- माया, पृष्ठ 13
- वही, पृष्ठ 13
- संडे, पृष्ठ 25
- वही, पृष्ठ 25
- 4 मई, 2000 को जम्मू स्थित भाई परमानंद, पूर्व मंत्री जम्मू एण्ड कश्मीर तथा वर्तमान राज्यपाल हरियाणा के निवास पर बातचीत के आधार पर।

माया मुख्यमंत्री

2 जून, 1995 के अँधेरे के बाद अगले दिन का सूरज मायावती के लिए उजाले से भरपूर चमक-दमक लेकर उगा था। ऐसा कि मुलायम सिंह यादव को भी इस आश्चर्यजनक घटना को देख / सुनकर हतप्रभ रह जाना पड़ा था। मात्र चौबीस घंटे में उनकी हैसियत बदल गई। 2 जून को मायावती लखनऊ के राजकीय अतिथिगृह के कमरा नंबर एक में बंदी जैसी हालत में थी और 3 जून को वे राज्य की मुख्यमंत्री बन गई। इससे बढ़कर राजनीति की चमत्कारिक पराकाष्ठा और क्या हो सकती थी। ऐसे समय पर सभी तरह के राजनैतिक समीक्षकों के प्रयास फेल हो जाया करते हैं, पर लोगों के बीच यह सवाल तो बार-बार उभरा था कि ऐसा क्यों हुआ। इस ऐतिहासिक घटना के कुछ समर्थन में थे और कुछ विपक्ष में।

अखबारों की खबरें हमें बताती हैं कि 2 जून को जब समाजवादी पार्टी के लोग इस अतिथि-गृह से बसपा के पाँच विधायकों को घसीटकर ले गए थे तब मायावती ने 40 बसपा विधायकों के साथ इस कमरे में पनाह ली थी। उन्होंने कमरे का दरवाजा अंदर से बंद कर लिया था। सपा के लोगों ने इस कमरे का पानी-बिजली काट दिया था। आधी रात के करीब जब बाहर सपा कार्यकर्त्ता चिल्ला-चिल्लाकर गालियाँ बक रहे थे और धमकियाँ दे रहे थे तो मायावती बार-बार गृहमंत्री शंकर राव चव्हाण, भाजपा और जनता दल नेताओं को फोन कर रही थी। उस समय मायावती के सामने अपने बचाव का सवाल था। राजनैतिक अस्तित्व बाद की बात थी। पहले थे उनका उस रात जीवित रहना।

3 जून, 1995 को मायावती को उत्तर प्रदेश की पहली दलित मुख्यमंत्री के रूप में शपथ दिलाई गई। बकौल मोहम्मद जमील अख्तर तीन जून, 1995 का दिन शायद कभी भुलाया नहीं जा सकेगा, क्योंकि वह दिन भारत के दलितों एवं बहुजन समाज के लिए ऐतिहासिक परिवर्तन का दिन था जब सुश्री मायावती ने भारत के सबसे महत्वपूर्ण व सर्वाधिक आबादी वाले सूबे उत्तर प्रदेश की बागडौर संभाली थी। स्वतंत्र भारत में पहली बार एक दलित वर्ग की महिला को राज्य सरकार की बागडोर मुख्यमंत्री के रूप में संभालने का अवसर प्राप्त हुआ था। तब प्रधानमंत्री पी.वी. नरसिंह

उत्तर प्रदेश के पिछले मुख्यमंत्री

क्र.सं.	नाम	वर्ष (पदस्थापित)
1.	पं. गोविन्द वल्लभ पंत	दिसंबर, 1952
2.	डॉ. संपूर्णानंद	दिसंबर, 1954
3.	चन्द्रभानु गुप्त	दिसंबर, 1960
4.	सुचेता कृपलानी	अक्टूबर, 1963
5.	चन्द्रभानु गुप्त	मार्च, 1967
6.	चौ. चरण सिंह	अप्रैल, 1967
7.	चन्द्रभानु गुप्त	फरवरी, 1968
8.	चौ. चरण सिंह	फरवरी, 1970
9.	त्रिभुवन नारायण सिंह	अक्टूबर, 1970
10.	कमलापति त्रिपाठी	अप्रैल, 1971
11.	हेमवती नंदन बहुगुणा	नवंबर, 1973
12.	हेमवती नंदन बहुगुणा	मार्च, 1974
13.	नारायण दत्त तिवारी	जनवरी, 1976
14.	रामनरेश यादव	जून, 1977
15.	बनारसी दास	फरवरी, 1979
16.	विश्वनाथ प्रताप सिंह	जून, 1980
17.	श्रीपति मिश्र	जून, 1982
18.	नारायण दत्त तिवारी	अगस्त, 1984
19.	वीर बहादुर सिंह	सितंबर, 1985
20.	नारायण दत्त तिवारी	जून, 1988
21.	मुलायम सिंह यादव	दिसंबर, 1989
22.	कल्याण सिंह	जून, 1991
23.	मुलायम सिंह यादव	दिसंबर, 1993
24.	मायावती	3 जून, 1995

25.	राष्ट्रपति शासन	27 अक्तूबर 1995-20 मार्च 1997
26.	मायावती	20 मार्च 1997-20 सित. 1997
27.	कल्याण सिंह	21 सित. 1997-11 नव. 1999
28.	रामप्रकाश गुप्त	12 नवं. 1999-27 अक्तू. 2000
29.	राजनाथ सिंह	28 अक्तू. 2000-7 मार्च 2002
30.	राष्ट्रपति शासन	8 मार्च, 2002 से
31.	मायावती	मई, 2002 से

* मार्च, 1995 के प्रतियोगिता दर्पण, आगरा से साभार

राव यूरोप के दौरे पर थे और पेरिस में जब उनसे मायावती के मुख्यमंत्री बनने पर प्रतिक्रिया मांगी गयी तो उन्होंने इसे 'प्रजातंत्र का चमत्कार' बताया था। दलित वर्ग तो इस चमत्कार से हक्का-बक्का रह गया था।

तत्कालीन राजनीतिक स्थिति यह थी अल्पमत मुलायम सरकार जबरदस्त अल्पमत में आ गई, तब भी तत्कालीन मुख्यमंत्री मुलायम सिंह यादव ने न तो इस्तीफा दिया, न राज्यपाल से विधानसभा भंग कर नया चुनाव कराने की माँग की। 426 सदस्यीय विधानसभा में मात्र 69 विधायकों वाली पार्टी को वैकल्पिक सरकार बनाने का दावा पेश कर दिया, और प्रमुख विपक्षी पार्टी भाजपा ने, जिसके 177 सदस्य हैं, उसका समर्थन करने की घोषणा कर दी।

अजय सिंह लिखते हैं कि मुलायम सरकार को हटाने / बर्खास्त करने की माँग को लेकर भाजपा दिसंबर, 1993 से 3 जून, 1995 तक राज्यपाल को लगभग 40 ज्ञापन दे चुकी थी। भाजपा की एकमात्र प्राथमिकता यही रही है, बसपा व मायावती उसकी प्राथमिकता नहीं है।

उत्तर प्रदेश विधानसभा में विभिन्न पार्टियों की स्थिति (03.06.1995) को इस तरह थी–

कुल सीटें : 426	
भाजपा	177
सपा	131
बसपा	044
बसपा (राजबहादुर)	025
काँग्रेस (आई)	032
जनता दल	004
भाकपा	001

माकपा	001
उक्रांद	001
निर्दलीय	008
नामांकित	001
रिक्त	001

दरअसल, उत्तर प्रदेश की राजनीति में इधर दलित चेतना का जो उभार आया, उसने सभी दलों के समीकरण गड़बड़ा दिए थे। मुलायम सिंह ने भाजपा को सत्ता से दूर रखने के लिए 1993 में पिछड़ों और मुसलमानों के साथ दलितों का गठजोड़ तैयार किया था। बसपा के साथ चूँकि तब काफी मुसलमान और दलित जुड़े हुए थे, इसलिए मुलायम सिंह के समाजवादी दल ने साथ मिलकर चुनाव लड़ा और सत्ता भी हासिल की। सत्ता में आकर मुलायम सिंह ने जब अपने वोट बैंक में दलितों को जोड़ने की कोशिशें शुरू कीं, तो बसपा नेता चौंके। कांशीराम ने पहले 10 जुलाई, 1994 को दल-बदल विरोधी रैली करके पहली चेतावनी दी। पंचायत चुनावों और निगमों में मनोनयन के मामलों में जब उन्हें कहीं का नहीं रखा गया, तो कांशीराम ने लखनऊ में 24 अप्रैल, 1995 को अंतिम चेतावनी दी। एक जून को कांशीराम का हस्ताक्षरित पत्र राज्यपाल को सौंपकर मायावती ने गठबंधन सरकार को आखिरी रास्ता दिखा दिया। 2 जून, 1995 को राजकीय अतिथि गृह कांड में जो कुछ घटा, उसमें भाजपा ने दो वजहों से बढ़-चढ़कर अपनी अलग भूमिका निभाई थी। एक तो इस बहाने उसे मुलायम सिंह को सत्ताच्युत करने का मौका मिल रहा था और दूसरे उसे 'दलित महिला' को मुख्यमंत्री बनाकर दलित वोटों पर कब्जा जमाना था।

भाजपाई नेताओं के अनुसार उनका मंतव्य दलितों को साथ लेकर सामाजिक समरसता की भावना को बढ़ा देना था, पर वैसा कुछ भी न था। सीधे-सीधे यह राजनीतिक खेल था, जिसमें एक सीमा तक भाजपा सफल भी हुई थी। मौलाना मुलायम सिंह को चुनाव में भले ही भाजपाई न हरा सके थे, पर विधानसभा में मायावती के सहयोग से उन्होंने सपा प्रमुख को पस्त कर दिया था।

कुछ लोगों का यह भी मानना है कि भाजपा बसपा का नजदीक आने का चिंतन बहुत पहले से चल रहा था। विशेषरूप में भाजपा का 'थिंक टैंक' इस गठबंधन के लिए उत्सुक था।

अजय सिंह अपने लेख में लिखते हैं कि भाजपा गद्गद थी—इतनी प्रमुदित वह हाल के दिनों में नहीं दिखी। बसपा को बहुत दिनों बाद सुकून की साँस मिली है। सपा चारों खाने चित है। 'जय श्रीराम' नौ-दो-ग्यारह होते-होते उत्तर प्रदेश के राजनीतिक रंग-मंच के केंद्र में लौट आया है। अलबत्ता, इस बार वह 'जय भीम' के साथ लौटा है, उसे आगे करते हुए। तत्कालीन मुख्यमंत्री मुलायम सिंह यादव

को लोकतंत्र-विरोधी व आतंककारी करतूतों के कारण सपा-बसपा गठबंधन के टूटने और मुलायम सिंह यादव सरकार के बर्खास्त होने के बाद, भाजपा के समर्थन से, बसपा की 'अपनी' सरकार बन गई है, जिसे 'दलितों की पहली सरकार' के रूप में प्रचारित किया गया। मायावती राज्य की सबसे कम उम्र की—39 साल की—मुख्यमंत्री हैं। वह सुचेता कृपलानी के बाद उत्तर प्रदेश की दूसरी महिला मुख्यमंत्री बनीं, और देश के किसी भी राज्य की पहली दलित महिला मुख्यमंत्री हैं।

'तिलक (ब्राह्मण), तराजू (बनिया) और तलवार (राजपूत)' को 'चार जूते मारने' का नारा देने वाली और भाजपा को 'मनुवादियों' व 'ब्राह्मणवादियों' की पार्टी बता कर दिन-रात गाली देने वाली बसपा ने, जिसके विधायकों ने 16 दिसंबर, 1993 को राज्य विधानसभा के अंदर भाजपा विधायकों को पीट-पीट कर लहुलुहान कर दिया था, अपनी साझेदारी वाली मुलायम सिंह यादव सरकार को अपदस्थ करने के लिए उसी भाजपा से हाथ मिला लिया। बसपा को 'सामाजिक सौहार्द्र व सामंजस्य को तोड़ने वाली घनघोर जातिवादी पार्टी' बताने वाली भाजपा ने, जिसने महात्मा गाँधी संबंधी बयान के लिए मायावती पर देशद्रोह का मुकदमा चलाने की माँग की थी, मुलायम सरकार को हटाने के लिए उसी बसपा को गले लगा लिया।

यह घटना हमें निश्चित ही इतिहास की ओर ले जाती है और याद दिला देती है कि कैसे एक-दूसरे से लड़ते-लड़ते राजाओं के सैनक युद्ध मैदान में सन्धि का परचम लहराते देख अपनी म्यान में खून से सनी तलवार रख लिया करते थे। मुख्यमंत्रियों के उत्थान और पतन के रूप में इस घटना ने राजतंत्र की याद दिला दी थी।

श्योराज सिंह बेचैन ने मायावती के मुख्यमंत्री बनने की घटना को 'स्वर्णिम इतिहास की रचना' से जोड़ते हुए कहा है कि बहुजन समाज पार्टी के अध्यक्ष कांशीराम व राष्ट्रीय महासचिव सुश्री मायावती द्वारा देश के सबसे बड़े राज्य उत्तर प्रदेश में सरकार के गठन का निर्णय से एक बेमिसाल व कल्पनातीत इतिहास की रचना हुई है। इस उपलब्धि से सचमुच बाबा साहेब डॉ. अम्बेडकर का दलित वर्ग का सत्ता प्राप्ति का चिर-प्रतीक्षित स्वप्न साकार हुआ है। उनके अदम्य साहस, त्याग व सूझबूझ से उठाए गए कदमों से न केवल दलितों को सम्मान व समता का दिग्दर्शन हुआ है, बल्कि बाहुल्य दलित व पिछड़ों में गौरव व साहसिक नवजीवन की चेतना प्रज्जवलित हुई है। इससे सिद्ध हो गया है कि दलितों-पिछड़ों के सच्चे शुभचिंतक मान्यवर कांशीराम व बहन कुमारी मायावती जी हैं तथा दलितों के हितों की सुरक्षा व संरक्षण केवल बहुजन समाज पार्टी में ही निहित है।

पिछले दिनों की राजनैतिक संशयपूर्ण स्थिति से जो स्थिति बनी थी वह एकाएक नहीं थी। उसके पीछे समाज में दलितों-पिछड़ों के प्रति बने बहुत-से वे संस्कार प्रभावी थे जिनके रहते आज तक दलित-शोषित और उत्पीड़ित रहे हैं। भले ही भाजपा ने

बसपा का सहयोग किया हो, लेकिन वह बसपा अथवा बहुजन समाज के प्रति उसका एकाएक रवैया बदल गया है, ऐसा सोचना भूल है। परंतु फिर भी उसका बसपा को सहयोग देना समाज में नये परिवर्तन की ओर संकेत करता है। बसपा को राजनैतिक दल की भूमिका के साथ-साथ उन सामाजिक मानदंडों को स्थापित करना होगा जिनके रहते बहुजन समाज के बीच समता, भाईचारा और सामाजिक न्याय स्थापित हो सके। इससे बसपा की छवि में निरंतर निखार आ सकता है।

मूल रूप से दो विरोधी और समानांतर विचारधारा रखने वाले इन दोनों दलों के इस गठबंधन से समाज में विस्मयकारी स्फूर्ति और तदुपरांत आपसी सामंजस्य स्थापित होगा। दलितों-पिछड़ों की आपसी सूझ-बूझ और एकता से सरकार के गठन की आशा तो कहीं न कहीं झलकती थी, परंतु कट्टर हिंदूवाद की विचारधारा को लेकर चलने वाली भाजपा के साथ प्रदेश के दलित मुख्यमंत्री बनने का सपना वाकई उभरते दलित नेतृत्व का लोहा ही कहा जा सकता है जिसमें तथाकथित ब्राह्मणवाद बहुत सारी दूरगामी संभावनाएँ खोज रहा है कि अब इस समाज को और अधिक शोषण और उपेक्षा का शिकार नहीं बनाया जा सकता।

उनका मानना है कि आवश्यकता इस बात की है कि देश के सबसे बड़े प्रदेश का दलित मुख्यमंत्री होना कई उन स्थितियों व संभावनाओं की ओर संकेत करता है जहाँ दलितों द्वारा पूरे देश का नेतृत्व करने की आशामयी किरणों की झलक दिखाई पड़ती है। नवगठित दलित मुख्यमंत्रीत्व के नेतृत्व में बनी प्रदेशीय सरकार को अपनी कार्यप्रणाली और सूझबूझ से यह दिखा देना चाहिए कि बाबा साहेब और महात्मा बुद्ध के दर्शन पर चलकर ही इस देश का भविष्य खुशहाल हो सकता है और संपूर्ण समाज में समता, भाईचारा व स्वतंत्रता के मानवपरक मूल्यों की स्थापना हो सकती है।

जनता दल के प्रधान महासचिव एवं दलित सेना के राष्ट्रीय अध्यक्ष रामविलास पासवान ने मई, 1995 को अपने भाषण में कहा था, बहुजन समाज पार्टी ने कभी भी दलितों के उत्थान या बेहतरी के लिए काम नहीं किया है। उनकी चिंता दलितों को बरगलाकर किसी तरह सत्ता प्राप्त करना रही है। भाजपा जैसी सांप्रदायिक पार्टी, जिसे अन्य दलों ने 'अछूत' घोषित किया है, से समर्थन लेकर सरकार बनाना यही साबित करता है कि बसपा निहायत ही अवसरवादी लोगों का जमावड़ा है। डॉ. अम्बेडकर साहेब के सिद्धांतों में इनकी कोई आस्था नहीं। दरअसल, 'कुर्सी' के लिए बसपा ने अपने ही आइडियोलॉजी के खिलाफ काम किया है।

उनका कहना था कि अगर बसपा को यह महसूस हो रहा था कि सपा को समर्थन जारी रखना उचित नहीं है तो वह अपना समर्थन वापस लेकर चुनाव की माँग कर सकती थी। लेकिन भाजपा के समर्थन से सरकार बनाकर उसने दलितों-अल्पसंख्यकों के ध्रुवीकरण की उस प्रक्रिया को कमजोर किया है, जिसे जनता

दल ने शुरू किया था।

बकौल सुरेन्द्र मोहन (राष्ट्रीय सहारा में छपे लेख से) मुलायम सिंह यादव को उम्मीद नहीं थी कि भाजपा के समर्थन से बसपा उत्तर प्रदेश में सरकार बना लेगी और प्रधानमंत्री पी.वी. नरसिंह राव भी इस मामले में उनका साथ न देंगे। भाजपा ने यह प्रयास पहले भी किया था, और सांसद संघ प्रिय गौतम खुले तौर पर मायावती को मुख्यमंत्री बनाने की पेशकश कर चुके थे। सपा-बसपा की संधि टूटे, पिछड़ा-दलित-मुस्लिम एकता भंग हो, भाजपा यह श्रेय हासिल कर सके कि उसने दलितों का हित किया है। इस संभावना को पहले ही समझकर मुलायम सिंह यादव को चाहिए था कि वे बसपा को सत्ता में वास्तविक भागीदारी कराते।

जबकि किसी जमाने में 'छोटे लोहिया' उपनाम से संबोधित किए जाने वाले जनेश्वर मिश्र ने भाजपा से लड़ने के लिए सपा-बसपा के बीच हुए गठबंधन की घटना को वक्त की जरूरत माना था। साथ ही इस गठबंधन के टूटने और भाजपा के साथ बसपा के तालमेल से राजनीतिक गलियारों में हुई प्रतिक्रियाओं के संबंध में उन्होंने खुशी जाहिर की थी कि सपा-बसपा के इस गठबंधन को तोड़ने का श्रेय समाजवादियों को नहीं, बल्कि बसपाइयों को दिया जा रहा है।

समाजवादी पार्टी के तत्कालीन महासचिव रघु ठाकुर की टिप्पणी थी कि मायावती और उनके चहेतों ने कांशीराम को गलत सूचनाएँ दीं। चूँकि कांशीराम अस्पताल में थे, इसलिए उन्होंने गलत सूचनाओं के आधार पर निर्णय ले लिया।

राज्य सभा सदस्य जयंत मल्होत्रा, जिन्हें धन-पशु कहा गया है स्वीकार करते हैं कि बहुजन समाज पार्टी और समाजवादी पार्टी का गठजोड़ किसी ठोस सकारात्मक वैचारिक धरातल पर खड़ा नहीं था। अपने-अपने दलीय एवं व्यक्तिगत स्वार्थों के अलावा भाजपा को सत्ता में वापस आने से रोकने के नकारात्मक मुद्दे ने बसपा और सपा को एक दूसरे के करीब लाया। इसलिए इस गठबंधन को टूटना ही था।

बकौल मल्होत्रा, बहुजन समाज पार्टी को मुख्यमंत्री मुलायम सिंह से काफी अपेक्षाएं थीं। पर मुलायम सिंह कांशीराम की कसौटियों पर खरे नहीं उतरे। दलितों पर अत्याचार बढ़ता गया। कानून व्यवस्था की स्थिति खराब होती गई। इतना ही नहीं, मुलायम सिंह ने अपनी पार्टी को मजबूत करने के लिए सहयोगी और समान विचारधारा वाली पार्टियों को तोड़ना शुरू कर दिया। इन छोटे-छोटे मुद्दों के कारण कांशीराम और मुलायम सिंह के रिश्तों में कड़वाहट आनी शुरू हो गई। मुलायम सिंह की चालबाजियों से कांशीराम को ऐसा लगने लगा था कि यदि उनसे अलग नहीं हुए तो वह समूची बसपा को ही हड़प जाएँगे।

बसपा ने क्या असवरवाद का लाभ उठाया, इस सवाल के बारे में भाजपा सांसद जगदीश प्रसाद माथुर का मानना था कि मुलायम सिंह की हिंदू विरोधी, क्रूर एवं अत्याचारी सरकार को हटाने के लिए बहुजन समाज पार्टी को समर्थन देकर

पहला कदम उठाया। बसपा का समर्थन कर हिंदू समाज में पैदा हुई खाई को पाटने का प्रयास किया गया है।

विभांशु दिव्याल के विचार में उत्तर प्रदेश में जो कुछ घटित हुआ है उसका एकमात्र महत्त्व यह है कि जातीय राजनीति के चेहरे को पढ़ने का इस घटना ने एक दुर्लभ अध्याय उपलब्ध कराया है। सवर्ण, मनुवादी, अर्धगाँधीवादी यानी हिंदुत्ववादी ताकतों के विरुद्ध पिछड़ों और दलितों का जो संयुक्त मोर्चा सत्ता में आया था वह बिखर गया। अगर पिछड़े और दलित हिंदुत्ववादी शक्तियों के खिलाफ थे और उनका विरोध उनकी प्राथमिकता में सर्वोपरि था तो इस गठबंधन को नहीं टूटना चाहिए था। और यह गठबंधन अगर टूटा तो स्पष्ट है कि इसके नेताओं का युद्ध और तालमेल दोनों ही सत्ताकामी थे न कि हिंदुत्ववादी ताकतों की पराजय के लिए प्रेरित। और जब कांशीराम पिछड़ों का साथ छोड़कर हिंदुत्ववादी अगड़ों की सहायता से सरकार स्थापित कर चुके हैं, यानी उन्हीं की सहायता से जिनको गरियाने से ही उनकी राजनीतिक शक्ति का स्रोत फूटता है तो कांशीराम सर से पाँव तक नंगे हो जाते हैं। जिस तरह से राम के प्रति कोई आस्था न होते हुए भी भाजपा राम के नाम का उन्माद जगाकर राजनीतिक शक्ति अर्जित करती है, उसी तरह से सवर्ण हिंदुत्व के विरुद्ध उन्माद जगाकर, उसे मिटाने की वास्तविक चाह न होने के बावजूद, कांशीराम राजनीतिक शक्ति अर्जित करते हैं।

वस्तुतः जातीय राजनीति का खेल सभी खेल रहे हैं, चाहे वह मुलायम सिंह यादव हों, चाहे कांशीराम हों या भाजपा। ये तीनों ही जातीय राजनीति का खेल खेलने में सक्षम हैं। गाँधी और अम्बेडकर से लेकर लोहिया और कांग्रेसवादी दलित नेताओं से होते हुए मुलायम और कांशीराम तक की यात्रा में भारतीय समाज के जातीय चरित्र में एक गुणात्मक परिवर्तन आ गया है। और वह है कि सवर्णों का एक बहुत बड़ा तबका दलित बन चुका है तथा दलितों का और पिछड़ों का उससे भी बड़ा तबका सवर्ण बन चुका है। अगर कांशीराम और उनके सिपहसालार सवर्ण हिंदुओं के आदिनायक मनु से लेकर उनके राम जैसे मिथक नायक और आज के नेतागणों को खुले शब्दों में गरियाने की शक्ति अर्जित कर चुके हैं तो जाहिर है कि वे उस दलितत्व की परिधि से बाहर निकल आए हैं जो गाली सुनने के बाद गाली देने वाले की ओर उँगली नहीं उठा सकता था। आज स्थिति काफी कुछ उलट है—दलितत्व अब शक्ति और वर्चस्व का प्रतीक होने जा रहा है। जिस तरह 'पिछड़त्व' भुजबल के प्रतीक के रूप में स्थापित हुआ है उसी तरह दलितत्व की भी स्थापना हो रही है। इसी की परिणति है कि सवर्णतावादी ताकतों पर राजनीतिक दबाव यह पड़ रहा है कि वे दलितों और पिछड़ों के हमदर्द के रूप में दिखें। क्योंकि दलितों की 'सवर्णता' अगड़ी जातियों को गरियाने की शक्ति अर्जित कर लेने के मुहावरे से पैदा हुआ है इसलिए अपनी नवअर्जित सवर्णता को बनाए रखने की खातिर गरियाने

के मुहावरे को भी उनके लिए जिंदा रखना जरूरी है। यही बात पिछड़ों पर लागू होती है।

महंतराम कपूर के विचार में सपा-बसपा गठबंधन के पीछे सैद्धांतिक विचार था, किंतु इसे न सपा ने भली-भाँति समझा और न बसपा ने। दोनों को सत्ता का स्वार्थ ही जोड़े रहा और सत्ता की आपाधापी में जब बसपा के नेता सपा के नेताओं से मात पर मात खाने लगे तो गठबंधन का टूटना स्वाभाविक ही था। जबकि मुलायम सिंह का कहना था कि मेरी सरकार अमरीका के इशारे पर गिराई गई है जिसकी व्यूह रचना दिल्ली में भाजपा के कार्यालय में हुई। अमरीकी राजदूत फ्रैंक वाइजनर ने एक जून को भाजपा कार्यालय में लालकृष्ण आडवाणी, अटल बिहारी बाजपेयी तथा दो अन्य नेताओं के साथ मेरी सरकार गिराने का षड्यंत्र रचा। उसी दिन सुश्री मायावती ने सरकार से अपना समर्थन वापस ले लिया। मैंने आर्थिक उदारीकरण के नाम पर अमरीका के बढ़ते प्रभुत्व की हमेशा आलोचना की है। इसलिए मेरी सरकार गिरा दी गई।

दलित बुद्धिजीवियों के एक बड़े वर्ग का कहना है कि मुलायम सिंह के इस वक्तव्य में हालाँकि कोई विशेष दम नहीं। आम लोगों की राय में यह इसलिए हुआ कि मुलायम सिंह जननायक से खलनायक बन गए थे। इसमें परिस्थितियों का हाथ भी हो सकता है या फिर सपा कार्यकर्ताओं का भी।

युवा दलित पत्रकार **कंवल भारती** अपने लेख में लिखते हैं कि उत्तर प्रदेश की राजनीति ने एक बार फिर धमाका किया। वहाँ सारा राजनीतिक घटनाचक्र अप्रत्याशित है। कल तक जो राजनीतिक दल—सपा और बसपा—एक-दूसरे के मित्र थे, वे एक-दूसरे के शत्रु बन गए हैं और जो राजनीतिक दल भाजपा और बसपा एक-दूसरे के शत्रु थे, वे एक-दूसरे के मित्र बन गए हैं। मित्रता भी इस स्तर की कि अत्यंत अल्पमत वाली बसपा को सबसे बड़े दल वाली भाजपा ने सत्तारूढ़ पार्टी बनाने में दिन-रात एक कर दिया। यह सचमुच भाजपा नेताओं के प्रयासों का ही परिणाम है कि राज्य अतिथि गृह में सपा के गुंडों से मायावती की रक्षा हो सकी और राज्यपाल मोती लाल वोरा ने उन्हें सरकार बनाने का निमंत्रण दिया।

जब अठारह महीने पहले उत्तर प्रदेश में सपा-बसपा गठबंधन की सरकार बनी थी तो स्थिति यह थी कि भाजपा के सभी वरिष्ठ नेता, यहाँ तक कि लालकृष्ण आडवाणी तक मुलायम सिंह यादव की प्रशंसा और कांशीराम की आलोचना करते थे। लखनऊ से प्रकाशित होने वाली भाजपा की मासिक पत्रिका 'कमल ज्योति' के कई अंकों में मुलायम सिंह को उदारवादी, सुधारवादी और समरसतावादी लिखा गया है। इसके विपरीत कांशीराम और मायावती को सदैव जातिवादी और राष्ट्र की एकता का शत्रु बताया गया। पर, अब सब-कुछ उलटा-पुलटा हो गया है। आज भाजपा की दृष्टि में मुलायम सिंह जातिवादी और राष्ट्रीय एकता के शत्रु हैं और कांशीराम

और मायावती राष्ट्रवादी और समरसतावादी हैं।

गणेश मंत्री लिखते हैं कि उत्तर प्रदेश में मुलायम सिंह गए, मायावती आई। उन्होंने विधानसभा में अपना बहुमत भी सिद्ध कर दिया। लखनऊ में हुआ यह सत्ता-परिवर्तन एक तरह से 1981 के अंत में दिल्ली में राष्ट्रीय स्तर पर हुए सत्ता-परिवर्तन की पुनरावृत्ति जैसा है। विश्वनाथ प्रताप सिंह की सरकार भी समाजवादी पार्टी और बहुजन समाज पार्टी की मिली-जुली सरकार की तरह ही अल्पमत की सरकार थी। लोकसभा में बहुमत के लिए वह भाजपा और वामपंथी दलों के समर्थन पर आश्रित थी। वह नष्ट हुई थी मंदिर-मंडल विवाद के भंवर जाल में फँसकर। भाजपा ने उसे अपना समर्थन देना बंद कर दिया था। विश्वनाथ प्रताप सिंह से नाराज चंद्रशेखर ने इस अवसर का पूरा-पूरा लाभ उठाया और झटपट **'समाजवादी जनता पार्टी'** गठित करके अपनी सरकार बना ली। चंद्रशेखर को काँग्रेस (इ) का खुला और भाजपा का मौन समर्थन प्राप्त था। मुलायम सिंह की सरकार भी विश्वनाथ प्रताप सिंह की सरकार की तरह ही अल्पमत की सरकार थी। लेकिन उसको हटाकर बनी नयी सरकार पिछली सरकार से भी छोटे अल्पमत की सरकार है। इसलिए सर्वाधिक चर्चा मायावती सरकार के भविष्य की ही है। अब यह पूछा जा रहा है कि बसपा और भाजपा का यह गठबंधन कब तक टिकेगा?

पहली बार बहुजनों की सरकार

बहुजन संगठक लिखता है, हजारों वर्षों की चुनौती स्वीकारते हुए आजादी के 46 वर्ष बाद देश के सबसे बड़े प्रदेश में पहली बार बहुजन समाज ने अपने बूते सरकार बनाकर समाज के सामने से उस अंधकार को हटा दिया है कि देश में बहुजनों की सरकार नहीं बन सकेगी। उत्तर प्रदेश में हुए विधान सभा चुनावों में एक तरफ मनुवादी शक्तियाँ संगठित होकर इस चुनाव को यह मुद्दा बनाकर अपनी शक्ति का प्रदर्शन करने में जुटी हुई थी कि देश का नेतृत्व ब्राह्मणवाद के हाथों ही चल सकेगा, लेकिन उनके सारे सपने चूर होकर रह गए और बहुजन समाज ने परिवर्तन करके रख दिया। भले ही प्रदेश में 422 सीटों के हुए चुनावों में बसपा-सपा गठबंधन को 176 सीटें मिली हों, लेकिन इस चुनाव में यह एक बड़ी उपलब्धि ही है, क्योंकि बसपा जिन आंदोलनों को लेकर संघर्ष कर रही है वह एक ऐतिहासिक बुनियादी संघर्ष है।

बहुजन समाज पार्टी ने देश के बहुजन समाज में अपनी पैठ जमाकर यह भी सिद्ध कर दिया है कि दलित, शोषित, पिछड़ा वर्ग व धार्मिक अल्पसंख्यकों का सही नेतृत्व बसपा ही कर सकेगी। आजादी के बाद से ब्राह्मणवादी व्यवस्थापकों ने इस समाज का कभी नेतृत्व ही नहीं उभरने दिया और वे बीच-बीच में ऐसे चमचे किस्म के नेताओं के मुखौटे दिखा-दिखाकर बहुजनों को दिग्भ्रमित करते रहे जो स्वार्थ व पायलागं नीतियों पर टिकाऊ थे। बसपा ने यह चुनाव सांप्रदायिक व सामंतवादी ताकतों

के खिलाफ लड़ा और उन्हें घुटने टिकाकर देश में सबसे बड़ी धर्मनिरपेक्ष व लोकतंत्र हिमायती की शक्ति बनकर उभरी, जो कि काँग्रेस, जद, जनता पार्टी व कम्युनिस्ट ताकतों ने भी इस बात को स्वीकारा है। देश के राजनीतिक पंडितों के भी सारे गणित गड़बड़ा गए तथा वे इसे आश्चर्य ही माने है, क्योंकि वे इस उभरती शक्ति को अपने गुणा-भाग से अलग ही रखते रहे तथा लोगों के सामने रखने से नकारते रहे।

उत्तर प्रदेश में बहुजन समाज पार्टी व समाजवादी पार्टी की सरकार बनने से बहुजन समाज का मनोबल बढ़ा है तथा इस उभरती शक्ति के प्रति आशान्वित होकर अपने गले उतारकर आने वाले समय में और अधिक सहयोग देने की तमन्ना भी बढ़ेगी।

सांगली से गेल ओम्वेट की उनके लेख में टिप्पणी देखें। वे लिखती हैं कि विधानसभा चुनावों के परिणाम आए तब मैं बैंकाक में थी, **शिवसेना शासित महाराष्ट्र में लौटना बहुत शर्मनाक और पीड़ादायक** है। मेरे सारे दोस्त बुरी तरह चुनाव हारे। महाराष्ट्र में जो कुछ हुआ, उसकी प्रतिक्रिया मैंने अपनी आँखों से देखी है, लेकिन यूपी में जो कुछ हुआ, उसके बारे में सिर्फ पढ़ा है। इसके बारे में वे आगे लिखती हैं कि यह बात मेरे लिए एक बड़ा धक्का है कि भारत की पहली दलित महिला मुख्यमंत्री **भाजपा की मदद से** सत्ता तक पहुँची। यहाँ हम सभी ने बसपा से अपने सारे संपर्क तोड़ लिए हैं। भरत पाटणकर और मैं कभी बसपा में शामिल नहीं हुए थे, पर भरत जिस संगठन से जुड़े हैं—**शेतमजूर काश्तकारी शेतकारी संघटना**—उसका सतारा-सांगली-कोल्हापुर में अच्छा आधार है और उसके जरिए वे इस दिशा में काफी सक्रिय थे। उस संगठन के अध्यक्ष नागनाथ नारकुंडी ने बसपा की सदस्यता ले रखी थी, लेकिन अब उससे इस्तीफा दे दिया।

इससे बसपा की साख की काफी दुर्गति हुई है, लेकिन इसका मतलब यह नहीं कि इससे बहुजनवाद का अंत हो जाएगा। हमें लगता है कि भारतीय संदर्भ में बहुजनवाद दलित-शोषित बहुमत का प्रतिनिधित्व करता हैं। सवाल यह है कि इसे लिया कैसे जा रहा है। महाराष्ट्र में प्रकाश अम्बेडकर की पार्टी और बहुजन महासंघ को वामपंथ ने सहयोगी के बतौर समर्थन दिया था, लेकिन उन्होंने 'बहुजन' का बहुत संकीर्ण अर्थ ग्रहण किया था। प्रकाश ने अपनी **भारतीय रिपब्लिकन पार्टी** की अलग दलित पहचान बरकरार रखी थी और बहुजन महासंघ अन्य पिछड़ों—और स्पष्ट रूप से कहें तो मराठा कुनबियों को लाने का मंच था। जबकि बसपा ने आधिकारिक रूप से सारे दलितों और सारे पिछड़ों (पूर्व-शूद्र जातियों) और अल्पसंख्यकों को खुद में शामिल किया था और 'जात तोड़ो, समाज जोड़ो' के नारे के तहत आपसी घनिष्ठता पर जोर दिया था।

हम 'ब्राह्मण विरोधी होने' और 'ब्राह्मण विरोधी' होने के बीच फर्क करते हैं। यह सही है कि बहुतेरे दलित-पिछड़े ब्राह्मण विरोधी भी होते हैं, लेकिन ऐसा जातिवाद

तो सेकुलर पार्टियों में भी पाया जाता है। 'बहुजन' और 'ब्राह्मणवाद' ऐसी अवधारणाएँ हैं, जिनका अर्थ जनवादी आंदोलनों के दौरान खोजा जाना है, और एक वाजिब आर्थिक कार्यक्रम के साथ भी इसे इसी दौरान जोड़ा जाना है।

मेरी एक राय और है कि 'बाजार' और 'समाजवाद' जैसी चीजों का भी एक बार पुनर्मूल्यांकन हो। वामपंथ आर्थिक सुधारों के प्रति पूर्णतया नकारात्मक रुख कैसे रख सकता है, जबकि चीन और वियतनाम जैसे देश 'बाजार समाजवाद' और 'भूमंडलीकरण' की नीतियों पर अमल कर रहे हैं। इन देशों के साथ तमाम परेशानियाँ जुड़ी हो सकती हैं, पर चीनी और वियतनामी कम्युनिस्ट नेतृत्व को मूर्ख और भगोड़ा नहीं कहा जा सकता। ज्यादा से ज्यादा यही कहा जा सकता है कि वे 'राष्ट्रीय' (राष्ट्रीय पूँजीवादी) हितों को सुरक्षित रख रहे हैं। इसके ठीक विपरीत 'स्वदेशी' और वामपंथी जोर–भूमंडलीकरण और विदेशी निवेश आदि का विरोध– आरएसएस और अंध-राष्ट्रवाद की दूसरी बुनियादपरस्त ताकतों जैसा लगता है।

क्या भाजपा बसपा का गठबंधन अचानक हुआ या इसकी पृष्ठभूमि पहले से ही बन रही थी। असल में भाजपा के महासचिव गोविंदाचार्य ने 'सोशल इंजीनियरिंग' अर्थात् दलितों और पिछड़ों को ब्राह्मणों और बनियों से जोड़ने की वकालत की थी। इस आकर्षक पेशकश की व्यावहारिकता को **अभय कुमार दुबे** ने काफी संदिग्ध बताया था, क्योंकि आज की राजनीति में दलित और पिछड़े राजनीतिक सत्ता ग्रहण करने की सीधी होड़ में हैं। उन्हें रोटी का टुकड़ा नहीं संपूर्ण रोटी चाहिए। भाजपा उन्हें यह आश्वासन दे पाने में हमेशा असमर्थ रहेगी–जब तक वह अपना बुनियादी चरित्र नहीं बदल लेती।

उनका मानना रहा कि हिंदुत्व को एकता का सूत्र बनाते हुए भाजपा को एक ऐसी छवि पेश करनी होगी जिसमें वह ब्राह्मणों की पार्टी न लगे, बल्कि हिंदुओं की पार्टी लगे। वैसे भी बीबीसी के टिप्पणीकारों ने जब-जब उसे 'बीजेपी, द हिंदू पार्टी' कहा है तो भाजपा नेताओं को काफी अच्छा लगा।

घटनाक्रम की पृष्ठभूमि में देखें, 2 दिसंबर, 1993 को कांशीराम ने कहा था कि उत्तर प्रदेश में एक साल बाद फिर चुनाव होंगे। सरकार बनने के बाद सपा और बसपा के मंत्रियों और विधायकों के बीच तनाव उभरकर सामने आने लगे। इस तनाव के पीछे एक कठोर सामाजिक वास्तविकता छिपी हुई है। मुलायम सिंह के शासन काल में दलितों और पिछड़ों के बीच खूनी संघर्ष की एक के बाद एक घटना का सिलसिला शुरू हुआ, जो अब तक थमता नजर नहीं आ रहा है। सांप्रदायिक दंगे भी हुए जिसमें दलितों और पिछड़ों की भागीदारी साफ दिखाई पड़ी। इनसे कुछ घटनाएँ सचमुच चौंकाने वाली हैं। 21 जनवरी को इलाहाबाद में पूरपुर थाना क्षेत्र के दौना गाँव में दलित महिला शिवपति को नंगा करके घुमाया गया। अपराधी पिछड़ी जातियों के थे। कांशीराम ने 5 मार्च को इलाहाबाद में सपा-बसपा की संयुक्त सभा,

जिसमें मुलायम सिंह यादव भी उपस्थित थे। कहा था कि मुलायम सिंह ने मुख्यमंत्री बनने के लिए बसपा से तीन वायदे किए थे। दलितों पर अत्याचार रोकना, मुसलमानों के जान-माल और ईमान की रक्षा करना, प्रदेश की जनता को जात-पाँत का ध्यान दिए बिना न्याय दिलवाना, कांशीराम ने कहा कि ये वायदे पूरे नहीं हुए तो सरकार को रफा-दफा करना होगा। मुलायम सिंह से बसपा की नाराजगी के और भी कारण हैं।

इलाहाबाद की सभा में कांशीराम ने कहा कि शिकायतें मिल रही हैं कि यादव मंत्रिमंडल में शामिल मंत्रियों की बातें नहीं सुनी जा रही हैं। एक मंत्री ने इलाहाबाद में एक दलित की हत्या के अभियुक्तों के खिलाफ कार्रवाई के लिए लिखा। मुख्यमंत्री ने उस पर ध्यान नहीं दिया। मंत्रियों की पूछ नहीं है तो इस सरकार में विधायकों की क्या पूछ होगी। वास्तव में, बसपा के ज्यादातर विधायकों की शिकायत है कि मुख्यमंत्री उनकी बातों पर ध्यान नहीं देते। दौना कांड के समय दौना में पुलिस महानिरीक्षक, उपमहानिरीक्षक और वरिष्ठ पुलिस अधीक्षक अनुसूचित जाति के थे। कांशीराम ने तीनों के खिलाफ कार्रवाई के लिए दबाव डाला। बाराबंकी के ददरौली गाँव में आठ दलित महिलाओं के साथ सामूहिक बलात्कार; फतेहपुर के कंजरडेरा में दलितों की हत्या; बदायूँ के गौरीपुरा में जाटवों के घरों की लूटपाट और उनके साथ मारपीट; वाराणसी में स्वास्थ्य राज्यमंत्री दीनानाथ भास्कर (बसपा) के एक सहयोगी रामऔतार पासवान की हत्या के बाद जातीय दंगा। इसमें एक यादव की भी हत्या हुई। ये कुछ ऐसी घटनाएँ हुईं, जिसने बसपा और सपा के गठबंधन को झकझोर दिया।

अजय सिंह की टिप्पणी हैं कि उत्तर प्रदेश में क्या 'जाति युद्ध का अंगारा' फूट पड़ा है, जैसा कि प्रचारित किया जा रहा है? या, सब-कुछ ठीक-ठाक व सही-सलामत है, जैसाकि मुख्यमंत्री मुलायम सिंह यादव कहते हैं? तनाव, हिंसा व उत्पीड़न की घटनाओं का जो दौर-दौरा चलता हुआ दिखाई दे रहा है—जिसके शिकार दलित व महिलाएँ हो रही हैं, और अल्पसंख्यक भी गिरफ्त में आ जा रहे हैं—क्या वह मात्र अपराध-मूलक और कानून-व्यवस्था से संबंधित है? राज्य में सत्तारूढ़ समाजवादी पार्टी व बहुजन समाज पार्टी गठबंधन का हनीमून अब एक-दूसरे पर निगरानी व नियंत्रण रखने की दिशा में बढ़ रहा है? और एक खास सवाल यह पूछा जा रहा है कि क्या बहुजन समाज पार्टी को अलग-थलग करने व अलगाव में डालने की कोशिश मुहिम का रूप ले रही है?

राज्य की समाजवादी पार्टी—बहुजन समाज पार्टी गठबंधन सरकार अल्पमत में है। इसे समर्थन देने वाली काँग्रेस के नेता प्रमोद तिवारी कहते हैं कि इस सरकार के सत्ता में आने के तीन महीने के अंदर उत्तर प्रदेश में 'जंगल राज स्थापित हो गया है' और इसके लिए सत्ता पक्ष की ओर से 'बसपा मुख्य रूप से दोषी है'।

4 फरवरी को बनारस के पास बसपा कार्यकर्त्ता रामऔतार पासवान की हत्या

कुछ अपराधियों ने कर दी। पासवान स्वास्थ्य व चिकित्सा राज्यमंत्री दीनानाथ भास्कर का दायाँ हाथ था। बाद में ताबड़ तोड़ दलित उत्पीड़न की घटनाएँ होने लगी थीं।

लंबे समय से बनारस जिले की चंडौली तहसील सामंती दबदबे और आतंक का मजबूत किला बना हुआ था।

1993 के विधानसभा चुनाव जबरदस्त तनाव और तीखे जातीय ध्रुवीकरण के बीच हुए। बसपा प्रत्याशी दीनानाथ भास्कर की जीत जहाँ दलितों के बीच नये उत्साह, आत्मविश्वास और आक्रामकता पर आधारित उभार का संकेत थी, वहीं इस जीत ने सामंती शक्तियों में अपनी हार को सामाजिक-व्यवहारिक धरातल पर जीत में बदलने की जिद को जन्म दिया। इसके बाद दस घंटों के अंदर ही प्रतिक्रिया में सैयद राजा थाने के तीन गाँवों में एक हथियारबंद गिरोह ने दो राजपूतों की और एक यादव की राजपूत समझकर उसकी हत्या कर दी।

इन हत्याओं की भी तीखी प्रतिक्रिया हुई। गाँव से शहर तक लगभग पूर्ण जातीय विभाजन के बीच हजारों लोग चंदौली व सैयद राजा में जीटी रोड पर उतर आए तो दूसरी ओर, ऐतिहासिक तौर पर राजपूत राजे-रजवाड़ों, सामंतों और भूस्वामियों के बेटों की शिक्षा-दीक्षा के लिए बने **उदय प्रताप कॉलेज** और पूर्वांचल के **बड़े-बिगड़ैल घरों के बेटों से भरे काशी विद्यापीठ** के छात्रों ने दलित सहपाठियों से लेकर राहगीरों तक की पिटाई और लूटपाट शुरू कर दी। उदय प्रताप कॉलेज के बगल में एक दलित कर्मचारी का घर फूँक दिया गया। प्रशासन मूकदर्शक बना रहा और 14 फरवरी तक स्कूल-कॉलेज बंद करने का उसने फैसला-भर किया।

आनंद प्रधान लिखते हैं कि इस पूरे प्रकरण में स्थानीय प्रेस ने 'समाचार' और 'तथ्यान्वेषण' के नाम पर निहायत ही एकतरफा और उत्तेजक रिपोर्ट का प्रकाशन किया। तिल की ताड़ बनाने वाली शैली में छपी खबरें और भड़काने वाले प्रस्तुतीकरण ने जातीय विद्वेष और तनाव में गाँव-गाँव फैलाने का काम किया। पर सच्चाई क्या थी?

सच्चाई यह थी कि मारे गए बसपा नेता रामऔतार पासवान के खिलाफ उत्तर प्रदेश में कोई आपराधिक मामला नहीं था। यह बात आई जी (ज़ोन), राधे मोहन शुक्ल ने स्वीकार की थी। बल्कि 30 जनवरी को ही पासवान ने वरिष्ठ पुलिस अधीक्षक, पुलिस अधीक्षक (ग्रामीण) और अन्य अधिकारियों को बुलाकर जातीय तनावों के संदर्भ में 'पुलिस और समाज' विषयक गोष्ठी भी करवाई थी।

इन अठारह महीनों में मुख्यमंत्री के रूप में एक काम मुलायम सिंह यादव ने यह भी किया कि प्राथमिकता के आधार पर पहले यादवों को, फिर सपा समर्थक मुसलमानों को बंदूकों और रिवाल्वर के लाइसेंस देने के आदेश जिलाधिकारियों को दिए। इस आदेश का पालन इस नाजायज तरह से हुआ कि यादव जाति के नाबालिग बच्चों तक को लाइसेंस प्राप्त हो गए। इस तरह हथियारों के बल पर मुलायम सिंह

ने एक ओर अपने पक्षधर समुदाय के लोगों को और अधिक मजबूत बनाने में सरकारी मशीनरी का दुरुपयोग किया दूसरी तरफ दलितों को राजनैतिक और आर्थिक आधार पर कमजोर करने का भरसक प्रयास किया।

इस बारे में यह भी कहना जरूरी हो जाता है कि गाँवों में जिस जाति के लोगों को मजबूत बनाना चाहिए था, वह नहीं हुआ। उनकी स्थिति में कोई खास परिवर्तन नहीं आया। हां जिन दलितों के भीतर चेतना आई, उन्हें उत्पीड़न का शिकार होना पड़ा।

9 फरवरी को लखनऊ में मुलायम सिंह यादव ने एक संवाददाता सम्मेलन बनारस जिले की हिंसा की घटनाओं के संदर्भ में बुलाया। उनसे एक सवाल पूछा गया : बनारस व राज्य के अन्य हिस्सों में दलितों पर हिंसा की घटनाओं के पीछे क्या मुख्य कारण यह नहीं है कि भूमि सुधार लागू नहीं किए गए हैं? इस सवाल को गोल करते हुए उन्होंने कहा कि इनके पीछे आपसी रंजिश व कानून-व्यवस्था का मामला ज्यादा है। पूर्वांचल (पूर्वी उत्तर प्रदेश) में सवर्ण सामंती उत्पीड़न अरसे से जड़ जमाए हुए हैं, जो सामाजिक तनाव को लगातार पैदा कर रहा हैं, इस असलियत को मानने से उन्होंने इनकार कर दिया। उलटे, कुछ गर्व से उन्होंने कहा, **"ऊँची जातियाँ हमलावर नहीं हैं, वे मेरा साथ दे रही हैं। वे अपने समारोह में मुझे बुलाकर मेरा भाषण करवाती हैं।"** फिर उन्होंने बताया कि कहाँ-कहाँ ऐसी घटनाओं के बाद प्रशासनिक व पुलिस अधिकारियों के तबादले किए गए हैं।

बनारस व कानपुर के अलावा इलाहाबाद, बाराबंकी, फतेहपुर, हमीरपुर व बदायूँ में उत्पीड़न की गंभीर घटनाएँ हुईं, जिनमें दलितों व महिलाओं को हिंसा, अपमान व सामूहिक बलात्कार की यातना से गुजरना पड़ा है। मुलायम पर भाजपा, काँग्रेस व जनता दल की ओर से लगातार दबाव डाला गया कि वह बसपा से किनारा करें। तीनों पार्टियाँ तनाव व हिंसा की घटनाओं के लिए उस समय मुख्य रूप से बसपा को अपना निशाना बना रही थी और मुलायम को हिदायत दे रही हैं कि वह बसपा को 'दुरुस्त करें' व 'नियंत्रण में रखें'। भाजपा नेता कल्याण सिंह कहते थी कि उत्तर प्रदेश में 'जातीय हिंसा का तांडव' मचा हुआ है और काँग्रेस नेता प्रमोद तिवारी कहते हैं कि राज्य 'गृह युद्ध' के कगार पर पहुँच रहा है। समाजवादी पार्टी के कुछ नेता भी कसमसाहट महसूस करने लगे थे।

बसपा ऐसी स्थिति में पहुँचती दिखाई दे रही है, जहाँ उसे अपने सहयोगी नहीं मिल रहे। उसे सत्ता में बने रहने के लिए अन्य सामाजिक-जातीय समूहों और शक्ति केंद्रों की ज़रूरत महसूस हो रही है? शायद इसी वजह से बसपा नेता कांशीराम व मायावती ने कहना शुरू किया कि पार्टी को ऊँची जातियों का सहयोग चाहिए। उद्योगपति जयंत को राज्य सभा में भेजकर और प्रधानमंत्री राव के सलाहकार जितेन्द्र प्रसाद को राज्य सभा चुनाव जीतने में मदद पहुँचाकर बसपा ने यही संकेत दिया है।

पिछड़ों और दलितों में संघर्ष यदि बढ़ता है तो दोनों के राजनीतिक हित उन्हें साथ बने रहना असंभव बना सकते हैं।

कांशीराम और मुलायम सिंह यादव के बीच राष्ट्रीय स्तर पर एक राजनीतिक प्रतिस्पर्धा भी चल रही थी। मुलायम सिंह यादव लोहियावादियों को इकट्ठा करके अपना राष्ट्रीय कद बनाना चाहते थे और कांशीराम, अम्बेडकरवाद के सहारे उत्तर से दक्षिण तक बसपा की हवा बनाना चाहते थे। गाँधीवाद के सवाल पर भी दोनों के बीच खुला मतभेद रहा। मायावती जितनी बार गाँधीजी की आलोचना करती, मुलायम सिंह यादव उतनी ही बार गाँधीवाद में अपनी आस्था जताते। लोहिया जयंती पर लखनऊ में आयोजित सभा में मुलायम सिंह यादव के प्रमुख सहयोगी जनेश्वर मिश्र (पूर्व केंद्रीय मंत्री) ने कहा कि हमारी सहयोगी पार्टी (बसपा) को कुर्सी पर बैठने का शऊर सीखना होगा। पहले यह शऊर समाजवादियों में कम था।

इस तरह के वक्तव्यों से सपा और बसपा के विधायकों तथा कार्यकर्ताओं के बीच विशेष रूप से जाति आधारित तनाव उभरता रहा। जिसकी परिणति और परिणाम बाद में देखने को मिले ही।

दिलीप अवस्थी के विचार में जिस मायावती की दुनिया 'मान्यवर' (कांशीराम को वे इसी नाम से पुकारती हैं) के इर्द-गिर्द ही सिमटी रही हो, उनका राजनैतिक दृष्टि से संवेदनशील राज्य की बागडोर सँभालना कुछ ऐसा ही था, जैसे कोई बच्चा भारी यातायात वाली सड़क पर साइकिल सवारी करने निकल जाए, लेकिन मायावती ने जल्दी ही साबित कर दिया कि वे भी कुछ हैं। अपने 18 हफ्तों के शासन में उन्होंने राज्य में दलितों को सर्वेसर्वा बनाने की कोशिश की और राज्य की सर्वाधिक विवादास्पद मुख्यमंत्री बन गईं, इंका विधायक दल के नेता प्रमोद तिवारी कहते हैं, "उनका दलित राज सवर्णों से प्रतिशोध तक सीमित था, दलितों की भलाई से उसका कोई सरोकार नहीं था।"

ऊँची जाति वालों के खिलाफ उनका विषवमन किसी से छिपा नहीं था। लेकिन अल्पमत सरकार की मुखिया होते हुए भी ऊँची जाति और राजनैतिक प्रतिद्वंद्वियों से विनम्रता से पेश न आने की उनकी ढिठाई आश्चर्यजनक थी। मुख्यमंत्री बनने के बाद अपने पहले संवाददाता सम्मेलन में उन्होंने कहा था, "मैं उनके (मुलायम के) गुंडाराज को खत्म कर दूँगी।"

बहुजन संगठक अपने संपादकीय में लिखता है कि बसपा सरकार बनने के बाद बसपा के प्रति भ्रांति फैलाने के उद्देश्य से मनुवादी अखबारों एवं बसपा विरोधी राजनीतिक दलों के लोगों ने यह भी प्रचारित किया कि 'बसपा को भाजपा के मिले समर्थन से दबाव स्वरूप खुलकर निर्णय नहीं ले पाएगी तथा मनुवादी विचारधारा का विरोध करने में झिझकेगी।' लेकिन बसपा के ढाई माह के शासन काल से ही स्पष्ट हो जाता है कि प्रदेश की मुख्यमंत्री कु. मायावती जी पर किसी भी भाजपा

जैसे समर्थित दलों का कोई दवाब काम नहीं कर रहा है। यदि ऐसा होता तो बसपा सरकार भाजपा के सहयोगी संगठनों (विश्व हिंदू परिषद्, बजरंग दल) द्वारा वाराणसी में 'जलाभिषेक' व मथुरा में 'विष्णु यज्ञ' किए जाने संबंधी कार्यक्रमों के दौरान ढील बरतती तथा सख्ती से कार्यवाही नहीं करती। इस मौके पर मायावती ने यहाँ तक घोषणा भी कर दी थी कि "भले ही सरकार चली जाए, लेकिन मथुरा में 'विष्णु यज्ञ' नहीं होने दिया जाएगा," फिर सरकार द्वारा तय की दूरी (माने गए विवादित स्थान से 3 किमी. के दायरे) के बाहर ही विष्णु यज्ञ होने दिया गया।

मायावती ने इधर तीन और ऐसे काम किए, जिससे समर्थक दल भाजपा का रहा सहा धैर्य भी जवाब दे गया। उन्होंने चुन-चुनकर प्रशासन के महत्त्वपूर्ण पदों से सवर्णों को हटाया और दलितों को प्रतिकूल प्रविष्टियों के विरुद्ध प्रोन्नतियाँ दीं। मुख्य सचिव पद से ब्राह्मण होने के नाते टीएसआर सुब्रह्मण्यम को मुलायम काल में कांशीराम ने हटवाया था। अपने शासनकालीन में मायावती ने मुख्य सचिव बृजेंद्र सहाय को हटाया, उनको इससे पूर्व स्थानांतरित कर महत्त्वहीन पद पर भी भेजा गया था। राजस्व परिषद् के अध्यक्ष सुरेंद्र मोहन को भी सबक सिखाया गया। बसपा सुप्रीमो कांशीराम वैसे यह तक कह गए कि **"वे अपना प्रशासन 135 दलित अफसरों से ही चला लेंगे, सवर्णों की उन्हें जरूरत नहीं।"** इस संदर्भ में वे मथुरा का उदाहरण देते थे कि वहाँ जन्माष्टमी पर सब-कुछ दलित अफसरों ने सँभाल रखा था, जिससे अयोध्या की घटना नहीं दुहराई जा सकी।

137 दिनों के मायावती राज के चलते भाजपा को यह भले संतोष हो कि मुलायम सिंह से पिंड छूटा रहा, पर सच तो यह है कि इस अवधि में उसके समर्थकों और कार्यकर्ताओं में ही भारी रोष पैदा हो चला था। ब्राह्मण, ठाकुरों में तीव्र प्रतिक्रियाएँ थीं। यद्यपि कल्याण सिंह बराबर अपने लोगों को समझा रहे थे कि यह बसपा की सरकार है, हमारी नहीं इसलिए ट्रांसफर आदि के मामलों में हमें नहीं पड़ना चाहिए। तथापि विधायकों को तो चूँकि अपना क्षेत्र भी ठीक रखना था और अपने समर्थक भी संतुष्ट रखने थे, इसलिए इस सबसे बचना संभव नहीं था। पर वस्तु स्थिति यह थी कि बसपा सरकार की मुख्यमंत्री मायावती ने भाजपा के हिंदू ढाँचे में दरार अवश्य ही डाल दी थी।

सच तो यह था कि काशी के विश्वनाथ मंदिर में शृंगारगौरी पर जलाभिषेक तथा मथुरा में विहिप के यज्ञ को लेकर भी मायावती सरकार ने भाजपा को काफी कुछ झुका लिया था। जब प्रदेश भाजपा अध्यक्ष कलराज मिश्र ने जलाभिषेक को सरकारी स्वीकृति की बात कही, तो तत्काल उसका खंडन किया गया। मथुरा में यज्ञस्थल को लेकर जो विवाद हुआ, उसमें विहिप को मायावती की जिद ही माननी पड़ी। दोनों ही जगह कोई 'नयी परंपरा' नहीं पड़ने दी गई। वैसे अब तक मामला बहुत गरमा गया था। लेकिन भाजपा खेमे में जबर्दस्त सन्नाटा भी देखा जा सकता

था। इसी दौरान कल्याण सिंह ने 'माया' को दिये गये साक्षात्कार में कहा था कि तुलनात्मक दृष्टि से मायावती मुलायम से बदतर थी। मुलायम सिंह तो राम मंदिर बनने के विरोध में थे, जबकि मायावती तो भगवान राम के ही विरोध में थी।

गणेश मंत्री लिखते हैं कि एक बार फिर बहुजन समाज पार्टी के सर्वेसर्वा कांशीराम का गाँधी-निंदा का बहाना लखनऊ में आयोजित 'परियार मेले' को लेकर उठे वितंडावाद से मिला। यह वितंडावाद किसी गाँधी भक्त ने नहीं वरन विश्व परिषद् ने खड़ा किया था। यह बात किसी से छिपी नहीं है कि विहिप का गाँधी से दूर का भी संबंध नहीं है। देश स्वतंत्र होने के तुरंत बाद के दौर में विहिप का जनक राष्ट्रीय स्वयंसेवक संघ उग्र गाँधी विरोधी था। कुछ भोले लोग पूछेंगे कि कांशीराम विहिप या भाजपा के बजाय गाँधी पर क्यों बरसे? जवाब सीधा है, उत्तर प्रदेश में बसपा सरकार का सिंहासन भाजपा के ही कंधों पर टिका हुआ है। कांशीराम चतुर राजनीतिज्ञ हैं। सिर पर रखी अंडों की जिस टोकरी पर उनके सारे सपनों का दारोमदार है, उसे 'पेरियार मेले' जैसी मामूली बात पर वे क्यों गिरने देंगे?

यह अलग बात है कि अपनी गरज निकलने पर भाजपा उत्तर प्रदेश में भी वैसा भी कुछ करे, जो उसने 1990 में विश्वनाथ प्रताप सिंह की केंद्रीय सरकार के साथ किया था। खबरें तो यह भी है कि भाजपा मुख्यमंत्री मायावती के माध्यम से बसपा को तोड़ने और उसके एक धड़े को जीम जाने की जुगत कर रही है। यह कठिन भी नहीं है। संघ परिवार का तो दावा है कि दलितों के उद्धारक बाबा साहेब अम्बेडकर की सोच में एक सशक्त धारा हिंदुत्व की भी थी। यह एक तरह से बसपा के कार्यकर्ताओं के लिए खुला आमंत्रण है—"आप लोग कहाँ उस छोटे से दड़बे में बैठे हैं। उससे बाहर आइए, हमारी विशाल पंगत में बैठिए।"

सच बात तो यह थी कि बसपा भाजपा के इस अवसरवादी गठजोड़ के कारण दोनों ही दल के नेता बेचैनी में फँस गए थे। जहाँ अटल-आडवाणी के पक्ष वाला लालजी टंडन-कलराज मिश्र का धड़ा मायावती को समर्थन जारी रखने और धीरे-धीरे उन्हें या बसपा के एक हिस्से को अपनी ओर खींच लाने की रणनीति का हामी था, वहीं मुरलीमनोहर के पक्ष वाला कल्याण सिंह खेमा इस प्रक्रिया को कल्याण की रहनुमाई वाली बैकवर्ड लाबी के खिलाफ चुनौती मान रहा था।

दूसरी ओर बसपा के राष्ट्रीय अध्यक्ष कांशीराम को लग रहा था कि मायावती उनकी छाया से आजाद होकर भाजपा के करीब होती जा रही है और उत्तर प्रदेश में बसपा पर उनकी गिरफ्त ढीली पड़ती जा रही हैं। वैसे भाजपा बसपा को निगलने की कोशिश में कोई कसर नहीं छोड़ रही थी। मायावती ने न सिर्फ अपने भाषणों से 'मनुवादी' ठप्पे से लेकर अन्य भाजपा-विरोधी उद्‌गारों को निकाल दिया था, बल्कि अपने कई निर्णयों को भाजपा के दबाव में बदल दिया था और ऐसा वे अंत तक करती रही थी। कांशीराम को साफ लग रहा था कि मुख्यमंत्री बने रहने के चक्कर

में मायावती ऐसी भूलें कर रही थी जिनसे बसपा अपनी रही-सही साख खोने के कगार तक पहुँच चुकी थी। इसका भय भी था कि सत्ता के लोभ में बसपा का एक हिस्सा टूटकर भाजपा को सरकार बनाने में मदद तक कर सकता था। इस आत्मघाती प्रक्रिया पर रोक लगाने के लिए कांशीराम ने पहले ही **पेरियर मेला** आयोजित किया। कांशीराम ने पार्टी के दलित आधार में गिरावट को रोकने के लिए सितंबर माह में पूरे राज्य में जातीय रैलियाँ आयोजित करने का फैसला किया। जिसमें दलितों तथा अत्यंत पिछड़ी जातियों को गोलबंद करने पर जोर दिया साथ ही भाजपा से संबंध विच्छेद करने की तैयारी भी की। उन्होंने अपने भाषणों में मनुवाद, राम और यहाँ तक कि भाजपा पर भी प्रहार करने की कार्यनीति अपनाई। पर मायावती ने इसमें उत्साह से हिस्सा नहीं लिया तो अंत में वे इस निर्णय पर पहुँचे कि जितना जल्द हो, भाजपा से संपर्क तोड़ना ही बेहतर है।

इसी कारण जहाँ कांशीराम इस गठजोड़ के टूटने से खुश नजर आए वहीं मायावती ने इसे सांप्रदायिक और मनुवादी शक्तियों का दलित-महिला विरोधी षड्यंत्र बताया। यूँ मायावती की प्रथम दलित महिला मुख्यमंत्री बनने की ख्वाहिश तो पूरी हो ही चुकी थी।

पुरुषोत्तम अग्रवाल अपने लेख में मानते हैं यह निर्विवाद है कि समूचे उत्तर भारत में दलितों के सामाजिक-सांस्कृतिक आत्मरेखांकन का राजनीतिक प्रतिनिधित्व इस वक्त मुख्यतः बहुजन समाज पार्टी कर रही है और इसी प्रतिनिधित्व की दावेदारी रामविलास पासवान भी अपनी दलित सेना के जरिए कर रहे हैं। बसपा को बढ़त हासिल है तो इसलिए कि बसपा बरसों पुराने आत्मरेखांकन कार्यक्रम की राजनीतिक परिणति है। बामसेफ और डी.एस. फोर से शुरू कर कांशीराम दलितों के आत्मरेखांकन को सत्ता की खुली राजनीति तक लाए। इस प्रक्रिया में उन्होंने अपना मजबूत जनाधार तैयार किया है।

यह कहना अनुचित न होगा कि असल में कांशीराम की ताकत का एक बड़ा स्रोत जातिवादी समाज व्यवस्था और ब्राह्मण संस्कृति ही है। आधुनिकीकरण की प्रक्रियाओं से जब शूद्रों में निरंतर और संगठित आत्मबोध का उदय हुआ तो उन्होंने स्वयं को बेवजह उत्पीड़ित किए गए लोगों के रूप में पहचाना। इस पहचान की विविध सामाजिक परिणतियों के ही प्रतीक हैं : फुले, अम्बेडकर और पेरियर। वर्णाश्रम की संस्कृति में निहित तिरस्कार को नियति मानकर स्वीकार लेना किसी आत्मसजग दलित के लिए संभव नहीं है। कांशीराम ने बामसेफ के जरिए इन्हीं आत्मसजग दलितों के सर्वाधिक संगठित तबके सरकारी कर्मचारियों पर ध्यान दिया और धीरे-धीरे अपने प्रभाव का विस्तार अन्य सामाजिक स्तरों पर किया।

तिरस्कार जनित क्षोभ को संगठित स्वर देना उचित भी था और जरूरी भी, लेकिन उससे कहीं ज्यादा जरूरी था इस क्षोभ और असंतोष को सार्थक सामाजिक

परिवर्तन की विचारधारा और उससे उपजे राजनीतिक एजेंडा में गूँथना। इस सबसे जरूरी काम में बसपा के नेता न केवल असफल रहे, बल्कि उन्होंने इसकी अक्षम्य उपेक्षा भी की।

बसपा के नेताओं और हमदर्दों को 'सामाजिक न्याय की अवधारणा सख्त नापसंद है, स्वभावतः विश्वनाथ प्रताप सिंह से भी उन्हें गहरी विरक्ति है, लेकिन जिस विडंबनापूर्ण स्थिति में आज बसपा स्वयं को पा रही है, उसका सटीक संकेत विश्वनाथ प्रताप सिंह ने ही उस समय किया था जब मायावती उत्तर प्रदेश की मुख्यमंत्री बनने के बाद विश्वनाथ प्रताप सिंह से मिली थी–**'या तो सरकार चला लें या अपना मास बेस बचा लें'।**

पुरुषोत्तम अग्रवाल के भीतर कहीं दलित उभार के प्रति ग्रंथि है जो बार-बार बाहर आती है। उनका कहना यह भी है कि **बहुजन** की बजाए स्वयं को **सर्वजन** का मुख्यमंत्री कहते समय, गाँधी जयंती के कार्यक्रम में हिस्सा लेते समय शायद मायावती को **'सामाजिक न्याय' की अवधारणा** का महत्त्व समझ आया हो। भाजपा का समर्थन लेने से लेकर काँग्रेस, जनता दल, पुनः भाजपा किसी के भी साथ तालमेल या गठजोड़ की संभावनाएँ खुली रखना ऐसी ही समझौता परस्ती को सूचित करता है।

ज़फर आगा लिखते हैं कि वे झटके से मुख्यमंत्री बनीं। स्कूल टीचर और 'बुलंद इरादों वाली' जाटव जाति की मायावती ने जून 1995 में उत्तर प्रदेश की पहली दलित मुख्यमंत्री होने का गौरव हासिल किया। जरा उनके कारनामों पर नजर डालें : मुलायम सिंह यादव की घोर विरोधी भाजपा से हाथ मिलाकर मायावती ने उन्हें अचानक मात दे दी। और जब उन्होंने सवर्ण विरोधी तेवर तेज कर दिए तो भाजपा परेशानी में पड़ गई। फिर, सत्ता में रहते हुए उन्होंने लोकलुभावन कदम उठाकर दलितों और पिछड़ों को खुश करने की कोशिश की। इसी साल अक्तूबर में सत्ता छिन जाने के बाद भी उनकी महत्त्वाकांक्षा और चालबाजी कम नहीं हुई। उन्होंने विरोधी पार्टियों को चुनावी मैदान में धूल चटाकर सत्ता में लौटने की कसमें खाईं।

मायावती को समझने के लिए उनके 136 दिन के शासन पर नजर डालना जरूरी है, जिसमें उनके व्यक्तित्त्व के बदलते रंग झलकते हैं। सत्ता में आने से ठीक पहले तक वे 'मनुवादियों' के खिलाफ आग उगलने वाली अपरिपक्व नेता मानी जाती थीं। लेकिन अब ऐसा नहीं। भदेसपन की जगह परिष्कृत शैली ने ले ली है। वे बागी से नायिका बन चुकी हैं–उनके साथ कारों का काफिला और ब्लैक कैट कमांडो की टोली चलती है। उनकी हर सभा में काफी उत्साही भीड़ जुटती है। सत्ता से बाहर होने के बावजूद मायावती **दलित राजनीति की रानी** हैं।

मगर यह सब इतनी आसानी से नहीं हुआ। अपने कार्यकाल के दौरान मायावती ने हर दलित को यह एहसास दिलाना चाहा कि उसकी जीवन-शैली में सुधार हो रहा है। जब उन्हें भरोसा हो गया कि राज्य को आबादी के 11 प्रतिशत दलित बसपा

की जेब में हैं तो वे पिछड़ों और मुसलमानों का दिल जीतने में लग गईं। उनका नजरिया बिलकुल साफ था--सपा के मुस्लिम वोट बैंक पर कब्जा करना। मसलन, मुसलमानों को अन्य पिछड़ी जातियों को मिलने वाले 27 फीसदी आरक्षण में शामिल कर लिया गया। इसके अलावा, निर्धन मुसलमान छात्रों को तत्काल वजीफे मिलने लगे। मसलन, राज्य के बुंदेलखंड के मुसलमान (कुल आबादी का 30-35 फीसदी) मुलायम का साथ छोड़कर मायावती की तरफ जा रहे लगते हैं। तर्क सीधा है। उनमें से बहुत-से लोगों को लगता है कि मायावती सपा से बेहतर विकल्प सिद्ध हो सकती हैं।

दिलीप अवस्थी लिखते हैं कि उत्तर प्रदेश की मुख्यमंत्री मायावती को कुर्सी सँभाले बमुश्किल ढाई महीने हुए हैं मगर मुसीबतों से भी फायदा उठा लेने का गुर वे बड़ी तेजी से सीख रही हैं। पिछले पखवाड़े श्रीकृष्ण जन्माष्टमी के मौके पर विश्व हिंदू परिषद् (विहिप) ने मथुरा में कृष्ण जन्मभूमि की 'मुक्ति' का अभियान नए सिरे से छेड़ा तो सारे देश का ध्यान उसी तरफ लगा रहा। इससे कुछ ही हफ्ते पहले वाराणसी में विहिप ने जलाभिषेक कार्यक्रम के दौरान धार्मिक उन्माद भड़काया तो राज्य प्रशासन असहाय दर्शक बना रहा। वाराणसी की इस कामयाबी के साथ ही विहिप के हौसले इस वजह से भी और बुलंद हैं कि मायावती की सरकार भाजपा के समर्थन पर ही टिकी हुई है।

मगर अंततः विहिप को भारी हंगामा खड़ा करने के बाद कदम वापस खींच लेने की वजहें ढूँढनी पड़ीं। और जिस तरह उसे झुकने के लिए मजबूर होना पड़ा, उससे मायावती को अपने राजनैतिक प्रतिद्वंद्वियों तक की तारीफ मिली। अचानक कदम पीछे हटा लेने पर विहिप कार्यकर्ता भी दंग रह गए। उसके नेताओं ने अपनी बहादुरी दिखाने की कोशिश करते हुए कहा कि वे छोटी लड़ाई जान-बूझकर हारे हैं, ताकि असली **'युद्ध'** जीत सकें। विहिप के संयुक्त सचिव आचार्य गिरिराज किशोर कहते हैं, "बड़े उद्देश्य के लिए हमने अपने छोटे हितों का बलिदान करने का निर्णय किया। हम ऐसा कुछ नहीं करना चाहते थे जिससे बसपा की सरकार गिर जाए।"

जबकि यह अर्द्धसत्य है। जलाभिषेक की सफलता के बाद बसपा सरकार पर भाजपा के दबाव को देखते हुए विहिप के नेता आश्वस्त थे कि मायावती मथुरा के उनके कार्यक्रम को एक बार फिर पूरा होने देंगी। मगर मायावती सवा सेर निकलीं। उन्होंने स्पष्ट संकेत दे दिया कि अगर दबाव बढ़ा तो वे अपनी सरकार को कुर्बान कर देंगी। 10 अगस्त को उन्होंने प्रस्तावित यज्ञ और परिक्रमा पर पाबंदी लगाने की घोषणा की। और अगले दिन विहिप-भाजपा के नौ सदस्यीय प्रतिनिधिमंडल के साथ हुई बैठक में उन्होंने अपने फैसले पर पुनर्विचार से मना कर दिया।

हैरत में पड़े भाजपा नेता इन अफवाहों से भी भ्रमित हो गए कि अगर भाजपा समर्थन हटा लेती है तो मुलायम सिंह यादव की समाजवादी पार्टी मायावती की सरकार

को 'अस्थायी' समर्थन दे देगी। हालाँकि मुलायम ने बाद में इस बात से साफ इनकार किया कि उन्होंने कभी ऐसे प्रस्ताव पर विचार किया था। उन्होंने कहा, "ऐसी बात हम तभी सोच सकते हैं जब भाजपा सचमुच समर्थन वापस ले ले।" इसके अलावा भाजपा नेता इस बात से भी वाकिफ थे कि इंका और सपा की कोशिश भाजपा-बसपा गठबंधन में दरार पैदा करने की है जो वोट के लिहाज से काफी मजबूत गठजोड़ है। सूत्रों का कहना है कि जहाँ विद्याचरण शुक्ल और राजेश पायलट बसपा नेता कांशीराम से संपर्क साध हुए थे, वहीं मुलायम ने बसपा विधायकों को संदेश भिजवाया कि वे विहिप के दबाव के आगे न झुकें। बताया जाता है कि प्रधानमंत्री ने अपने दूतों के जरिए संदेश भिजवाया कि अगर दबाव ज्यादा हो तो मायावती विधानसभा भंग कर दें और आगामी चुनाव तक उन्हें कार्यवाहक मुख्यमंत्री बने रहने दिया जाएगा।

तेजी से बदले घटनाक्रम ने संघ परिवार के नेताओं में खलबली मचा दी। 12 अगस्त को विहिप के महासचिव अशोक सिंघल को इंका और सपा की चालबाजी की खबर लंदन में दी गई। विहिप के अध्यक्ष विष्णु हरि डालमिया हैदराबाद से भागे-भागे दिल्ली आए। अगले दिन मायावती विहिप नेताओं से मिलने दिल्ली आईं। विहिप नेता इस शर्त पर परिक्रमा वापस लेने को तैयार हो गए कि उन्हें पूर्व-निर्धारित स्थान जवाहर इंटर कॉलेज में यज्ञ करने दिया जाए, जो परिसर से बमुश्किल 500 गज दूर है। मगर मायावती नहीं मानीं।

इस दौरान विहिप नेतृत्व में कई बड़े मतभेद उजागर हुए। अयोध्या आंदोलन में आगे-आगे रहे स्वामी वामदेव ने यज्ञ की तैयारी में दरकिनार किए जाने के विरोध में मथुरा के कार्यक्रम में शामिल होने से इनकार कर दिया। मथुरा में आम तौर पर इस वक्त रहने वाले स्वामी वामदेव भीलवाड़ा चले गए। साध्वी ऋतंभरा ने भी उनका अनुसरण किया। मथुरा से भाजपा के सांसद महंत साक्षी गोपाल भी वहाँ गैरहाजिर थे। वे 18 अगस्त की सुबह ही शहर में आए और वृंदावन के अपने आश्रम में बैठे रहे। अयोध्या मुहिम के अगुआ महंत अवैद्यनाथ, परमहंस रामचंद्र दास और नृत्यगोपाल दास भी मौजूद नहीं थे। उन्होंने 14 अगस्त को फैक्स संदेश भेजा, "इस समय बसपा से टकराव में समझदारी नहीं है।"

इस फूट का फायदा उठाते हुए मायावती ने 14 अगस्त को विहिप नेताओं—डालमिया और विनय कटियार—के साथ बैठक में समझौते से इनकार कर दिया। और वे भी हैरत में पड़ गईं जब विहिप नेताओं ने प्रस्तावित स्थल से 3 कि.मी. दूर यज्ञ आयोजित करने की उनकी सलाह मान ली। इस फैसले की घोषणा करते हुए कटियार ने संवाददाताओं से कहा, "हमने यह फैसला शांति बनाए रखने के लिए किया, क्योंकि हमें खबर मिली थी कि उपद्रवी तत्त्व मुश्किल पैदा करने की कोशिश करेंगे।" लेकिन उनकी इस दलील में दम नहीं दिखता। दरअसल, मायावती कामयाब रहीं। उन्हें इस बात का अंदाजा हो गया था कि बसपा को समर्थन देने

से जो दलित जनाधार भाजपा को मिला है, उसे वह खोना नहीं चाहती।

बहरहाल, तीन दिन के यज्ञ में कभी भी एक हजार से ज्यादा भक्त इकट्ठा नहीं हुए। इसकी वजह सिर्फ विहिप का ठंडा पड़ जाना ही नहीं है। मथुरा के आसपास बड़ी तादाद में पुलिस की तैनाती से जन्माष्टमी के दिन श्रीकृष्ण मंदिर पहुँचने वाले आम भक्त भी कम आए। केंद्रीय बलों और राज्य पुलिस की 83 कंपनियाँ मस्जिद के चारों ओर चौकसी कर रही थीं।

पूर्व मेयर तथा वरिष्ठ साहित्यकार दाऊजी गुप्त ने बताया, ''लोग कुछ भी कहें, मायावती का मुख्यमंत्री बनना उन परिस्थितियों पर निर्भर करता है, जिन्हें सामंतवाद ने जन्म दिया। हालांकि मायावती के संघर्ष को हम अनदेखी नहीं कर सकते। उस संघर्ष को किनारे कर केवल अवसरवाद की बात करना उचित नहीं है। राजनीति में कब क्या हो जाए, इसकी कोई भी कल्पना नहीं कर सकता। राजनीति भावनाओं के सहारे नहीं चलती। उसकी जनक ऐसी तमाम परिस्थितियां होती हैं, जिनकी परिधि में आक्रोश होता है, गलत परंपराओं को उलटने की इच्छा शक्ति होती है और राजनीतिज्ञों के अपने-अपने द्वंद्व होते हैं।

संदर्भ एवं टिप्पणी

- इंडिया टुडे, नई दिल्ली 30 जून, 1995, पृष्ठ 30
- माया, 15 नवंबर, 1995
- मौ. जमील अख्तर, आयरन लेडी कु. मायावती, प्रकाशक बहुजन संगठक, 12, गुरुद्वारा रकाबगंज रोड, नई दिल्ली, 1999, पृ. 11
- अजय सिंह, हाथी बसपा का अंकुश भाजपा का, समकालीन जनमत, 16-30 जून, 1995
- स्वर्णिम इतिहास की रचना, दलित प्रक्रिया, अम्बेडकर चौक, मुनिरका, नई दिल्ली, मई-जून, 1995, पृ. 20
- राष्ट्रीय सहारा, नोएडा, 10 जून, 1995, पृ. 5
- वही, पृ. 6
- वही, पृ. 7
- वही, पृ. 8
- वही, पृ. 9
- वही, पृ. 10
- कंवल भारती, मायावती की ताजपोशी, हम दलित, नई दिल्ली, नवंबर, 1995 पृष्ठ 20
- राष्ट्रीय सहारा, 2 जुलाई, 1995
- बहुजन संगठक, बामसेफ संस्था और बसपा का मुख पत्र नई दिल्ली 6 दिसंबर, 1993, पृ. 4
- गेल ओम्वेट, यह बसपा का पतन है, बहुजनवाद का नहीं, समकालीन जनमत, 16-31 अगस्त, 95
- वही, 1 जनवरी 94, पृष्ठ 14
- वही, 16-31 मार्च, 94, पृ. 7
- वही, पृ. 10
- वही, पृ. 9

- इंडिया टुडे, 15 नवंबर, 95, पृ. 46
- बहुजन संगठक, अगस्त, 95, पृ. 4
- माया, 15 नवंबर, 95, पृ. 14
- वही, पृ. 15
- राष्ट्रीय सहारा, 30 सितंबर, 95, पृ. 6
- क्या यही है ब्राह्मणवाद का विकल्प, पुरुषोत्तम अग्रवाल 18 नवंबर, 95
- दलित राजनीति की रानी इंडिया टुडे, 15 अप्रैल, 1996, पृ. 30
- वही, 15 सितंबर, 95 पृ. 23
- 22 जनवरी, 2002 में लखनऊ स्थित उनके निवास पर बातचीत के आधार पर

1996 के चुनाव

क्रांति साप्ताहिक लिखता है कि उत्तर प्रदेश की साढ़े चार माह पुरानी मायावती सरकार को नहीं बचाया जा सका। भारतीय जनता पार्टी ने 'दलित प्रेम' की बैसाखी हटा ली और समर्थन वापस होने के साथ ही 'दलित प्रेम' नामक नाटक का पटाक्षेप हो गया। मायावती ने अपनी पार्टी के सिद्धांतों के अनुसार पूरे समय सरकार अपनी तरह से सरकार भलाई हालांकि भारतीय जनता पार्टी के नेताओं ने उन्हें अपनी विचारधारा में ढालने की कोशिश तो बहुत की थी। लेकिन मायावती अपनी विचारधारा पर मजबूती से टिकी रही। बसपा के अनुसार पूरे शासन काल में भाजपा के नेताओं ने मायावती को कठपुतली बनाने एवं अंगुली पर नचाने की पूरी पूरी कोशिश की थी, लेकिन उन्होंने अपनी बुद्धिमत्ता से कार्य लिया पूरे समय भाजपा के नेताओं का कटपुतला बनाकर नचाया।

बीजेपी ने समर्थन वापसी के जो कारण गिनाए हैं, उनमें कोई भी ऐसा नहीं है, जिसे समर्थन वापस का ठोस सबूत माना जाए। मायावती सरकार ने दलितों, पिछड़े वर्ग के उत्थान के लिए कुछ योजनाएँ बनाई थीं, बीजेपी को यह रास नहीं आया और आरोप लगा दिया कि मायावती सरकार जातिवादी आधार पर काम कर रही है। एक ओर बीजेपी दलितों, शोपित वर्ग के नारे लगा रही है। जब एक दलित सरकार इस उद्देश्य के लिए कुछ करना चाहती है तो उसकी टाँग खींच ली जाती है। अगर बीजेपी वास्तव में दलितों की हित रक्षक होती तो इस सरकार को अपना समर्थन जारी रखती। एक तरफ बीजेपी ने बिना शर्त समर्थन का ऐलान किया दूसरी ओर बिना उचित कारण समर्थन वापस ले लिया। जो तर्कसंगत नहीं था।

बसपा ने जब यह नारा दिया था कि--'वोट हमारा, राज तुम्हारा--नहीं चलेगा, नहीं चलेगा', तब दूसरे राष्ट्रीय दलों के आका और उनके समर्थक बसपा के इस तरह के नारों को हलके तौर पर लिया करते थे, आम लोग भी इसी तरह समझा करते थे कि राजनीतिक पार्टियाँ इसी तरह कोई-न-कोई अपना नारा देती रहती हैं और कुछ दिन बाद यह नारा लुप्त हो जाता है तथा नया नारा निकल आता है, लोगों को गुमराह करने के लिए, लेकिन एक दशक में ही बसपा ने अपना इतना

विस्तार कर लिया है कि हर पार्टी बसपा से बिना बात किए जैसे अपने को अधूरा मानती रही थी। उनकी राजनीतिक गोटियों के सारे रास्ते बंद हो चुके थे। बसपा ने अपनी सरकार बनाकर मुलायम सिंह की धोखाधड़ी, माफियागर्दी एवं भ्रष्टाचार को सबक सिखाने एवं बहुजन समाज को मनुवादी भाजपा की दोगली नीतियों को नंगा करने के लिए भाजपा से निशर्त समर्थन भी लिया, जो अस्वाभाविक होते हुए भी राजनीतिक दाँव-पेंच करने पड़े, यह उस दौरान एक बड़ा आश्चर्य भी माना जा रहा था जो सत्य भी था कि दो ठीक विपरीत दिशावाली पार्टियों का इस तरह का समर्थन कितने दिन चल पायेगा। लेकिन बसपा को निशर्त समर्थन देने के पीछे मनुवादी भाजपा का एक ही मकसद था, जिसे बसपा समझती ही नहीं थी, बल्कि अपने मंचों से खूब लाउडस्पीकर लगाकर कहती भी रही कि मनुवादी दलों में हमारे लोगों का कभी भला नहीं हो सकता, उनका दलित प्रेम मात्र मगरमच्छ के आँसुओं की तरह ही है। भाजपा ही अकेले नहीं, बल्कि मनुवादी अन्य सभी दल बसपा को फूटी आँख से भी देखना पसंद नहीं करते हैं, वे सभी इसी दाँव-पेंच में भी रहते हैं कि बसपा को कैसे धकियाया जाए इसके बढ़ते प्रभाव को किस तरह से मिटाया जाए, इसी रणनीति के तहत बसपा को भाजपा ने भी समर्थन दिया फिर बसपा की सरकार भी साढ़े चार माह में ही गिरा भी दी, लेकिन इतना कुछ करने के बावजूद बसपा दिन दोगुनी और रात चौगुनी बढ़ती ही गई।

बहुजन संगठक आगे अपने संपादकीय में लिखता है कि बसपा को राजनीति के आकाशीय मंडल में 'धूमकेतु' समझने वाले आज खुद अँधियारे में भटकते नजर आ रहे हैं और बसपा सूर्य की तरह अँधियारे को चीरते हुए आगे बढ़ रही है। इसलिए बहुजन समाज का भला मनुवादी दलों के साथ रहने से नहीं, बल्कि बसपा के साथ रहने में है। अब उन्हें पुनः युद्ध क्षेत्र में आना था। चुनाव सर पर थे। राजनैतिक दल अपनी-अपनी तैयार करने में लगे थे। कहा जाता है कि लोहा लोहे को काटता है। बहुजन राजनीति में भी इसी दर्शन का प्रचुरता से प्रयोग हुआ।

वहीं इंडिया टुडे का मानना है कि उत्तर प्रदेश में एक ओर विधानसभा चुनाव जीतने के लिए राजनैतिक दलों का खुलकर जातिकरण हुआ। वहीं दूसरी ओर चुनावी मुद्दों के प्रचार की बजाए बंदूकों और ए.के. 47 का आतंक और उससे निबटने के लिए 'लाल, पीली और हरी' सेनाओं के गठन की भी तैयारी हुई। सभी राजनैतिक दलों का मकसद था साम, दाम, दंड, भेद नीति से प्रदेश की सत्ता पर काबिज होना। एक तरफ समाजवादी पार्टी ने वोटों की लूट और चुनाव के दौरान गुंडागर्दी को रोकने के लिए 'लाल सेना' के गठन की घोषणा की तो दूसरी तरफ बहुजन समाज पार्टी ने बहुजन सुरक्षा दल या 'ब्लू ब्रिगेड' गठित किया। बसपा ने बहुजन सुरक्षा दल के लिए नौजवानों की भर्ती कर उनकी ट्रेनिंग भी शुरू की।

कोई भी किसी से पीछे नहीं रहना चाहता था। सभी की राजनैतिक गतिविधियाँ

लगभग एक जैसी थीं। और सत्ता प्राप्त करने का माध्यम भी। उत्तर प्रदेश विधानसभा के तीन चरणों में हुए चुनाव के लिए नाम वापसी की अवधि खत्म होने के बाद 4441 उम्मीदवार मैदान में रह गए थे।

बहुजन समाज पार्टी ने सभी वर्गों को समान प्रतिनिधित्व देते हुए कुल 299 प्रत्याशियों की सूची जारी की। बसपा की राष्ट्रीय महासचिव एवं तत्कालीन पूर्व मुख्यमंत्री मायावती ने बताया था कि बसपा ने समाज के सभी वर्गों का प्रतिनिधित्व किया है। बसपा ने पिछड़े वर्ग के 102 लोगों, अनुसूचित जातियों के 86, मुसलमानों को 53, ठाकुरों को 25, ब्राह्मणों को 12, वृणिकों को 4, जाटों को 5, पंजाबियों को 5, कायस्थों को 3, भूमिहारों को 2, ईसाई व बंगाली को एक-एक सीट से प्रत्याशी बनाया गया है। इस तरह बसपा ने लोकतांत्रिक चुनावी युद्ध में समाज के लगभग सभी वर्ग एवं जातियों को जोड़ा।

बहुजन समाज पार्टी की महासचिव मायावती ने अप्रैल, 1996 में उत्तरी भारत के एक हिंदी दैनिक को दिए साक्षात्कार में कहा था, "उत्तर प्रदेश के संदर्भ में हमने यह फैसला लिया था कि हम किसी पार्टी से कोई तालमेल नहीं करेंगे। हम बहुजन समाज में तालमेल चाहते हैं, पार्टियों में नहीं। सौ में से पिचासी जब बहुजन समाज के लोग हों और उनमें आपसी भाईचारा या तालमेल हो जाए तो पार्टियों से तालमेल की क्या जरूरत है। उत्तर प्रदेश की पूर्व मुख्यमंत्री की यह एक अच्छी बात थी, पर चुनाव के परिणामों ने यह बतला दिया कि बहुजन समाज से तालमेल करने में बहुजन समाज पार्टी उस तरह सफल नहीं हो सकी। बहुजन समाज के मतों को जिस तरह बाँटा गया, इसे दुखद आश्चर्यजनक चुनावी रणनीति ही कहा जाएगा। विशेष रूप में संयुक्त मोर्चा या बसपा की इस खुशफहमी पर उनका मानना रहा कि भाजपा को भले ही बहुमत नहीं मिल पाया, लेकिन इनकी भी सीमाएँ स्पष्ट हो गई हैं। मुलायम सिंह यादव यादवों और कुछ पिछड़ों का वोट लेकर मुख्यमंत्री नहीं बन सकते और कांशीराम को सिर्फ दलितों की बदौलत सत्ता नहीं मिलने वाली। इसलिए एक खास वर्ग के सहारे सत्ता पाने की राजनीति से जिस सामाजिक विखंडन का खतरा पैदा हो सकता था, वह भी नहीं होने वाला। यह दबाव पहले भी स्पष्ट हो गया था, जब बसपा ने पहली बार सवर्णों को भी टिकट दिया और मुलायम सिंह ने भी अच्छी खासी कोशिश की कि ब्राह्मण नहीं तो कम-से-कम राजपूत ही उनके साथ आ जाएँ। भाजपा ने भी इस बार पिछड़ों को अधिक टिकट दिया। यानी सभी ने अपने-अपने दायरे से बाहर निकलने की कोशिश की। ये दबाव आगे और भी काम करेंगे और 'जुड़ाव' की यह प्रक्रिया लोकतंत्र के लिए बेहतर संकेत रही। ऐसा फोरी तौर पर माना गया।

जहाँ तक बसपा-काँग्रेस गठबंधन का सवाल है तो इसका लाभ पूरी तरह काँग्रेस को मिला। बसपा का समूचा वोट काँग्रेस के पक्ष में गया, लेकिन काँग्रेस का वोट

बँट गया। काँग्रेस का जो **'शेष' दलित वोट** था वह तो बसपा को मिला, लेकिन बाकी वोट अन्य पार्टियों में विभाजित हो गया।

जहाँ तक सामाजिक न्याय और सामाजिक परिवर्तन का सवाल है तो अगर यह प्रक्रिया एक व्यापक विचारधारा के तहत शुरू होती और जिसमें दलित ही नहीं सवर्णों की भी भागीदारी होती तो यह परिवर्तन कहीं ज्यादा गहरा होता।

पुष्पेंद्र की टिप्पणी और उनके द्वारा किये गये गंभीर चुनावी सर्वेक्षण और विश्लेषण को अगर हम सही माने तो ग्यारहवीं लोकसभा के 1996 में हुए चुनावों से भारतीय राजनीति में बहुत बड़े परिवर्तन की शुरुआत मानी जा सकती है। इस चुनाव के बाद से एक पार्टी के वर्चस्व की जगह गठजोड़ों की राजनीति के युग ने ले ली और काँग्रेस के रुतबे में धीरे-धीरे गिरावट आने लगी। भारतीय जनता पार्टी संसद में सीटों के मामले में सबसे आगे निकल गई और उसका सारे देश में सांगठनिक रूप से विस्तार भी हुआ। कई राज्यों में क्षेत्रीय पार्टियों का राजनीतिक महत्त्व बढ़ गया और समाजवादी पार्टी, समता पार्टी, जनता दल, राष्ट्रीय जनता दल, बहुजन समाज पार्टी, जैसी छोटी-छोटी पार्टियों को मजबूती मिली। इन छोटी पार्टियों के पास अपने-अपने खास सामुदायिगत समर्थन आधार थे और इनके प्रभाव क्षेत्र सीमित था। दलगत राजनीति में हुए इन परिवर्तनों के पीछे भारतीय समाज में हुए कहीं व्यापक परिवर्तनों की भूमिका थी। समाज के विभिन्न तबके राजनीति में अपनी दावेदारी पेश करने में लगे हुए थे और पार्टियों की सामाजिक संरचना और उनके द्वारा की जाने वाली समूह-हितों की अभिव्यक्ति भी तेजी से बदल रही थी। चूँकि राष्ट्रीय पार्टियाँ इन हितों की परवाह कर पाने में कामयाब नहीं हो पा रही थीं। इसलिए भी हित-आधारित छोटी पार्टियों की संख्या बढ़ती जा रही थी। द्विज जातियों ने, खास तौर से उत्तर भारत में, काँग्रेस का दामन छोड़ दिया था और कमोबेश भाजपा के पीछे गोलबंद हो गई थीं। अपने आंतरिक विभेदों के बावजूद पिछड़ी जातियों को समाजवादी पार्टी, समता पार्टी, जनता दल, राष्ट्रीय जनता दल, क्षेत्रीय दलों और वामपंथी पार्टियों में अपने ताकतवर राजनीतिक प्रतिनिधित्व की उपलब्धि हो गई थी। मुसलमान भी काँग्रेस का साथ छोड़कर अन्य पार्टियों के साथ रणनीतिक गठजोड़ बनाने लगे थे, ताकि भाजपा और काँग्रेस की पराजय सुनिश्चित की जा सके।

यही वह दौर था जब दलित राजनीति ने अपना बेहद मजबूत दावा पेश किया जिसके कारण अनुसूचित जातियों के मतदान संबंधी रूझानों का अध्ययन जरूरी हो गया। काँग्रेस का पल्लू छोड़कर दलित मतदाता अपनी राजनीतिक चेतना के नये चरण का उद्घाटन करते दिखे और दलगत होड़ के जरिए उनकी नयी राजनीतिक अस्मिता बनती हुई प्रतीत हुई। इन वोटरों पर एक गहरी नजर डालने से पता चलता है कि उन्होंने अपनी दावेदारी के लिए चुनावी होड़ को क्यों चुना। राजनीतिक व्यवस्था की वैधता के बारे में उनकी राय के विश्लेषण से जानकारी मिलती है कि आमतौर

से वाम और वामोन्मुख पार्टियों को पसंद करने वाले दलित मतदाता लोकतांत्रिक संस्थाओं के बारे में क्या समझते हैं। दलितों के अंदरूनी विभेदों और उनकी पार्टी बहुजन समाज पार्टी के उभार के कारणों और प्रभाव का आकलन करते हुए इस अध्ययन में यह पता लगाने की कोशिश भी की गई है कि इस परिघटना के समग्र भारतीय राजनीति के लिए क्या नतीजे निकलेंगे।

विकासशील समाज अध्ययन पीठ द्वारा 1996 और 1998 के निर्वाचनों के बाद जमा किए गए आँकड़ों पर आधारित यह विश्लेषण क्रमशः 1,791 और 1,312 दलित मतदाताओं से बातचीत के बाद किया गया है। सर्वेक्षण के दौरान यह भी स्पष्ट हुआ कि दलितों के भीतर विभिन्न कारणों से एक मध्य वर्ग, उच्च-मध्य वर्ग और एक अभिजन माना जा सकने वाला तबका उभर चुका है। सर्वेक्षण में कुल 9,614 और 8,133 वोटरों से बात की गई जिनमें दलितों की ऊपर दी गई संख्या के अलावा द्विज मतदाताओं की संख्या क्रमशः 3,357 और 2,039 थी।

आजादी के बाद किए गए कई अध्ययन बताते हैं कि दलित मतदाता वोट डालने में द्विज मतदाताओं से काफी पीछे रहे हैं। या तो ऊँची जातियों ने उन्हें वोट डालने से जबरन रोका या फिर वे स्वयं राजनीतिक चेतना की कमी या हिंसक प्रतिक्रिया के डर से अपने लोकतांत्रिक अधिकार का इस्तेमाल करने नहीं गए। 1996 और 1998 के चुनावों में यह परिस्थिति पहली बार बदलती हुई दिखाई दी। 1996 में मतदान के राष्ट्रीय औसत 87.3 प्रतिशत के मुकाबले द्विज जातियों के मतदान का प्रतिशत 85.6 था। दलितों ने इस चुनाव में इन दोनों आँकड़ों को पार करते हुए 89.2 प्रतिशत दर्ज किया। 1998 में भी यही रवैया जारी रहा और द्विज जातियों के 91.9 प्रतिशत के मुकाबले दलितों ने 93 प्रतिशत का आँकड़ा दर्ज करते हुए बाजी मारी। ध्यान रहे कि 1971 में दलितों के मतदान का प्रतिशत केवल 78.8 था। पूछने पर 1,791 दलित वोटरों में से केवल 16 वोटरों ने कहा कि उन्होंने लोकतांत्रिक अधिकारों के अज्ञान या हिंसा के डर से वोट नहीं डाला। आँकड़े यह भी बताते हैं कि द्विज जातियाँ, अनुसूचित जातियों के लिए आरक्षित निर्वाचन क्षेत्रों में मतदान के प्रति उदासीन दिखाई देती हैं, क्योंकि वहाँ उनके पास अपनी जाति के उम्मीदवारों को वोट देने का मौका नहीं होता। इसके उलट दलित जातियाँ वोट डालने की कार्रवाई के प्रति खासा उत्साह प्रदर्शित करते हुए लगती हैं और मतदान के लिए न्यूनतम आयु 21 से घटकर 18 वर्ष होने से भी दलितों को नये अधिक मुखर और ऊर्जावान मतदाता मिले हैं। शिक्षा के बेहतर अवसरों और अधिकारों के प्रति बढ़ी हुई चेतना के कारण दलितों के लिए वोट डालना अब एक निष्क्रिय कार्रवाई के बजाए सामाजिक ऊर्ध्वगामिता का प्रतीक बन गया है। दलितों के मतदान का प्रतिशत इस तथ्य के बावजूद बढ़ा है कि चुनाव आयोग की पाबंदियों के कारण उम्मीदवारों के सभी वोटरों तक पहुँचने की संभावनाएँ कम हो गई हैं।

एक जमाने में दलित का मतलब ही माना जाता था कि वह काँग्रेस का वोट होगा। साठ के दशक में रिपब्लिकन पार्टी ने काँग्रेस के इस दावे को चुनौती देने की कोशिश की थी कि केवल वही अनुसूचित ज।तियों के उज्जवल भविष्य की गारंटी कर सकती है। लेकिन इस पार्टी का प्रभाव महाराष्ट्र और उत्तर प्रदेश के कुछ जिलों तक ही सीमित रह गया। दशक खत्म होते-होते विभिन्न राजनीतिक कारणों से इस पार्टी की रही-सही आभा भी धूमिल हो गई। 1967 और 1977 वाले चुनावों में भी दलित मतदाताओं ने काँग्रेस का साथ नहीं छोड़ा। 1967 में काँग्रेस को मिले दलित वोटों का प्रतिशत 45.2, 1971 में 47.8, 1977 में 35.7 और 1980 में 52.8 था। केवल वामपंथी शासन वाले राज्यों में ही दलित काँग्रेस को कम पसंद करते थे। दलितों की पसंद में आए बदलाव का संकेत अस्सी और नब्बे के चुनाव परिणामों से मिलना शुरू होता हैं। 1996 तक आते-आते दलितों ने उत्तर प्रदेश और बिहार जैसे महत्त्वपूर्ण राज्यों समेत कई राज्यों में काँग्रेस को त्याग दिया। लोकसभा में पहली बार सबसे बड़ी पार्टी बनने में काँग्रेस की नाकामी का एक बड़ा कारण यह भी था।

1996 में उसे सबसे ज्यादा कुल 31.4 और 1998 में 29.9 प्रतिशत दलित वोट मिले। इसके मुकाबले काँग्रेस को मिले कुछ वोटों में दलित वोटों का हिस्सा दोनों चुनावों में क्रमशः 21.6 और 22.8 प्रतिशत रहा, जबकि 1971 में काँग्रेस को मिले इन वोटों का प्रतिशत 47.8 था। 1996 और 1998 में वामपंथी पार्टियों को 11.6 और 10.4 प्रतिशत दलित वोट मिले, जबकि बसपा को 12.1 और 10.9 प्रतिशत दलित वोट मिले। 1996 में बसपा दलित वोटों पर सबसे ज्यादा निर्भर पार्टी साबित हुई, क्योंकि उसके कुल वोटों में इनकी संख्या 67 प्रतिशत थी और 1998 में यही संख्या 60.6 प्रतिशत थी। बसपा के अलावा और कोई पार्टी दलित वोटों पर इस कदर निर्भर नहीं दिखाई देती। भाजपा को इन दोनों चुनावों में करीब-करीब 13-13 प्रतिशत दलित वोट मिले, जबकि उसे द्विज जातियों ने क्रमशः 45.6 और 38.4 प्रतिशत वोट दिए। भाजपा के अतिरिक्त वामपंथी और वामोन्मुख दलों को दलितों के 60. 7 और 58.1 प्रतिशत वोट मिलने का आँकड़ा बताता है कि दलित वोटर आमतौर पर गैरदक्षिणपंथी रूझान रखते हैं।

उत्तर प्रदेश में बसपा ने 1996 में दलितों के 59.5 प्रतिशत वोट बटोरकर खुद को दलितों की सबसे प्रिय पार्टी साबित कर दिया। काँग्रेस, भाजपा और समाजवादी पार्टी के साथ हुए जनता दल के गठजोड़ को क्रमशः केवल 9.4, 10.4 और 10. 3 प्रतिशत वोट ही मिले। 1998 में बसपा के दलित मत 9 प्रतिशत कम हो गए और भाजपा अपने दलित मत 8 प्रतिशत बढ़ाने में कामयाब रही। पश्चिम बंगाल में 1996 के चुनाव में दलित मतों के मामले में वाम मोर्चा 61.6 प्रतिशत वोटों के साथ काँग्रेस के 24.7 प्रतिशत के मुकाबले बहुत आगे रहा यानी काँग्रेस का दलित आधार में 10.7 प्रतिशत की भारी गिरावट देखी गई। इसी तरह केरल में वाम

लोकतांत्रिक मोर्चे ने काँग्रेस के 20.5 के मुकाबले 69.2 प्रतिशत दलित वोट हासिल करके बाजी मार ली। 1996 में **तमिलनाडु** के दलित वोटरों ने द्रविड़ मुनेत्र कषगम और तमिल मनिला काँग्रेस के गठजोड़ को 68.1 प्रतिशत वोट देकर पंसद किया। काँग्रेस-अन्ना द्रमुक गठजोड़ को सिर्फ 21.3 प्रतिशत वोट ही मिल सके।

1996 में बिहार, मध्य प्रदेश और महाराष्ट्र के बहुकोणीय संघर्ष में दलित मतदाता भी विभाजित हो गए। **बिहार** में जनता दल और उसके साथी दलों को 24.1 प्रतिशत, भाजपा-समता गठजोड़ को 18.4, काँग्रेस को 14.9 और भाकपा (माले) को 14.2 प्रतिशत दलित वोट प्राप्त हुए। आरा और औरंगाबाद संसदीय क्षेत्रों में भाकपा (माले) को 37.3 प्रतिशत अर्थात् अपने कुल वोटों के प्रतिशत से भी अधिक दलित समर्थन हासिल हुआ। **मध्य प्रदेश** में काँग्रेस को 28.1, भाजपा को 11.5 और बसपा को 22.9 प्रतिशत दलित वोट मिले। **महाराष्ट्र** में कमोबेश यही रूझान रहा। 1998 में काँग्रेस दलित वोटों के लिहाज से मध्य प्रदेश और महाराष्ट्र में काफी फायदे में रही और उसे क्रमशः 40.4 और 46.9 प्रतिशत वोट मिले। मध्य प्रदेश में बसपा की और बिहार में राष्ट्रीय जनता दल की स्थिति दलितों के बीच सुदृढ़ हुई।

कर्नाटक में 1996 में जनता दल 25 प्रतिशत वोट पाकर सबसे आगे रहा। अन्य राज्यों में सबसे ज्यादा दलित वोट पाने वाली पार्टियाँ और गठजोड़ इस प्रकार थे : **आंध्र प्रदेश** में तेलुगु देशम और वाम पार्टियों का गठजोड़ 37.3 प्रतिशत **हरियाणा** में भाजपा-हरियाणा विकास पार्टी-समता गठजोड़ 36.6 प्रतिशत, **दिल्ली** में भाजपा 36.5 प्रतिशत और **पंजाब** में शिरोमणि अकाली दल 21.1 प्रतिशत। 1998 में काँग्रेस ने कर्नाटक में 58.9 प्रतिशत दलित वोट हासिल किए और भाजपा ने भी 14.4 प्रतिशत वोट प्राप्त करके इस क्षेत्र में अपना प्रदर्शन सुधारा। आंध्र के रूझान में कोई परिवर्तन नहीं हुआ। हरियाणा में काँग्रेस को अधिकतर भाजपा की कीमत पर 67.9 प्रतिशत दलित वोट मिले। पंजाब में अकाली-भाजपा गठजोड़ और काँग्रेस दोनों के दलित वोटों में गिरावट आई, क्योंकि बसपा 18.2 प्रतिशत दलित वोट ले गई। **गुजरात** में उपलब्ध आँकड़े बताते हैं कि 1996 में भाजपा को 37.8 और काँग्रेस को 21.6 प्रतिशत वोट मिले थे। 1998 में काँग्रेस ने सुधार करके यह आँकड़ा 39. 1 प्रतिशत कर लिया, पर भाजपा फिर भी 41.3 प्रतिशत दलित वोट लेकर आगे बनी रही। हिमाचल प्रदेश में 1996 में 75 प्रतिशत दलित वोट काँग्रेस के खाते में गए।

इन तथ्यों से नतीजा निकाला जा सकता है कि काँग्रेस ने अपना दलित आधार अधिकतर वामपंथियों, बसपा या क्षेत्रीय पार्टियों के हाथों खोया। भाजपा दलितों में कोई खास घुसपैठ नहीं कर पाई। क्षेत्रीय दलों का चुनाव करके दलित मतदाताओं ने अपने गैरकाँग्रेसी रूझान का ही परिचय दिया है।

जाहिर है कि दलित राजनीति एक संक्रमणकालीन दौर से गुजर रही है। दलित वोटर अपने मत का महत्त्व समझ गए हैं और उसका सामूहिक ताकत के दम पर वे चुनावी सौदेबाजी की स्थिति में आना चाहते हैं। वामपंथी केवल अपने शासन वाले केरल और पश्चिम बंगाल में ही दलितों के बीच स्थायी समर्थन आधार बना सके हैं। उत्तर प्रदेश और बिहार के रूझान बताते हैं कि दलित वोटर अब पहले की तरह दलगत राजनीति के क्षेत्र में द्विजों की प्राथमिकता के हिसाब से मत नहीं डालते।

आयु, लिंग, स्थानिकता या शहरी बनाम ग्रामीण और वर्ग की दृष्टि से भी दलित मतदाताओं पर एक नजर डालनी चाहिए। काँग्रेस को समर्थन देने वाले दलितों में इस आधार पर कोई फर्क नहीं दिखाई देता यानी कहा जा सकता है कि काँग्रेस को वोट देने वाले दलितों में हर आयु, लिंग और वर्ग के लोग शामिल हैं। लेकिन दूसरी पार्टियों के साथ ऐसा नहीं है। जहाँ तक पार्टियों में चुनाव का सवाल है दलित मतदाता आयु के आधार पर खास भेद करते हुए नहीं दिखते। 26 से 35 साल के मतदाता समान रूप से मुख्य पार्टियों में बँटे हुए दिखते हैं। 25 साल तक के मतदाताओं के बीच बसपा और भाजपा को सबसे ज्यादा पसंद किया जाता है। इसके उलट वाम पार्टियों और जनता दल को पसंद करने वाले मतदाताओं में ज्यादा उम्र के वोटरों की संख्या अधिक है।

वर्ग-विभाजन एक ऐसा सूचकांक जरूर है जो मतदान के निर्णय को प्रभावित करता है। मध्यवर्गीय और धनी दलित भाजपा को काफी पसंद करते हुए दिखते हैं। बसपा, वामपंथी और जनता दल साफ तौर पर गरीब दलितों की पसंद हैं। इस मामले में काँग्रेस एक बार फिर सभी दलित वर्गों में समान रूप से फैली दिखती है। चूँकि दलितों में मध्य या धनी वर्ग क़ी संख्या बहुत ही छोटी है इसलिए गरीब और वंचित दलितों की मतदान प्राथमिकताओं का पहलू ही दलित राजनीति की मुख्य धार समझा जाना चाहिए।

दलित वोटों का यह विश्लेषण बसपा के उभार का अध्ययन किए बिना अधूरा ही रहेगा। 1996 में बसपा के 67.4 और 1998 में 60.6 प्रतिशत दलितों में से आए थे। उत्तर प्रदेश, हरियाणा, मध्य प्रदेश और पंजाब में इस पार्टी का प्रदर्शन काफी अच्छा रहा था। 1996 के अखिल भारतीय चुनाव आँकड़े दिखाते हैं कि बसपा ने कुल 201 सीटों पर चुनाव लड़ा और 11 पर जीत हासिल करते हुए कुल वैध वोटों का 3.8 प्रतिशत प्राप्त किया। उसे उत्तर प्रदेश में 6, पंजाब में तीन और मध्य प्रदेश में दो सीटें मिलीं। इनमें केवल तीन चुनाव क्षेत्र ही आरक्षित थे। इस पार्टी ने उत्तर प्रदेश के कुल वोटों में से 20.16 प्रतिशत वोट हासिल किए। प्रदेश की 52 सीटों पर इस पार्टी को एक लाख से ज्यादा वोट मिले। वह 17 क्षेत्रों में दूसरे स्थान पर रही और 46 क्षेत्रों में उसे कुल मतों का 20 प्रतिशत हासिल हुआ। बसपा को 1985

के विधानसभा चुनाव में केवल 4 प्रतिशत वोट ही मिले थे। 1989 में यह प्रतिशत 9.4 हो गया। 1991 के लोकसभा चुनाव में 9.9 और 1993 के विधानसभा चुनाव में 10.8 प्रतिशत वोट लेने के बाद 1998 के चुनाव में उसने अखिल भारतीय स्तर पर 4.68 का कहीं बेहतर प्रतिशत प्राप्त किया, लेकिन उसकी सीटें घटकर पाँच रह गईं।

बसपा का आधार उत्तर प्रदेश, पंजाब, हरियाणा और मध्य प्रदेश में माना जाता है। इन चारों राज्यों में उसके वोटों का प्रतिशत लगातार बढ़ा है। इन चारों राज्यों में दलितों की आबादी क्रमशः 21.05, 28.31, 19.75 और 14.5 प्रतिशत यानी काफी ज्यादा है। देश-भर में दलित आबादी का औसत 16.48 है। इस औसत से ज्यादा दलित आबादी वाले राज्य हिमाचल प्रदेश, राजस्थान, तमिलनाडु, पश्चिम बंगाल और दिल्ली हैं जिनमें यह प्रतिशत क्रमशः 25.3, 17.3, 19.2, 23.6 और 19.1 है। इनमें से किसी भी राज्य में बसपा की राजनीतिक हैसियत अभी तक नहीं बन पाई है। आंध्र, ओडीसा, त्रिपुरा और कर्नाटक में दलित आबादी राष्ट्रीय औसत के बराबर ही है, पर वहाँ भी बसपा का उल्लेखनीय वजूद नहीं है। लेकिन बसपा के पक्ष में उत्तर प्रदेश के संदर्भ में एक सकारात्मक आयाम यह उभरकर आया है कि 1998 के चुनाव में उसे पिछड़े वर्गों का उल्लेखनीय समर्थन मिला है। उसके दलित वोटों की संख्या कम जरूर हुई पर कुल वोट बढ़े और यह पिछड़े वर्ग के वोटों के कारण संभव हो पाया। बसपा के उम्मीदवारों में भी दलितों की संख्या घटी और पिछड़े उम्मीदवारों की संख्या बढ़ी है। बहुजन गठजोड़ की दृष्टि से यह स्वागत योग्य तथ्य माना जा सकता है।

बसपा के समर्थन आधार के बारे में यह एक गलतफहमी है कि उसकी अपील दलितों के शहरी शिक्षित मध्य वर्ग में ज्यादा है। हम देख चुके हैं कि बसपा को ज्यादातर देहाती दलितों ने अपने वोट दिए हैं। 1996 का चुनाव बताता है कि बसपा के 62.7 प्रतिशत दलित वोटर बिना पढ़े-लिखे थे, जबकि सर्वेक्षण के लिए चुने गए मतदाताओं में ऐसे वोटर केवल 44.8 प्रतिशत थे। बसपा को वोट देने वालों में इसके बाद उन दलितों का नंबर आता है जिन्हें माध्यमिक शिक्षा ही प्राप्त हुई है। ऐसे 27.4 प्रतिशत वोटरों के मुकाबले स्नातक स्तर तक पढ़ाई करने वाले दलित वोटरों का प्रतिशत सिर्फ दो निकलता है, जबकि भाजपा के लिए यही प्रतिशत 51.3 तक पहुँच जाता है। पेशे के लिहाज से बसपा के वोटर अकुशल मजदूर, खेतिहर और अन्य संबंधित कामों में लगे हुए मजदूर, कारीगर, छोटे और सीमांत किसान हैं। राष्ट्रीय ही नहीं उत्तर प्रदेश के स्तर पर भी यही स्थिति है।

दलितों का प्रतिनिधित्व करने के मामले में महाराष्ट्र में रिपब्लिकन पार्टी आगे रही है। 1996 में उसने कोई सीट तो नहीं जीती, लेकिन जिन 11 निर्वाचन क्षेत्रों

में उसने चुनाव लड़ा उनमें से पाँच में उसे कुल पड़े वोटों का बीस फीसदी और चार क्षेत्रों में दस से बीस फीसदी तक वोट मिले। अकोला निर्वाचन क्षेत्र में उस पार्टी ने 33.19 प्रतिशत वोट तक हासिल करके दिखाए। 1998 में जैसे ही रिपब्लिकन गठजोड़ हुआ वैसे ही उसने अपनी चारों सीटें जीत लीं। इन क्षेत्रों में रिपब्लिकन पार्टी को 47 से 50 प्रतिशत तक वोट मिले। महाराष्ट्र में दलितों की आबादी केवल 11.09 प्रतिशत ही है, इसलिए यहाँ दलित पार्टी के लिए गठजोड़ बनाना दूसरे राज्यों के मुकाबले अधिक जरूरी है।

राजनीतिक व्यवस्था की वैधता के बारे में किया गया अध्ययन बताता है कि अपने वोट की ताकत में यकीन के लिहाज से दलितों और द्विज जातियों का प्रतिशत एक-सा निकलता है। 60 प्रतिशत दलितों और 62 प्रतिशत द्विजों को अपने वोट के प्रभावी होने पर विश्वास निकला। वर्ग के लिहाज से देखने में भी यह प्रतिशत तकरीबन बराबर था। चुनाव प्रणाली की साख के बारे में पूछने पर 1996 में 45.4 प्रतिशत दलितों और 51.3 प्रतिशत द्विजों ने चुनाव की उपयोगिता में यकीन जताया था। 1998 में भी इस आँकड़े में परिवर्तन नहीं हुआ। राजनीतिक दलों की उपयोगिता के मामले में सिर्फ 41.4 प्रतिशत दलितों ने सकारात्मक राय दी। द्विजों में यही आँकड़ा 46.9 था। यह रवैया 1998 में भी जारी रहा। 1996 में केवल 21.8 दलितों और 18.1 द्विजों ने माना कि उनके जाति-समूहों के हितों की नुमाइंदगी करने वाली कोई पार्टी भी है। 1998 में इन आँकड़ों में थोड़ी बढ़ोत्तरी हुई। जातिगत हितों की परवाह करने वाली किसी पार्टी के न होने का समर्थन करने वाले दलित मतदाताओं का प्रतिशत दलितों और द्विजों में 65-65 था।

विजय बहादुर सिंह अपने लेख में लिखते हैं कि उत्तर प्रदेश विधानसभा के चुनाव नतीजों की देखा जाए तो ऐसा लगता है कि वहाँ की जनता ने सत्ता की दावेदार तीनों प्रमुख पार्टियों को ठुकरा दिया है। किसी भी राजनीतिक दल या गठबंधन को 35 प्रतिशत से ज्यादा वोट नहीं मिले और न ही किसी को 176 से ज्यादा सीटें ही मिल पाईं। 425 सदस्यों वाली विधानसभा के लिए निःसंदेह यह एक त्रिशंकु जनादेश है। लेकिन गहराई में जाकर देखा जाए तो पता चलता है कि उत्तर प्रदेश की जनता ने निश्चयात्मक रुख अख्तियार करके मतदान किया है।

इस चुनाव ने प्रदेश की जनता को तीन समूहों में बाँट दिया है। यदि एक ओर समाज में अपना दबदबा रखने वाले ऊँची जातियों और विशिष्ट वर्गों के लोगों का झुकाव भाजपा की ओर है तो दूसरी ओर समाज का सबसे अधिक दबा-कुचला वर्ग (अनुसूचित और निचले तबके की अन्य जातियाँ) हैं। मध्यम वर्ग जिसमें यादवों सहित वे सभी जातियाँ शामिल हैं जिनके पास खेती या जीविकोपार्जन के अन्य साधन उपलब्ध है, वह वर्ग समाजवादी पार्टी या संयुक्त मोर्चा के साथ खड़ा है। प्रदेश में

मुसलमान कुल जनसंख्या का 17.3 प्रतिशत है। मोटे तौर पर मुसलमान मुलायम सिंह यादव के पक्ष में दिखता है। भारतीय जनता पार्टी को 33.8 प्रतिशत मत मिले है। यदि इसकी व्याख्या चुनाव सर्वेक्षण के आँकड़ों से की जाए तो पता चलता है कि इसमें से 58.7 प्रतिशत मत ऊँची जातियों के हैं। इसी आँकड़े को यदि दूसरे नजरिए से देखा जाए तो पता चलता है कि ऊँची जातियों का 58.7 प्रतिशत वोट पाने वाली पार्टी के लिए दलितों का 6.3 प्रतिशत और मुसलमानों का 2.4 प्रतिशत समर्थन उसके लिए नगण्य मात्र ही है। कहने का तात्पर्य यह है कि प्रदेश की 38.4 प्रतिशत जनता (21.1 प्रतिशत दलित और 17.3 प्रतिशत मुसलमान) भाजपा की पहुँच से बाहर है। यह सामाजिक तस्वीर भाजपा के संकुचित दायरे को परिलक्षित करती है।

लगभग यही बात महादेव चौहान लिखते हैं कि उत्तर प्रदेश के परिणामों ने भाजपा के लिए कई सवाल खड़े किए हैं। आखिर भाजपा किस तरह की राजनीति कर रही है और कैसी करना चाहती है। उसकी सोच का आधार सांप्रदायिक, हिंदुत्ववादी, जातिवादी, धार्मिक, उन्मादी, आपराधिक है या फिर क्या है? सवर्णों की पार्टी या फिर पिछड़ों की? दलितों की सेवा करना चाहती है या फिर समरस समाज बनाना चाहती है? उसके पास कोई आर्थिक या सामाजिक दर्शन है क्या?

वहीं योगेन्द्र यादव दो तरह से अपनी बात रखते हैं। उनके विचार में उत्तर प्रदेश इस समय सामााजिक मंथन के दौर से गुजर रहा है और चुनावी राजनीति इस मंथन का महज औजार बन गई हैं।

पिछले एक सौ वर्षों से यह सामाजिक समीकरण लगभग स्थापित था कि समाज में सवर्णों का प्रभुत्व होगा, लेकिन समन्वयवादी दृष्टिकोण के साथ। लगभग सभी वर्गों को साथ लेकर प्रभुत्व जमाने का यह फार्मूला साठ के दशक तक चलता रहा। साठ के दशक में इस समीकरण में बदलाव की हलकी कोशिशें शुरू हुई। और तब यह समीकरण बना कि प्रभुत्व तो सवर्णों का होगा, लेकिन जो संपन्न अवर्ण हैं, उन्हें भी एक अच्छा हिस्सा मिलेगा। लेकिन जो दबे हुए अवर्ण थे या दलित थे, उनके हिस्से में कुछ नहीं आया। लेकिन पिछले एक दशक में इस समीकरण पर प्रश्नचिह्न लग गया है कि सवर्ण राज करेंगे या नहीं और जो अति पिछड़े और दलित हैं उन्हें सत्ता में हिस्सा मिलेगा या नहीं? और यह समीकरण अभी भी हल नहीं ही पाया हैं। जब तक इस समीकरण में संतुलन नहीं होगा उत्तर प्रदेश के चुनाव परिणाम इसी तरह दिखाई देंगे।

उत्तर प्रदेश विधानसभा के चुनाव के लिए बसपा से तालमेल करके पी.वी. नरसिंह राव ने संकट से उबरने के लिए नई चाल चली थी। इस तरह राव ने एक तीर से दो शिकार किए। पहला यह कि पार्टी में अपने विरोधियों को कुछ समय

के लिए चक्रव्यूह में फँसा लिया। दूसरे बसपा के साथ गठबंधन का संयुक्त मोर्चे का प्रयास धरा रह गया।

हालाँकि भाजपा ने भी पहले राउंड में बसपा से बातचीत करने की कोशिश की थी। जुलाई, 1996 के प्रथम सप्ताह में अटल बिहारी वाजपेयी कांशीराम से मिले थे, पर नतीजा कुछ नहीं निकला।

काँग्रेस-बसपा गठबंधन उत्तर प्रदेश तक ही सीमित रहा, लेकिन बसपा प्रमुख कांशीराम ने अन्य राज्यों में भी ऐसे गठबंधन की संभावना से इनकार नहीं किया। जहाँ तक सीटों के तालमेल का सवाल था, राज्य की 425 सीटों में से काँग्रेस ने केवल 125-130 सीटों पर चुनाव लड़ा। वैसे भी पिछले सात-आठ सालों में उसका परंपरागत वोट बैंक उसके हाथ से निकला और काँग्रेस पार्टी को मतदाताओं ने हाशिए पर धकेल दिया। काँग्रेस की इस बेचारगी को स्थिति को और अधिक कमजोर बनाने में मुख्य भूमिका तो बसपा की ही रही।

जहाँ तक संयुक्त मोर्चा की बात है, वह बसपा से कोई टकराव मोल लेना नहीं चाहता। पर विवाद का मुद्दा स्वयं मुलायम रहे। उनका शरीर तो दिल्ली में रहता था और आत्मा लखनऊ में। वे ऐसे किसी समझौते पर राजी न थे जिसमें मायावती को मुख्यमंत्री बनाने की बात हो। हालाँकि संयुक्त मोर्चे की संचालन समिति की बैठक में जद अध्यक्ष लालू प्रसाद यादव ने सुझाव दिया था कि मायावती को मुख्यमंत्री बनाने की बात मुलायम सिंह को मान लेनी चाहिए। उधर कांशीराम ने भी इसी भाषा का प्रयोग करते हुए कहा था, "मैं ऐसे किसी भी समझौते में शामिल नहीं हो सकता जिसमें मुलायम हो।" मायावती ने भी पत्रकारों से उसी दौरान कहा था, "राज्य में शैतान भी अगर कुर्सी पर बैठ जाए तो मुझे दुख नहीं होगा, लेकिन सपा से बसपा के हाथ मिलाने का कोई सवाल ही नहीं उठता।" दूसरी ओर संयुक्त मोर्चे की रणनीति के तहत प्रधानमंत्री देवगौड़ा ने जद के कार्यकारी अध्यक्ष शरद यादव और केंद्रीय नागरिक उड्डयन मंत्री सी.एम. इब्राहीम को कांशीराम से बातचीत करने का काम सौंपा।

उसी दौरान पासवान ने कहा था कि अब काँग्रेस के साथ समझौता करने के बाद दलितों का भी बसपा से मोह भंग हो सकता है। उनमें यह संदेश जा सकता है कि बसपा पर भरोसा नहीं किया जा सकता। बसपा एक दिशाहीन रेलगाड़ी है, जो कभी लखनऊ भागती है तो कभी दिल्ली। वह कब क्या कर बैठे; कुछ नहीं कहा जा सकता। क्या इस तरह दलित सवाल हल किए जा सकते हैं?

वर्ष 1996 में हुए चुनाव में शामिल बसपा के प्रत्याशियों की हम सूची दे रहे हैं, जिससे पाठकों को चुनाव सम्बन्धी जानकारी मिलेगी।

विधानसभा चुनावों में बहुजन समाज पार्टी के प्रत्याशी

हरियाणा

क्र.सं.	विधानसभा क्षेत्र	प्रत्याशी का नाम
1.	1-कालका	कौर सिंह (सिख)
2.	2-नारायणगढ़	मानसिंह गुर्जर
3.	3-सढौरा (सु.)	सहीराम
4.	4-छछरौली	अमनकुमार नागरा
5.	5-जगाधरी	बिशनलाल सैनी
6.	6-युमना नगर	शमशेर सिंह कम्बोज
7.	7-मुलाना (सु.)	अशोक कुमार
8.	8-अम्बाला कैंट	सेवासिंह चौहान
9.	9-अम्बाला सिटी	पूर्ण प्रकाश सैनी
10.	10-नग्गल	राजपाल कश्यप
11.	11-इन्द्री	दलबीर सिंह सन्धू
12.	12-नीलोखेड़ी	अमरजीत सिंह धीमान
13.	13-करनाल	सुरेश कुमार सैनी
14.	14-जूण्डला (सु.)	श्रीमती ईश्वर कौर नरवाल
15.	15-घरौंदा	केशोराम पंवार
16.	16-असन्ध	रामकुमार
17.	17-पानीपत	प्रताप सिंह बाल्मीकि
18.	18-सम्मालखा	भरत सिंह गुज्जर
19.	19-नौलथा	श्रीमती राजबाला
20.	20-शाहबाद	रघबीर सिंह पाल
21.	21-रादौर (सु.)	नरेश कुमार
22.	22-थानेसर	बलदेव सिंह सैनी
23.	23-पेहवा	सतपाल सिंह कश्यप
24.	24-गृहला (सु.)	बूटाराम बाजीगर
25.	25-कैथल	यशबीर सिंह जाट
26.	26-पुण्डरी	बलदेव सिंह (सिख)
27.	27-पाई	रामसिंह गुज्जर
28.	29-किलोई	दुलीचन्द कश्यप
29.	31-मेहम	रामेश्वर दयाल ठाकुर
30.	40-कैलाना	विनोद कुमार पाल
31.	42-राई	धर्मपाल धीमान

32.	44-केलायत (सु.)	श्रीमती कमला सिरोही
33.	45-नरवाना	ओमप्रकाश धीमान
34.	46-उचाना कलां	श्रीमती रोशनी देवी
35.	47-राजोन्द	जगदीश दलाल
36.	48-जीन्द	जयप्रकाश रेडू
37.	50-सफीदों	बलराम सैनी
38.	51-एनआईटी फरीदाबाद	दौजी
39.	52-मेवला महाराजपुर	लियाकत अली
40.	53-वल्लभगढ़	राजिन्द्र मलिक
41.	54-पलवल	सुभाष चौधरी
42.	55-हसनपुर (सु.)	श्रीचन्द
43.	56-हथीन	लियाकत अली
44.	57-फिरोजपुर झिरका	इदरीश
45.	58-नूह	शमशुद्दीन
46.	59-तावडू	टेकचन्द सैनी
47.	63-भादरा	अमीर सिंह
48.	65-मण्डलखुर्द	श्रीमती फुलबाई
49.	69-भवानी खेड़ा	सुरेश कुमार
50.	70-बरवाला	नर सिंह
51.	71-नारनौल	वीरेन्द्र दून जाट
52.	73-भट्टू कलां	सुरजीत कुमार
53.	74-हिसार	ओ.पी. निम्बल
54.	75-घिराई	श्रीमती कृष्णा खटीक
55.	78-फतेहाबाद	श्रीमती हरवन्स कौर
56.	84-डबवाली	लीलूराम आशाखेड़ा
57.	87-अटेली मण्डी	नरेश कुमार यादव

केरल

क्र.सं.	विधानसभा क्षेत्र	प्रत्याशी का नाम
जिला-थीरुवनन्थापुरम		
1.	पारास्साला	उदयान्कुलंगारा फ्रांसी
2.	नेमम	पुन्नामुडू श्यामला
3.	आर्यानाडू	पी.के. रवीन्द्रन
4.	किलीमानूर	पन्दलम राजेन्द्रन

5. कोवलम	थिरुवलम श्रीकन्दन
जिला-कोल्लाम	
6. चथन्नूरे	गिरीश कुमार
जिला-पथनमथित्ता	
7. कल्लूपाड़ा	के.एस. जोस
8. रान्नी	जयदास जोसफ
9. पथनमथित्ता	हबीब मोहम्मद
10. अदूर	सी.ए.रवि
11. कोन्नी	एन.ए. राघवन
जिला-अलाप्पुझा	
12. चेन्गानूर	चन्द्रदास
जिला-कोट्टायम	
13. कन्जीराप्पल्ली	कल्लारा सुकुमारन
14. पुथुपल्ली	पाल चिरक्कारोडू
15. वझूर	वी.वी. राजूमोहन थम्पी
16. पलाई	पी.जे. सेबास्तीयन
17. चगानाचेरी	जी.के. राजाप्पन
18. वैकम	पी. शंकुघन
19. काडूथुरुथी	मैथ्यु डेविड
20. ऐत्तुमनूर	बिनय जोसफ
21. कोट्टायम	शाजी लेवी
जिला-इदुकी	
22. पीरमडे	सी.एस. जेन्द्रन
23. उदूम्पन्चोला	सुरेश चेम्मान्नार
जिला-एरनाकुलम	
24. अंगामली	वी.के. अय्याप्पन
25. नत्तीका	पी.वी. अय्याप्पन
26. पिरावम	सलीम चुन्दाक्काडू
जिला-थ्रिस्सूर	
27. चेलाक्कारा	एड.सी. नारायणन
28. एरिन्जलाक्कुडा	के.आर. रामाकृष्णन
29. ओल्लूर	भास्करन
30. कोडूंगाल्लूर	कुन्हीरमन

जिला-कोझीक्कोडू

31.	बीदर	के.पी. प्रकाशन

जिला-ययानाडू

32.	कालपेट्टा	गोपाकुमार

तमिलनाडु

क्र.सं.	विधानसभा क्षेत्र	प्रत्याशी का नाम
जिला-मद्रास		
1.	थीगरया नगर	के. सुदर्शन
जिला-चेंगाई नगर		
2.	पूनामल्ली	वी.रवि
जिला-नोर्थ आरकोट अम्बेडकर		
3.	नत्तरामपल्ली	वी.सी. वज्जीराम
जिला-तिरुवन्नमल्ली सम्बूवरायर		
4.	चेंगम (सु.)	टी. चेन्द्रावणी
5.	थिरुवनामलई	के. आन्दल
6.	थण्ड्रमवट्टू	सी. गोविन्दराज
7.	पोलूर	आर. अरुमुगम
8.	कालासापक्कम	समुअल देसीगर
जिला-साउथ आरकोट वेल्लार		
9.	मंगलौर (सु.)	पोन. नागप्पन
जिला-विल्लूपुरम रामास्वामी पेदाचियर		
10.	वेनूर (सु.)	के. विजयन
11.	जिन्जी	आर. जायावालन
जिला-पुदूक्कोट्टयी		
12.	पुदूक्कोट्टयी	ए.तीवा
जिला-नेल्लईकट्टापोम्मन		
13.	नंगूनरी	चन्द्रशेखर
जिला-थिरुवल्लूर		
14.	पेराम्बलूर (सु.)	वीरामुत्थु
जिला-त्रिची		
15.	त्रिची	उमा महेश्वरा

पश्चिम बंगाल

क्र.सं.	विधानसभा क्षेत्र	प्रत्याशी का नाम
1.	हावड़ा	प्रोनोती विश्वास
2.	बारासात	काशीश्वर सरकार
3.	अशोक नगर	अंशुमली बरई
4.	देगंगा	हफीजुल इस्लाम
5.	गईघाटा	मनिन्द्रा विश्वास
6.	बोनगोन	फनीभूषण सिरदर
7.	बगदाह	गौरंगा बाला
8.	हंसखाली	समर राय
9.	रानाघाट (ईस्ट)	धीमान विश्वास
10.	रानाघाट (वेस्ट)	अमल राय
11.	चकदाह	रामानी सरकार
12.	हरीन घाटा	श्यामल बोस
13.	कृष्णगंज	
14.	कृष्णनगर	विनोद विहारी सिकंदर
15.	नकाशीपाड़ा	सुधांशू राय
16.	पलाशी	अरविंद विश्वास
17.	चपड़ा	कुमुद विश्वास
18.	डम-डम	विजय मण्डल
19.	पानीहाती	निर्मल सरकार
20.	खरदाह	कालीदास राय
21.	राजरहाट	प्रफुल्ल मलोंगी
22.	पूरबा बेगचिया	
23.	बीजपुर	शिबापादा विश्वास
24.	नयी हाती	रामचन्द्र मण्डल
25.	जगदल	चपला मजूमदार
26.	भाटपाड़ा	शेफाली सरकार
27.	नोयपाड़ा	नरेन वैद्य
28.	पण्डुआ	लक्ष्मी नारायण बोलदास
29.	जादवपुर	संध्या मण्डल
30.	बालीगंज	महेश्वर दास

31.	ऐंटाली	फिरोज अहमद
32.	बिंध्या सागर	कमल अन्सारी
33.	दिनाजपुर	निताई मण्डल
34.	रायगंज	
35.	माथा भंगा	पपिया वर्मन
36.	मेखलई गंज	अनिल राय
37.	राजगंज	शान्ती सरकार
38.	तूफानगंज	सचीन वर्मन
39.	सिताई	सिवानी मण्डल

पश्चिम बंगाल

बसपा के लोकसभा प्रत्याशी

क्र.सं.	संसदीय क्षेत्र	प्रत्याशी का नाम
1.	बारासात	मनोह हवलादर
2.	नवाद्वीप	सतीश विश्वास
3.	कृष्णनगर	श्रीमन्त मजूमदार
4.	दम दम	सुरेन्द्रनाथ विश्वास

पाण्डिचेरी

क्र.सं.	विधानसभा क्षेत्र	प्रत्याशी का नाम
1.	कोचेरी	ऐलांगोरन
2.	ओसूदू	सुन्दराज
3.	उप्पालम	कलईमारान
4.	उझवाकरई	अब्दुल हमीद

जिन लोकसभा सीटों पर बसपा प्रत्याशी मैदान में रहे, उनका राज्यवार मतदान कार्यक्रम इस प्रकार था :

27 अप्रैल, 1996

पंजाब

1-गुरदासपुर
5-फिल्लौर (सु.)

6-होशियारपुर

13-फिरोजपुर

चण्डीगढ़

1-चण्डीगढ़

हरियाणा

1-अम्बाला (सु.)

2-कुरुक्षेत्र

3-करनाल

6-फरीदाबाद

7-महेन्द्रगढ़

9-हिसार

हिमाचल प्रदेश

3-कांगड़ा

4-हमीरपुर

केरल

12-मुवत्तुपूझा

13-कोटय्याम

19-चिरायीनकील

तमिलनाडु

21-पोल्लाची (सु.)

पाण्डिचेरी

1-पाण्डिचेरी

27 अप्रैल, 1996

राजस्थान

1-श्रीगंगानगर (सु.), 2-बीकानेर, 3-चूरू, 4-झुन्झुनु, 5-सीकर, 12-अजमेर, 19-चित्तोड़गढ़, 21-पाली, 23-बाड़मेर

आंध्र प्रदेश

28- नगर कुर्नूल (सु.)

कर्नाटक

12-बंगलौर नार्थ

2 मई, 1996

राजस्थान

7-दौसा, 8-अलवर, 9-भरतपुर, 10-बयाना (सु.), 13-टांक (सु.), 14-कोटा

आंध्र प्रदेश

38- पेद्दापल्ली (सु.)

कर्नाटक

1-बीदर (सु.), 3-रायचूर, 7-चित्रदुर्गा

2 मई, 1996

महाराष्ट्र

26-चन्द्रपुर, 27-वर्धा, 28-यवतमाल, 35-लातूर

गुजरात

5-पोरबंदर, 6-जूनागढ़, 19-खेड़ा, 20-आनन्द, 21-छोटा उदयपुर, 23-भरूच, 24-सूरत, 25-माण्डवी (सु.), 26-बलसाड (सु.)

मध्य प्रदेश

16-सारंगढ़ (सु.), 17-रायचूर, 18-महासमुन्द, 19-कांकेर (सु.), 21-दुर्ग, 22-राजनन्दगाव, 23-बालाघाट, 24-मण्डला (सु.), जबलपुर, 26-सिवनी, 29-होशंगाबाद, 32-विदिशा, 34-खण्डवा।

बिहार

1-बगहा (सु.), 2-बेतिया, 3-मोतिहारी, 4-गोपालगंज, 5-सिवान, 6-महाराजगंज, 8-हाजीपुर (सु.), 11-सीतामढ़ी, 12-शिवहर, 17-समस्तीपुर, 19-बलिया

पश्चिम बंगाल

11-कृष्णानगर, 12-नवाद्वीप, 13-बारासात

7 मई, 1996

महाराष्ट्र

4-बम्बई साउथ

7-बम्बई नार्थ ईस्ट

गुजरात

3-जामनगर, 9-धांधूका (सु.), 11-गाँधीनगर, 12-मेहसाना, 15-साबरकंठा, 16-कापडवंज, 17-दाहोद (सु.), 18-गोधरा

मध्य प्रदेश

1-मुरैना (सु.), 2-भिण्ड, 3-ग्वालियर, 4-गुना, 5-सागर (सु.), 6-खजुराहो, 7-दामोह, 8-सतना, 9-रीवा, 19-सीधी (सु.), 11-शहडोल (सु.), 14-जांजगीर, 15-बिलासपुर, 32-राजगढ़, 38-उज्जैन (सु.)

बिहार

22-अररिया (सु.), 23-किशनगंज, 24-पूर्णिया, 25-कटिहार, 29-बांका, 30-भागलपुर, 31-खगड़िया, 32-मुंगेर, 33-बेगूसराय, 35-पटना, 36-आरा, 37-बक्सर,

38-सासाराम (सु.), 39-विक्रमगंज, 40-औरंगाबाद, 41-जहानाबाद, 42-नवादा (सु.), 43-गया (सु.), 44-चतरा, 46-कोडरमा, 57-धनबाद, 48-हजारीबाग, 50-जमशेदपुर, 54-पलामू (सु.)

पश्चिम बंगाल

20-दम दम

उत्तर प्रदेश की लोकसभा सीटों के लिए मतदान कार्यक्रम

2 मई, 1996

क्र.सं.	संसदीय क्षेत्र
1.	1-टिहरी
2.	2-गढ़वाल
3.	3-अल्मोड़ा
4.	4-नैनीताल
5.	5-बिजनौर (सु.)
6.	6-अमरोहा
7.	7-मुरादाबाद
8.	8-रामपुर
9.	9-संभल
10.	10-बदायूँ
11.	11-आँवला
12.	12-बरेली
13.	13-पीलीभीत
14.	14-शाहजहाँपुर
15.	15-खीरी
16.	16-शाहबाद
17.	17-सीतापुर
18.	30-केसरगंज
19.	31-बहराइच
20.	32-बलरामपुर
21.	33-गोण्डा
22.	34-बस्ती (सु.)
23.	35-डुमरियागंज
24.	36-खलीलाबाद

25.	37-बांसगाँव (सु.)
26.	38-गोरखपुर
27.	39-महाराजगंज
28.	40-पडरौना
29.	41-देवरिया
30.	42-सलेमपुर

7 मई, 1996

क्र.सं.	संसदीय क्षेत्र
31.	18-मिसरिख (सु.)
32.	19-हरदोई (सु.)
33.	20-लखनऊ
34.	21-मोहनलालगंज (सु.)
35.	22-उन्नाव
36.	23-रायबरेली
37.	24-प्रतापगढ़
38.	25-अमेठी
39.	26-सुल्तानपुर
40.	27-अकबरपुर (सु.)
41.	28-फैजाबाद
42.	29-बाराबंकी (सु.)
43.	43-बलिया
44.	44-घोषी
45.	45-आजमगढ़
46.	46-लालगंज (सु.)
47.	47-मछलीशहर
48.	48-जौनपुर
49.	49-सैदपुर (सु.)
50.	50-गाजीपुर
51.	51-चन्दौली
52.	52-वाराणसी
53.	53-राबर्टगंज (सु.)
54.	54-मिर्जापुर
55.	55-फूलपुर
6.	56-इलाहाबाद

57.	57-चायल (सु.)
58.	58-फतेहपुर
59.	59-बांदा
60.	60-हमीरपुर
61.	61-झाँसी
62.	62-जालौन (सु.)
63.	63-घाटमपुर (सु.)
64.	64-बिल्हौर
65.	65-कानपुर
66.	66-इटावा
67.	67-कनौज
68.	68-फर्रुखाबाद
69.	69-मैनपुरी
70.	70-जलेसर
71.	71-एटा
72.	72-फिरोजाबाद (सु.)
73.	73-आगरा
74.	74-मथुरा
75.	75-हाथरस (सु.)
76.	76-अलीगढ़
77.	77-खुर्जा (सु.)
78.	78-बुलंदशहर
79.	79-हापुड़ (गाजि.)
80.	80-मेरठ
81.	81-बागपत
82.	82-मुजफ्फरनगर
83.	83-कैराना
84.	84-सहारनपुर
85.	85-हरिद्वार (सु.)

2 मई, 1996

जम्मू और कश्मीर

6-जम्मू

30 मई, 1996

2-उधमपुर

* 15 अप्रैल 1996 के बहुजन संगठक से साभार

आय वर्ग वार मतदान

	भाजपा+समता	बसपा+काँग्रेस	संयुक्त मोर्चा	अन्य
उच्च आय वर्ग	59.3	11.1	23.6	6.0
मध्य आय वर्ग	46.6	16.2	29.6	7.6
निम्न आय वर्ग	34.5	24.8	33.2	7.5
अति निम्न आय वर्ग	19.6	44.5	29.1	6.8

शैक्षिक वर्ग वार मतदान

	भाजपा+समता	बसपा+काँग्रेस	संयुक्त मोर्चा	अन्य
अशिक्षित	24.9	38.2	29.8	7.1
प्राथमिक शिक्षा प्राप्त	29.8	25.0	38.3	6.9
मिडिल शिक्षा प्राप्त	41.8	22.7	30.6	6.3
हाई स्कूल शिक्षा प्राप्त	41.5	21.0	29.3	8.2
इण्टरमीडिएट शिक्षा प्राप्त	52.0	15.6	25.0	7.4
ग्रेजुएट शिक्षा प्राप्त	58.1	10.4	24.2	7.3

किसे किस तबके का कितना मत मिला

	भाजपा+समता	बसपा+काँग्रेस	संयुक्त मोर्चा	अन्य
महिला	35.9	28.0	29.1	7.0
मुस्लिम	2.4	23.9	68.1	5.6
शहरी	40.8	20.9	34.0	4.3

किस जाति का कितना मत किसको

जाति	भाजपा+समता	बसपा+काँग्रेस	संयुक्त मोर्चा	अन्य
ब्राह्मण	74.4	6.7	8.9	10.0
क्षत्रिय	77.5	8.2	8.6	5.7
कायस्थ	83.7	2.2	9.8	4.3
वैश्य	83.2	7.1	4.3	5.4
जाट	32.8	6.7	36.1	24.4
अन्य सवर्ण जाति	78.0	4.0	13.0	5.0
यादव	6.7	10.5	73.8	9.0
कुर्मी	44.9	10.2	41.5	3.4
लोध	78.2	5.0	11.9	4.9
कोली	49.1	20.8	25.4	4.7
पाल	28.7	22.1	34.4	14.8
अन्य पिछड़े	51.8	19.0	24.1	5.1
अन्य अति पिछड़े	52.2	26.1	21.7	0.0
अनुसूचित जाति	6.3	77.3	11.6	4.8

लोकसभा और विधानसभा चुनावों के बीच पार्टियों के मतों में खिसकाव

पार्टी/गठबंधन	लोकसभा के मत	विधानसभा में मिले मत				
		बरकरार रहा	किसकी ओर कितना खिसका			
			भाजपा +समता	काँग्रेस +बसपा	संयुक्त मोर्चा	अन्य
भाजपा+समता	100%	92.4	—	3.6	3.2	0.8
काँग्रेस+बसपा	100%	82.2	4.9	—	12.5	0.4
संयुक्त मोर्चा	100%	82.8	5.6	10.6	—	0.9
अन्य	100%	5.5	39.4	17.3	37.8	—

* 1996 के राष्ट्रीय सहारा से साभार

सुरक्षित सीटों पर दलगत प्रदर्शन

राज्य (सुरक्षित सीट)	कांग्रेस पार्टी		भाजपा		जनता दल		वामपंथी दल		क्षेत्रीय पार्टियाँ		अन्य	
	1991	1996	1991	1996	1991	1996	1991	1996	1991	1996	1991	1996
आंध्र प्रदेश (8)	7	6						1	1 (ते. दे.)	1 (ते. दे.)		
असम (3)			1	1					1 (ए. एस. डी. सी.)	1 (ए. एस. डी. सी.)	1 (निर्दल)	1 (निर्दल)
बिहार (13)		1	3	6	6	4	1		3 (झामुमो)	1 समता 1 झामुमो		
गुजरात (6)	5	3	1	3								
हरियाणा (2)	2	1		1								
हिमाचल प्रदेश (1)	1	1										
कर्नाटक (4)	3	1	1	1		2						
केरल (2)	1	1					1	1				
मध्य प्रदेश (15)	13	4	2	9						1 क्रांति		1 (मविका)
महाराष्ट्र (7)	7	3		2						2 (शिसे)		
मणिपुर (1)	1	1										
मिजोरम (1)	1	1										
उड़ीसा (8)	5	7			3	1						

राजस्थान	(7)	4	4	3	3								
तमिलनाडु	(8)	6	–						1	2 (अन्ना द्रमुक)	3 (द्रमुक)		4 तमाका
त्रिपुरा	(1)	1							1				
उत्तर प्रदेश	(18)	1		9	14	7				1 (सजपा)	2 (सपा)		2 बसपा
पश्चिम बंगाल	(10)							6	6	1 फा. ब्लाक 3 रिसोपा	1 फा. ब्लाक 3 रिसोपा		
पंजाब	(3)	3									2 अकाली		1 बसपा
दादरा नगर हवेली	(1)	1	1										
दिल्ली	(1)		1	1									
कुल सुरक्षित सीटें	(120)	62	36	21	40	16	07	08	10	12	18	01	09

* राष्ट्रीय सहारा से साभार

विभिन्न जाति-प्रधान क्षेत्रों में प्रदर्शन (लोकसभा '96) : लेखा-जोखा

	अगड़ी जातियाँ (क्षेत्र जहाँ अगड़ी जाति के मतदाता 25% या उससे अधिक हैं)				मुसलमान (क्षेत्र जहाँ मुसलमान 18% या उससे अधिक हैं अधिक हैं)				अनुसूचित जातियाँ (क्षेत्र जहाँ अनुसूचित जाति के मतदाता 25% या उससे अधिक हैं)				पिछड़ी जातियाँ (क्षेत्र जहाँ पिछड़ी जातियों के मतदाता 25% या उससे अधिक हैं)			
	क	ख	ग	%	क	ख	ग	%	क	ख	ग	%	क	ख	ग	%
पार्टी																
भाजपा	42	59	61	34.66	10	23	23	33.89	15	21	21	33.06	25	43	44	31.19
जद	1	14	61	3.90	1	3	23	3.86	0	3	21	2.17	1	8	44	4.94
काँग्रेस	2	61	61	7.21	1	23	23	6.59	0	21	21	6.26	4	44	44	7.63
सपा	10	44	61	19.69	9	20	23	27.26	2	17	21	22.11	8	33	44	21.14
बसपा	3	61	61	20.13	2	23	23	19.26	4	21	21	27.01	4	44	44	22.09
वामो	0	3	61	1.06	0	0	23	0.00	0	1	21	0.38	0	2	44	0.73
कां. (ति)	2	57	61	3.93	0	21	23	1.64	0	20	21	1.48	0	38	44	1.52
अन्य	1	7	61	1.89	0	2	23	1.46	0	2	21	0.36	2	8	44	3.29

क = सीटें जीतीं

ख = सीटों पर लड़े

ग = विभिन्न जाति-प्रधान क्षेत्रों में कुल सीटों की संख्या

% = विभिन्न जाति-प्रधान क्षेत्रों में मिले वोटों का प्रतिशत

* इंडिया टुडे 30 जून, 1996 से साभार

इस चुनाव का ऐतिहासिक दृष्टि से महत्वपूर्ण स्थान रहा। डॉ. महीप सिंह अपने लेख में सटीक टिप्पणी करते हैं। उनके अनुसार अकालियों के बहिष्कार के बावजूद पंजाब में चुनाव हुए। मतदान 23 प्रतिशत से भी कम रहा। प्रकाश सिंह बादल ने इस समय दृढ़तापूर्वक जो रुख अपनाया और शांतिपूर्ण लोकतांत्रिक प्रक्रिया में जो आस्था व्यक्त की, पंजाब के सिखों द्वारा उसे भरपूर समर्थन मिला। पंजाब की हिंदू जनता, जो अकाली दल की नीतियों और गतिविधियों को सदा ही शंका की दृष्टि से देखती रही थी, को भी प्रकाश सिंह बादल के रूप में ऐसी शक्ति उभरती दिखाई दी जो पंजाब में लोकतंत्र लाने के साथ ही सांप्रदायिक सौमनस्य के प्रति भी वचनबद्ध थी।

वे लिखते हैं कि पिछले तीन वर्ष पंजाब की सिख राजनीति के लिए बहुत निर्णायक थे। इस अवधि में यदि प्रकाश सिंह बादल कमजोर पड़ जाते तो बहुत संभावना थी कि सिख राजनीति उन दुर्गम रास्तों की ओर फिर मुड़ जाती, जहाँ से उसे वापस लाने में लंबा समय लगता और बेहिसाब दुश्वारियाँ होतीं। सबसे बड़ी बात यह कि सिख जनता ने टकराव की राजनीति को ठुकरा दिया और प्रकाश सिंह बादल की लाइन को अपनी स्वीकृति दे दी। इसकी पहली परीक्षा गत वर्ष हुए लोकसभा के चुनाव में हुई। अमृतसर घोषणा पत्र को अपना आधार मानने वाले सिमरनजीत सिंह मान के नेतृत्व वाले अकाली दल को भी एक स्थान प्राप्त नहीं हुआ। वह स्वयं संगरूर में सुरजीत सिंह बरनाला के हाथों पराजित हुए। अकाली दल (बादल) को आठ स्थान तथा उससे चुनाव समझौता किए बहुजन समाज पार्टी को तीन स्थान प्राप्त हुए। काँग्रेस कुल दो स्थानों पर सफल हुई।

दूसरी परीक्षा कुछ महीने पहले हुए शिरोमणि गुरुद्वारा प्रबंधक कमेटी के चुनाव में हुई। 175 सदस्यों के सदन में अकाली दल (बादल) 155 से अधिक स्थानों पर विजयी रहा। अब तीसरी परीक्षा के परिणाम हमारे सामने हैं।

महीप सिंह का मानना रहा है कि इस चुनाव में अकाली दल (बादल) ने भारतीय जनता पार्टी के साथ गठबंधन किया। पंजाब में इस गठबंधन का महत्त्व राजनीतिक दृष्टि से ही नहीं, वहाँ सांप्रदायिक सौमनस्य की दृष्टि से भी इसका बहुत महत्त्व है। स्वयं बादल साहब के कुछ साथी इस गठजोड़ के प्रति अनेक शंकाएँ व्यक्त कर रहे थे। उन्हें लगता था कि भारतीय जनता पार्टी के कहने के बावजूद पंजाब का (सवर्ण) हिंदू किसी अकाली उम्मीदवार को अपना वोट नहीं देगा।

किंतु इस बार यह शंका भी निर्मूल साबित हुई। हिंदुओं ने अकाली दल के उम्मीदवारों को व्यापक रूप से अपना समर्थन दिया और सिखों ने भारतीय जनता पार्टी के उम्मीदवारों को जिताया। इस बार भाजपा को पंजाब में जितनी सीटें मिली हैं उतनी इससे पहले कभी नहीं मिलीं।

इस चुनाव में पंजाब की जनता ने दो स्पष्ट फैसले दिए। एक, उसे काँग्रेस

को हर हालत में हराना था। इस बीच सारे देश में कॉंग्रेस के बड़े-छोटे नेताओं का भ्रष्टाचार से भरा घिनौना चेहरा उजागर हुआ है। पंजाब में यह भ्रष्टाचार अपने चरम पर पहुँच गया था। दूसरा, उसने टकरावावादी, अलगाववादी और उग्र चेहरे वाली सिख राजनीति को पूरी तरह ठुकरा दिया। 117 के सदन में मान समर्थक केवल एक सदस्य चुनकर आया है। कांशीराम की राजनीतिक पत्तेबाजी भी लोगों को पसंद नहीं आई। कभी अकालियों के साथ, कभी कॉंग्रेस के साथ और आखिर में गरमपंथी मान दल के साथ समझौता करने वाले कांशीराम की पार्टी को कुल एक स्थान मिला, जबकि वे 25-30 स्थान जीतकर पंजाब में सत्ता-संतुलन की आस लगाए बैठे थे और वहाँ उत्तर प्रदेश जैसी स्थिति लाना चाहते थे।

बकौल कुलदीप नैयर हालाँकि अकालियों के सामने एक धर्मनिरपेक्ष पंजाबी मोर्चा बनाने का विकल्प था। लेकिन उन्होंने 'सिख-हिंदू' मोर्चा बनाना ज्यादा बेहतर समझा। इसका परिणाम अच्छा ही हुआ।

बकौल अवधेश कुमार आतंकवाद के लंबे दौर से परेशान पंजाब की बहुसंख्यक आबादी किसी भी तरह कट्टरवादी राजनीति का समूल नाश चाहती थी, ताकि वह शांति से अपना जीवन जी सके। ऐसी मानसिकता में वे कोई भी वैसा जोखिम नहीं उठाना चाहते थे जिसमें कट्टरवाद के फिर से सिर उठाने की जरा भी संभावना निहित हो। ठीक इस सामूहिक मनोदशा के विपरीत कांशीराम ने हाथ मिलाया तो उन सिमरनजीत सिंह मान से जो कि पंजाब में कट्टरवादी राजनीति के प्रतीक बन चुके हैं। सो, बसपा की पराजय तो उसी दिन निश्चित हो गई, जब अकाली दल (मान) से उसका चुनावी समझौता हुआ। वैसे यह समझौता न होता तब भी बसपा की हालत बेहतर न होती। कारण, राज्य में अभी राजनीतिक स्थिरता के पक्ष में जो माहौल है, बसपा नेतृत्व की छवि भी उसके अनुकूल नहीं है। कांशीराम यदि थोड़ा लचीला रुख अपनाए होते तो उत्तर प्रदेश का राजनीतिक गतिरोध कब का समाप्त हो गया होता।

वे आगे लिखते हैं कि पिछले लोकसभा चुनाव में बहुजन समाज पार्टी की सफलता के पीछे अकाली दल (बादल) से हुए गठजोड़ का प्रमुख हाथ था। इस सच्चाई को नजरअंदाज कर उसे केवल अपने दलित जनाधार का सबूत मान लेना, वास्तव में मूर्खों के स्वर्ग में रहने जैसा था। उत्तर प्रदेश में कॉंग्रेस से संधि के साथ ही पंजाब में अकाली दल (बादल) के साथ बसपा का विग्रह प्रायः निश्चित हो गया था। कारण, अकाली नेता अपनी कॉंग्रेस विरोधी छवि के साथ समझौता करके अपने पैरों पर कुल्हाड़ी नहीं मार सकते थे। उनकी तो राजनीति का मूल ही कॉंग्रेस विरोध है। यदि इसी पर सवाल खड़ा हो गया तो फिर उनकी राजनीति का आधार क्या रहेगा? भाजपा ने अकालियों की इस मानसिकता का लाभ उठाकर अकाली-बसपा गठजोड़ में सेंध लगा दी। अकालियों को भी एक ऐसी पार्टी का साथ चाहिए था जिसका

शहरों में जनाधार हो। बसपा इस आवश्यकता को वैसे भी पूरा नहीं करती थी। किंतु, मजे की बात यह कि अकाली-भाजपा निकटता पर बसपा प्रमुख ही निरपेक्ष-भाव बनाए रहे, क्योंकि उन्हें लगता था कि इससे उनकी स्थिति पर कोई प्रतिकूल असर नहीं पड़ेगा।

पंजाब चुनाव में बसपा की जबरदस्त हार पर टिप्पणी करते हुए अवधेश कुमार लिखते हैं कि दरअसल, बसपा प्रमुख कांशीराम चुनाव पूर्व जिस अहंवादी गैर लोकतांत्रिक शैली में वहाँ एक प्रमुख ताकत के रूप में उभरने का दावा कर रहे थे, मतदाताओं ने ठीक उसके विपरीत उन्हें ऐसे कोने में धकेल दिया जहाँ से उन्हें यह सूझ ही नहीं रहा कि क्या बोलें और क्या न बोलें!

स्वयं बसपा की दृष्टि से देखें तो हताशा की यह दयनीय स्थिति कतई अस्वाभाविक नहीं दिखेगी। कहाँ तो वह यह दावा कर रही थी कि सत्ता का ढाँचा बगैर उसके निर्मित हो ही नहीं सकता और कहाँ ले-देकर उसका केवल एक नामलेवा विधानसभा तक पहुँच सका। कांशीराम यदि राज्य की राजनीति में बसपा को एक प्रमुख ताकत नहीं मानते तो काँग्रेस से उनका गठबंधन अवश्य हो गया होता, क्योंकि मतभेद तो सीटों की संख्या पर ही था। निश्चय ही कांशीराम इस मुगालते में थे कि काँग्रेस का साथ मिले या नहीं, सत्ता समीकरण को संचालित करने की ताकत के रूप में उनकी पार्टी अवश्य उभरेगी। अपनी इस खुशफहमी को उन्होंने लगातार प्रचारित किया। लेकिन मतपेटियाँ खुलते ही पार्टी की स्थिति साफ हो गई। कम-से-कम पिछले विधानसभा चुनाव में नौ सीटें जीतकर बसपा सबसे बड़े विरोधी दल की हैसियत में तो थी। लोकसभा चुनाव में भी पार्टी के खाते चार में तीन उम्मीदवारों के सिर विजय का सेहरा बँधा था। यह सामान्य धारणा बनी थी कि पिछले पाँच वर्षों में पार्टी का जनाधार राज्य में और विस्तृत हुआ है। लेकिन विधानसभा चुनावों के परिणामों ने इस गलतफहमी को दूर कर दिया है। पिछले लोकसभा चुनाव में पार्टी को कुल 9.37 प्रतिशत मत मिले थे, लेकिन इस बार उसे महज 7.43 प्रतिशत मतदाताओं का ही समर्थन मिला यानी उसका लगभग 2 प्रतिशत जन समर्थन घटा है। वह भी उस हालत में, जबकि पिछले विधानसभा चुनाव से तीन गुना ज्यादा मतदाताओं ने इस बार मतदान में भाग लिया। और तो और राज्य में बसपा की रीढ़ माने जाने वाले पिछले विधानसभा में दल के नेता सतनाम सिंह कैंथ तक अपनी नवांशहर सीट नहीं बचा सके।

संदर्भ

- क्रांति साप्ताहिक, दिल्ली 29 अक्तू.-4 नवंबर, 1995
- बहुजन संगठक, नयी दिल्ली, 15 जनवरी, 1996
- इंडिया टुडे, नयी दिल्ली, 30 सितंबर, 1996

- डॉ. अम्बेडकर और बहुजन, सूरतगढ़, 21 सितंबर, 1996
- राष्ट्रीय सहारा (हस्तक्षेप) नोएडा, 19 राजस्थान अक्तूबर, 1996
- वरिष्ठ पत्रकार और चिंतक पुष्पेन्द्र जी के शोध पत्र से
- विजय बहादुर सिंह, 1996 के चुनाव, राष्ट्रीय सहारा, 19 अक्तूबर, 1996
- रामविलास पासवान से उनके निवास 12, जनपथ, नई दिल्ली पर बातचीत के आधार पर
- बहुजन संगठक, 15 अप्रैल, 1996
- वही, पृ. 7
- इंडिया टुडे, 30 जून, 1996 पृ. 5
- एक फैसला था पंजाब का चुनाव महीपसिंह, कांशीराम आत्म मंथन क्यों नहीं करते, राष्ट्रीय सहारा, 22 फरवरी, 1997
- कुलदीप सिंह नैयर, राष्ट्रीय सहारा
- अवधेश कुमार, राष्ट्रीय सहारा

दलित-मुस्लिम गठबंधन

बर्नाड शॉ ने एक बार कहा था, "विश्व में इस्लाम एक अच्छा धर्म है, पर उस धर्म के अनुयायी उतने ही खराब। इस्लाम केवल भाईचारे का सन्देश किताबी रूप में नहीं देता बल्कि अपने अनुयायियों को इसका व्यवहार में पालन करना सिखाता है, लेकिन भारत में मुस्लिम नेताओं के द्वारा मुसलमानों को गुमराह किया जाता है।

आजादी के बाद राजनीति के नए समीकरण बने। धर्म, जाति एवं वर्ग के आधार पर कुछ लोगों की देश व समाज को जोड़ने के नहीं बल्कि तोड़ने के सूत्रों की तलाश थी। 1957 में भारतीय रिपब्लिकन पार्टी ने पहला आम चुनाव लड़ा और दलित-मुस्लिम गठबंधन का सिलसिला यहीं से आरम्भ हुआ। 1962 में अलीगढ़ के सामान्य संसदीय क्षेत्र से बी.पी. मौर्य दलित और मुस्लिम गठबंधन के आधार पर ही जीते। कहा जाता है कि उस समय पहली बार पर्दानशीन मुस्लिम महिलाओं ने बी.पी. मौर्य के हक में नारे लगाए। डॉ. ख्वाजा ने उनकी भरपूर मदद की थी। 1962 में ही अमरोहा से मुजफ्फर हुसैन कछोछवी भारतीय रिपब्लिकन पार्टी के टिकट पर जीत कर लोकसभा में आए थे।

1967 में उ.प्र. विधानसभा के लिए चुनाव हुए जिसमें असरार अहमद और शमीम अहमद भारतीय रिपब्लिकन पार्टी के टिकट पर विजयी हुए। 1967 में ही दिल्ली नगर निगम के चुनाव में रिपब्लिकन पार्टी की ओर से अन्य मुस्लिम प्रत्याशी आए। दिल्ली महानगर परिषद में इमदाद साबरी आए।

1972 के चुनावों के बाद गुजरात में राजनीतिक ध्रुवीकरण के लिए नए आधार की तलाश हुई। गुजरात में जहां एक ओर दलित पर अत्याचार की त्रासदी रही वहीं हिन्दू-मुस्लिम दंगों में मुस्लिम समाज को भी अथाह पीड़ा सहनी पड़ी। अतः सवर्णों के प्रभुत्व को समाप्त करने के उद्देश्य से पिछड़ी जातियों और मुसलमानों ने एक संयुक्त मोर्चा बनाया जिसे 'खाम' के रूप में जाना गया। इस मोर्चे में क्षत्रिय, हरिजन, आदिवासी और मुसलमान शामिल थे।

उत्तरी भारत में बी.पी. मौर्य के बाद दलित मुस्लिम संयुक्त मोर्चे की शुरुआत कांशीराम ने विशेष तौर पर की। 1972 के आसपास कांशीराम दलितों के सामाजिक

संगठन 'बामसेफ' के माध्यम से मुस्लिम नेताओं से मिलते एवं हाथ मिलाते। राजधानी तथा अन्य स्थानों पर कांशीराम अपने साथियों के साथ मस्जिद में भी मीटिंग लिया करते थे। बाद में बहुजन समाज पार्टी के टिकट पर कुछ मुस्लिम नेताओं ने चुनाव लड़ा। वह बात अलग है कि वे हारे। शाही इमाम अब्दुल्ला बुखारी से कांशीराम की मुलाकात बहुत बाद में हुई।

महाराष्ट्र में दलित मुस्लिम गठबंधन का सूत्रपात किया नागपुर के प्रोफेसर योगेन्द्र कवाड़े ने। 1980 में दलित मुक्ति सेना बनाई गई जिसका खास मकसद मुसलमानों, बौद्धों तथा दलितों को अत्याचार के खिलाफ एक मंच पर लाना था। यह एक गैरसियासी सेना थी। 1984 में भिवंडी में सांप्रदायिक दंगे हुए जिसमें मुसलमानों को जान-माल की क्षति पहुंची। शायद पहली बार मुसलमानों की हिमायत में महाराष्ट्र विधानसभा के सामने बड़ी संख्या में दलितों ने खुलकर प्रदर्शन किया। 1984 में दलित मुस्लिम मायनारिटीज़ सुरक्षा महासंघ का उद्घाटन अंधेरी (बंबई) में हुआ जिसमें मिर्जा हाजी मस्तान तथा प्रो. योगेन्द्र कवाड़े के साथ अन्य मुस्लिम तथा दलित नेता भी थे। डॉ. अम्बेडकर की राम और कृष्ण की आलोचना के पुनर्मुद्रण पर महाराष्ट्र में जो तूफान मचा उसमें शिव सेना के खिलाफ दलित मुस्लिम मायनारिटीज सुरक्षा महासंघ ने हिस्सा लिया।

27 सितम्बर, 1987 को विट्ठलभाई पटेल हाउस में सुबह नौ बजे से सायं 8 बजे तक स्पीकर हॉल में सावधानीपूर्वक एक गोष्ठी हुई, जिसमें एकीकृत अकाली दल के अध्यक्ष जत्थेदार उजागर सिंह के साथ अन्य मुस्लिम और दलित कार्यकर्ता भी शामिल थे। इस गोष्ठी में उर्दू अखबारों के कुछ नुमाइंदे भी थे। गोष्ठी में यह तय किया गया कि ब्राह्मण, बनिया और ठाकुरों के खिलाफ सभी को मिलकर मोर्चेबंदी आरंभ करनी चाहिए। सभा में दलित, मुस्लिम, सिख भाई-भाई, तीसरी कौम कहां से आई, के नारे भी लगाए गए। उ.प्र. के विधायका तथा बाबरी एक्शन कमेटी के संयोजक मोहम्मद आजम खां ने मेरठ में हुए दंगों में मुस्लिम समाज पर योजनाबद्ध तरीके से हुए हमले की बात उठाई। इसी समय खाकसार पार्टी के नेता डॉ. हमीद अहमद खान ने इस बात को दोहराया कि अब समय आ गया है कि हम सभी को सवर्ण हिन्दुओं के खिलाफ एक हो जाना चाहिए।

दलित और मुस्लिम समाज के बीच राजनैतिक गठबंधन के नारे लोकतांत्रिक चुनाव के दौरान बार-बार लगाए गये हैं। इसके लिए मुसलमानों को उतनी जरूरत महसूस नहीं हुई, जितनी दलितों ने समझी। इसका मुख्य कारण रहा कि भारत में अंग्रेजों से आने से पहले और उनके शासन के दौरान भी मुसलमानों का इस देश के बड़े भाग में साम्राज्य रहा। जबकि उनके उसी दौर में कुछ अपवादों को छोड़कर दलित समाज हाशिये पर रहा। दलितों के साथ जैसा हिंदुओं ने व्यवहार किया, लगभग वैसा ही व्यवहार मुसलमानों की ओर से हुआ। बल्कि कहीं-कहीं तो बहुत ही गलत

तरीके से वे दलितों के साथ पेश आए। आजादी के लगभग तीस वर्षों बाद तक भी दलित मुस्लिमों में खटास के अलावा कुछ खास मिठास नहीं रही। गुजरात के प्रसिद्ध दलित साहित्यकार भी यह मानते हैं कि दलित और मुसलमानों में किसी तरह की एकता संभव नहीं, इसलिए कि उनकी सांस्कृतिक पृष्ठभूमि अलग-अलग है। जबकि तिकेश मकवाना का कहना है कि दलित-मुस्लिम गठबंधन संभव है, बशर्ते दोनों तरफ से प्रयास हों। दलित मुस्लिमों के बीच राजनैतिक गठबंधन की स्थितियों को समझने के लिए सबसे पहले आँकड़ों का अवलोकन किया जाए।

उत्तर प्रदेश से कितने मुस्लिम संसद में गए

1952	5
1957	6
1962	5
1967	5
1971	4
1977	9
1980	17
1984	11
1989	10
1991	3
1996	6
1998	6

उत्तर प्रदेश की उन लोकसभा सीटों का विवरण जिन पर मुस्लिम उम्मीदवार दो बार चुने गए

लोकसभा निर्वाचन क्षेत्र	पार्टी	सन्
अमरोहा	काँग्रेस	1952-1957
बरेली	जनता पार्टी	1980
	काँग्रेस	1984

बलरामपुर	निर्दलीय	1989
	समाजवादी पार्टी	1998
डुमरिया गंज	काँग्रेस	1980-1984
गाजीपुर	काँग्रेस	1980-1984
चायल	काँग्रेस	1962-1967
फतेहपुर	काँग्रेस	1980
	सी.पी.एम	1984
फरूखाबाद	काँग्रेस	1984-1991
एटा	काँग्रेस	1980
	लोकदल	1984
हापुड़	भारतीय लोकदल	1977
	जनता पार्टी	1980

जिन लोकसभा सीटों से दो से अधिक बार मुस्लिम उम्मीदवार विजयी हुए

मुरादाबाद	9 बार
रामपुर	10 बार
बदायूँ	4 बार
उन्नाव	4 बार
बहराइच	5 बार
मिर्जापुर	4 बार
बुलंदशहर	3 बार
मेरठ	3 बार
मुजफ्फरपुर	4 बार
कैराना	3 बार
सहारनपुर	4 बार

* हमारा महानगर सांध्य दैनिक बंबई, अगस्त, 1999 से साभार

कुल मुस्लिम मतदाता : लगभग 12 प्रतिशत
लोकसभा—कुल स्थान : 545 (दो मनोनीत)
मुस्लिम मतों से प्रभावित स्थान : 262
(10 प्रतिशत या उससे अधिक मुस्लिम मतदाता)

उत्तर भारत	
उत्तर प्रदेश	85
बिहार	54
राजस्थान	25
मध्य प्रदेश	40
हिमाचल प्रदेश	4
हरियाणा	10
पंजाब	13
दिल्ली	7
योग	238

मुस्लिम मतों से प्रभावित 120

दक्षिण भारत	
आंध्र	42
कर्नाटक	28
तमिलनाडु	39
केरल	20
योग	129

मुस्लिम मतों से प्रभावित 60

पूर्व भारत	
असम	14
उड़ीसा	21
पश्चिम बंगाल	42
योग	77

77 में से 52 पर मुस्लिम प्रभाव

पश्चिम भारत	
गुजरात	26
महाराष्ट्र	48
योग	74

74 में से 30 पर मुस्लिम प्रभाव

* माया, 30 अप्रैल, 1991 से साभार

आइये इस बारे में स्वयं मुस्लिम चिंतकों की राय जानी जाए। अल्पसंख्यक आयोग के सदस्य **जावेद हबीब** का मानना है कि जुम्मा, रोजा, हज, जकात आदि इस्लाम के सिद्धांत ही ऐसे हैं जो मुसलमानों में एकजुटता के जज्बात पैदा कर देते हैं। फिर धार्मिक अल्पसंख्यक के नाते उनमें ये जज्बात और तीव्र हैं।

वोट बैंक का अर्थ यह नहीं होता कि एक समुदाय के सौ फीसदी वोट एक ही पार्टी को पड़ें। अगर किसी समुदाय के 60 फीसदी वोट भी एक जगह गिरें, तो वही वोट बैंक है। 1967 से पहले तक मुसलमान कॉंग्रेस का पारंपरिक मतदाता था। उस वर्ष डॉ. फरीदी ने **मुस्लिम मजलिसे मुशावरत** का गठन किया और **प्रजा सोशलिस्ट पार्टी** से गठबंधन किया, जिसके नतीजे काफी उत्साहवर्धक निकले। इसी कारण 1971 में श्रीमती गाँधी ने डॉ. फरीदी से उनके नौ सूत्री कार्यक्रम पर समझौता किया। यह राष्ट्रीय स्तर पर किसी भी मुस्लिम नेता से आजाद भारत का पहला समझौता था। स्थानीय स्तर पर कॉंग्रेस केरल में **मुस्लिम लीग** से और आंध्र प्रदेश में **इत्तिहादुल मुस्लिमीन** से गठबंधन करती आई थी। अगर वोट बैंक नहीं है, तो राजनीतिक पार्टियाँ हम लोगों के पास क्यों आती हैं? मुसलमानों की सियासी पहचान और अहमियत उनकी एकजुटता में है। असल में कॉंग्रेस की थ्योरी (कि वोट बैंक नहीं है) का प्रचार करके मुसलमानों की पहचान मिटाने का षड्यंत्र चलता है।

माया पत्रिका के पृष्ठों को अगर देखें तो गंभीर तरह का विश्लेषण हमारे सामने अपने तर्कों के साथ आता है। **ऐतिहासिक पृष्ठभूमि** पर अगर गौर किया जाए तो मुस्लिम वोट बैंक की अवधारणा की एक ऐतिहासिक पृष्ठभूमि भी है। विभाजन के समय मुस्लिम मध्यवर्ग का अच्छा-खासा भाग पाकिस्तान जाकर बस गया था। **जमायते उलेमा हिंद** के नेताओं के प्रयास से जो भारत में बने रहे, वे शैक्षिक व आर्थिक रूप से पिछड़े व बेहाल लोग थे। आरएसएस व अन्य हिंदू सांप्रदायिक संगठनों के मुस्लिम विरोधी प्रचार से भारत के मुसलमानों का भविष्य खतरे में पड़ गया था। जमायत के नेता **मौलाना हफीजुर्रहमान** व **मौलाना अबुल कलाम आजाद** व कॉंग्रेस ने मुसलमानों के धर्म व संपत्ति की सुरक्षा की गारंटी दी बशर्ते वे अपना वोट कॉंग्रेस को दें। इस तरह कॉंग्रेस के मुस्लिम वोट बैंक की अवधारणा बनी।

लेकिन उस सूरते हाल में मुसलमानों के सामने कम्युनिस्टों को छोड़कर कोई विकल्प नहीं था। पर कम्युनिस्ट भी एक तरह से खारिज माने जाते थे, क्योंकि मुल्लाओं ने जो मजहबी संस्थानों पर काबिज होने के अपने बलबूते अपनी पसंद की राजनीतिक पार्टी के समर्थन में फतवा जारी करने में सक्षम थे, उन्हें धर्म विहीन करार दिया था। इसी के चलते यह धारणा बलवती हुई थी कि **मुसलमान अपने दिल-दिमाग से काम करने के बजाए मुल्लाओं/इमामों के कहने पर वोट देते रहे हैं**। बकौल आरिफ बेग इमाम, मुल्ला और दूसरे सांप्रदायिक मुस्लिम नेता अपने स्वार्थ की खातिर अशिक्षित मुसलमानों को मजहब की आड़ में अपनी पसंद की पार्टी को वोट देने के फतवे जारी करते हैं। उनके जज्बात की सौदेबाजी करते हैं और वह बेचारा अपना भला-बुरा सोचे बगैर एकजुट होकर मत का प्रयोग करता है।

पिछले दशक में आयोजित दलित-मुस्लिम एकता मार्च में स्वयं कांशीराम ने अपने भाषण में कहा था कि मजलूम-मजलूम मिलकर जुल्म का मुकाबला बेहतर कर सकते है इस बात को ध्यान में रखकर बहुजन समाज पार्टी ने इस तमाम मजलूमों में भाईचारा बनाने की कोशिश लंबे अरसे से की है। लेकिन भाईचारा न बन सके, इस किस्म की कोशिशें ब्राह्मणवादी समाज, उनकी पार्टियाँ और मीडिया ने लगातार की है। पिछले कई सालों से बहुजन समाज पार्टी की कोशिश को तथा बहुजन समाज को गुमराह करके नाकामयाब बनाया गया है। यह दुःख की बात है कि बहुजन समाज जल्दी गुमराह होकर दुश्मन की साजिश का शिकार हो जाता है इसी कारण 1964 से लेकर 1984 तक दलित, पिछड़े और मुसलमानों में बड़े पैमाने पर दंगे कराकर उनकी शक्ति को नष्ट किया गया है। इस बात को समझकर बहुजन समाज पार्टी ने **'भाईचारा बनाओ यात्रा'** और **'भाईचारा बनाओ सम्मेलन'** पिछले वर्षों में बड़े पैमाने पर किए गए हैं। जैसे ही इस कोशिश में ढील हुई तो बहुजन समाज को योजनाबद्ध ढंग से फिर से गुमराह किया गया।

बसपा की और दलित-मुस्लिम समीकरण के रूझान के बारे में मुफीज जीलानी लिखते हैं कि आम चुनावों की घोषणा के बाद देश में जैसे राजनीतिक भूचाल-सा आ गया है। दिन-प्रतिदिन विभिन्न दलों में हो रही टूट-फूट से जहाँ राजनीतिक समीकरण तेजी से करवट ले रहे हैं, वहीं काँग्रेस और भाजपा के विकल्प के रूप में धर्मनिरपेक्ष दलों में आपसी सहमति न होने से रामो-वामो का सशक्त तीसरी ताकत बनने का सपना पूरी तरह टूट गया है। हालाँकि सभी राजनीतिक दलों में विभिन्न राज्यों में टूट-फूट जारी है, परंतु उत्तर प्रदेश में तेजी से जनता दल में हुए घटनाक्रम ने जहाँ सपा-जद गठबंधन को आघात पहुँचाया है, वहीं बसपा के साथ दलित-मुस्लिम समीकरण प्रभावी ढंग से बनते नजर आ रहे हैं।

चुनाव घोषणा से पूर्व और बाद में अनेक दिग्गज मुस्लिम नेता अभी तक अपने दलों को छोड़कर बसपा में शामिल हो चुके थे। इनमें जद के वरिष्ठ नेता इलियास

आजमी, महासचिव राशिद अलवी, प्रांतीय महासचिव मुगीस जीलानी, अनवार अहमद, पूर्व विधायक फजलुल बारी इजहार आलम आदि प्रमुख हैं। इसके अलावा मुस्लिम लीग के प्रभावशाली नेता रहे मुरादाबाद के डॉ. शमीम अहमद भी बसपा में शामिल हो गए।

जद से आने वाले इन मुस्लिम नेताओं में से इलियास आजमी को शाहबाद, राशिद अलवी को अमरोहा और अजित सिंह के खिलाफ बागपत से मुगीस जीलानी को बसपा ने अपना प्रत्याशी बनाया है। उत्तर प्रदेश में मेरठ, बागपत, मुजफ्फरनगर, बुलंदशहर, सहारनपुर, बिजनौर, मुरादाबाद, रामपुर, आजमगढ़, शाहबाद, बरेली, पीलीभीत, मऊ आदि लगभग 25 ऐसे संसदीय क्षेत्र हैं, जहाँ मुस्लिम मतदाताओं से ही नतीजों को प्रभावित करने की उम्मीद रही है। उक्त सीटों पर मुस्लिम और दलित मतदाताओं की संख्या भी तकरीबन बराबर-बराबर ही है।

मेरठ संसदीय क्षेत्र में जहाँ मुस्लिम मतदाता लगभग 30 प्रतिशत हैं, वहीं दलितों के वोटों का प्रतिशत भी 25 और 30 के बीच है। बागपत सीट पर मुस्लिम मतों का प्रतिशत 25 है तो दलितों के वोट 20 प्रतिशत हैं। इसी प्रकार मुरादाबाद में भी मुस्लिम और दलित वोट क्रमशः 30 व 25 प्रतिशत है। रामपुर संसदीय क्षेत्र में 40 से 45 प्रतिशत के करीब मुस्लिम मतदाता हैं। जबकि दलितों के 20 प्रतिशत मत हैं। बिजनौर संसदीय क्षेत्र में मुस्लिम और दलितों के वोट कुल मतों का 65 प्रतिशत है, बुलंदशहर सीट पर भी दोनों के मतों का प्रतिशत लगभग 50 के आसपास है। अन्य सीटों पर भी दलित और मुस्लिम मत कुल मतों के 40 से 60 प्रतिशत तक हैं। बदलते राजनीतिक माहौल में जिस तरह मुस्लिम नेतागण बसपा के साथ जुड़ रहे थे उससे स्वाभाविक है कि मुस्लिम मतदाताओं का रूझान भी बसपा की तरफ होगा। दिल्ली की जामा मस्जिद के नायाब इमाम भी बसपा के प्रति अपने रूझान का इशारा दे चुके थे।

दलित-मुस्लिम समीकरणों के कारण मतों का जो ध्रुवीकरण हुआ उसके नतीजे में पूर्व स्थिति में उत्तर प्रदेश में हुए स्थानीय निकायों के चुनावों में भी बसपा समर्थित प्रत्याशियों को काफी हद तक सफलता मिली। आगरा और मेरठ नगर निगम के महापौर पद के लिए हुए चुनावों में उक्त ध्रुवीकरण साफ-साफ देखने को मिला। हालाँकि आगरा में बसपा चुनाव हार गई, परंतु मेरठ का चुनाव उसने इसी ध्रुवीकरण के बलबूते पर जीता।

इस बारे में मसूद अहमद के प्रकरण को देना जरूरी है। जिस पर बहुजन संगठक का संपादकीय अच्छी खासी रोशनी डालता है :

'बहुजन समाज पार्टी के राष्ट्रीय अध्यक्ष मान्यवर कांशीराम जी ने दावा किया कि उत्तर प्रदेश के शिक्षा मंत्री मसूद अहमद को इस्तीफा देने के लिए कहा गया था। इसका कारण यह था कि बसपा से संबंधित विधायक उनके कामकाज से संतुष्ट

नहीं थे। उत्तर प्रदेश के तत्कालीन शिक्षा मंत्री शाकिर अली (बसपा) ने भी दावा किया कि उनके पूर्ववर्ती डॉक्टर मसूद अहमद को भ्रष्टाचार में लिप्त होने के कारण मंत्री पद से हटना पड़ा।

कांशीराम ने पत्रकारों से बात करते हुए कहा कि उनकी पार्टी ने मुख्यमंत्री मुलायम सिंह यादव से कहा था कि समाज कल्याण के कदमों पर निश्चित अवधि में ऐसा अमल करें जिससे बसपा को संतोष हो।

'विश्व बैंक' ने 850 करोड़ रुपये उर्दू और बेसिक शिक्षा के लिए उत्तर प्रदेश सरकार को भेजे, जिसके लिए उत्तर प्रदेश के एक भ्रष्ट अधिकारी श्री कृष्ण अवतार पांडेय को उर्दू और बेसिक शिक्षा का निदेशक बनाया गया जो दलित एवं मुस्लिम विरोधी अधिकारी हैं तथा भ्रष्टाचार के काफी आरोपों में लिप्त हैं। इस संबंध में हमारे लोगों ने काफी शिकायत की और इतना ही नहीं, बल्कि लगभग 30 बी.एस.पी. के विधायकों ने लिखित विरोध भी किया कि पांडेय को उर्दू और बेसिक शिक्षा का निदेशक न बनाया जाए और उनके स्थान पर किसी मुसलमान या दलित समाज के अधिकारी को निदेशक पद पर नियुक्त किया जाए। लेकिन डॉ. मसूद नहीं माने, इस तरह खास सूत्रों से यह पता चला है कि इस भ्रष्ट अधिकारी को उर्दू और बेसिक शिक्षा के पद पर रखने के लिए प्रदेश के शिक्षा मंत्री डॉ. मसूद ने काफी भारी रकम हासिल की है।

इसी प्रकार डॉ. मसूद ने ब्राह्मणवादी ताकतों के इशारों पर चलकर बहुजन समाज पार्टी से मुसलमानों को तोड़ने के लिए मुसलमानों के नाम पर एक अलग संगठन भी बनाया, जिसके डॉ. मसूद स्वयं सर्वेसर्वा बनें।

जबकि डॉ. मसूद ने अपने 6 पेज के प्रेस नोट में यह लिखा है कि "मैंने मंत्रीमंडल से इस्तीफा दिया है," यह बिलकुल गलत है। डॉ. मसूद ने अपनी बेईमानी और गलत गतिविधियों को छिपाने के लिए त्यागपत्र देने का गलत नाटक किया है।

इस तरह उत्तर प्रदेश में बहुजन समाज पार्टी के तमाम विधायक और उत्तर प्रदेश में बहुजन समाज के लोग इनके इस रवैए से खुश नहीं थे। इस प्रकार की शिकायतें लगभग कई महीनों से कांशीराम जी को मिल रही थीं। इसलिए कांशीराम जी ने पिछले कई महीनों से लगातार डॉ. मसूद पर नजर रखी और समय-समय पर उसे ईमानदारी से कार्य करने की चेतावनी देते रहे, लेकिन शिक्षा मंत्री डॉ. मसूद अपने-आपमें सुधार नहीं लाए और अंत मे बहुजन समाज के हितों को ध्यान में रखकर यह फैसला करना पडा कि डॉ. मसूद के स्थान पर पार्टी (बी.एस.पी.) के ही किसी दूसरे मुसलमान विधायक को शिक्षा मंत्री बनाया जाए जिसके लिए मुस्लिम समाज के एक विधायक शाकिर अली का नाम आया, जिन्हें बाद में 21 जून की रात्रि को शपथ दिलाई गई।

बहुजन संगठक आगे लिखता है, जब उत्तर प्रदेश में विधानसभा चुनाव हुए थे तब उसमें सपा-बसपा गठबंधन के तहत बहुजन समाज पार्टी के हिस्से में 165 सीटें आई थीं, उसमें से बसपा ने अकेले मुसलमानों को ही 44 सीटें दी थीं, जबकि काँग्रेस, जनता दल, भा.ज.पा. व सपा ने भी बहुजन समाज पार्टी के मुकाबले में इतनी ज्यादा सीटें मुसलमानों को अपनी-अपनी पार्टियों में नहीं दी थीं। इसी प्रकार 1989 में जब उत्तर प्रदेश में पहली बार बसपा के 16 विधायक चुनकर आए थे तो बहुजन समाज पार्टी ने विधानसभा में अपने दल का नेता शेख सुलेमान उर्फ पप्पू (मुसलमान) को बनाया था।

डॉ. अहमद ने अपने त्याग-पत्र में मायावती पर और प्रच्छन्न रूप से कांशीराम पर मुस्लिम विरोधी होने का गंभीर आरोप लगाया है और स्वयं को मुस्लिम हितों की रक्षा के लिए शहादत का रास्ता अपनाने का श्रेय दिया है। उन्होंने अपने त्यागपत्र की तिथि को मुहर्रम के दसवें दिन से जोड़कर कहा है कि इसी दिन इमाम हुसैन ने सिद्धांतों के लिए संघर्ष प्रारंभ किया था और शहादत अपनाई थी।

त्यागपत्र देने के बाद डॉ. अहमद को जो भारी समर्थन मिला, विभिन्न दलों के मुस्लिम नेता उनके घर पर बधाइयाँ भेजने लगे, अलीगढ़ मुस्लिम विश्वविद्यालय छात्र संघ के सचिव असलम बेग ने उन्हें बधाई व समर्थन दिया, उससे स्पष्ट है कि डॉ. अहमद के त्यागपत्र ने मुस्लिम मानस को स्पंदित किया है। तीसरे ही दिन उत्तर प्रदेश बसपा से महासचिव मोहम्मद इस्लाम ने भी अपने पद से त्यागपत्र देते हुए जो पाँच पृष्ठीय वक्तव्य प्रकाशित किया, उसमें मायावती के विरुद्ध डॉ. अहमद के आरोपों को दोहराते हुए मुस्लिम नामों की एक लंबी सूची दी है।

अगस्त, 94 को मेरठ रैली में कांशीराम के भाषण का अंश हम दे रहे हैं, जिससे पाठकों तथा चुनाव विश्लेषकों को सामाजिक, राजनैतिक समीकरण समझ आ सकें।

"यह जरूरत क्यों पड़ गई कि मुसलमानों के प्रति कांशीराम और बसपा का रवैया क्या है? आजादी के बाद अनुसूचित जाति, जनजाति की तरह मुसलमानों के साथ भी बड़े पैमाने पर धोखा हुआ है। 1968 में पूना में दंगे हुए, उससे पहले 1964 में हुए थे। मुझे वहाँ बताया गया कि हर चार साल के बाद में दंगे होते हैं। मैं उर्दू भाषा जानता था, तो मुसलमानों के एरिए में एक उर्दू भाषा की किताबों की दुकान थी। उधर से मैं उर्दू की मैगजीन वगैरह खरीदकर लाता था। 1968 में दंगे हुए। उसके बाद मैं दुकान पर गया तो मुझे वह दुकान नजर न आई। पूना की गली-गली को मैं अच्छी तरह से जानता था, लेकिन यह किताबों की दुकान कहीं नजर न आई। तभी वहाँ उसी का मालिक नजर आ गया। मैंने उससे पूछा। इधर तो उर्दू की किताबों की दुकान होती थी। उर्दू की किताबें बिकती थीं। रिसाले बिकते थे। लिटरेचर बिकता था, वह दुकान कहाँ गई? उन्होंने कहा वह दुकान यही है जहाँ आप खड़े हैं। आज

यह कबाड़ी की दुकान है। आज इसमें लोहा है, ताँबा है और अन्य किस्म का कबाड़ का सामान है। जो मैंने यही सोचकर रखा है कि यहाँ तो हर चार साल में दंगा होता है और पहले हमला इसी दुकान पर होता है, अब इसमें आग भी लग जाए तो यह और शुद्ध हो जाएगा।

मेरी तरह से कुछ और लोग उर्दू पढ़ने वाले इधर आते होंगे। और लोहा देखकर चले जाते होंगे। तो उनके दिमाग में इल्म घुसने की बजाए लोहा घुसता रहेगा, जो दिमाग इल्म हासिल करने के लिए इधर आता है वह दिमाग में लोहे की शक्ल लेकर वापस चला जाता है। मैंने उस वक्त सोचा कि मैं तो शैड्यूल्ड कास्ट/शेड्यूल्ड ट्राइब्स की दशा से दुखी हूँ। ये तो मुसलमान भी दुखी नजर आते हैं। ये उर्दू की किताबें बेचना बंद करके एक कबाड़ी बनकर रह गया।

दो साल बाद देखा कि भिवंडी में दंगा हुआ। मैं भिवंडी गया। देखा, वहाँ लोगों के मरने के साथ उनका सामान भी जला है। स्थानीय लोगों से पता चला कि यहाँ तो दंगा होने में चार साल भी नहीं लगते। पहले ही हो जाता है।

उसके बाद में मालेगाँव गया, उधर भी दंगे हुए थे। पूना, भिवंडी, मालेगाँव और जब मैं यह सोच रहा था तो पता चला कि नागपुर में दंगा हो गया। हर जगह मैंने जा-जाकर देखा कि दलित, आदिवासी और पिछड़ों को मुसलमानों के खिलाफ इस्तेमाल किया जाता है।

मैं देश-भर में घूमा, रिकार्ड इकट्ठा किया तो मुझे नजर आया कि साल में 365 दिन होते हैं। उस वक्त 1972-73 में मैं इस नतीजे पर पहुँचा कि साल के 365 दिन में मुसलमानों के खिलाफ 400 से ज्यादा दंगे कराए जाते हैं। दंगे होते नहीं, कराए जाते हैं। और बाद में वही दंगे कराने वाले मरहम, पट्टी भी लेकर पहुँच जाते हैं।

जो दलित, आदिवासी और पिछड़े हैं, ब्राह्मणवादी समाज व्यवस्था के शिकार हैं। जो चार हजार सालों से शोषण का शिकार हैं, लेकिन ये मायनारिटी के लोग, ये 40 साल से अँग्रेजों के जाने के बाद मजलूम बनते नजर आ रहे हैं।

1986 में मैंने दिल्ली में जो बुद्धिजीवी लोग हैं, मुसलमानों के हैं, सिखों के हैं, ईसाईयों के हैं, दलित शोषित समाज के हैं उनकी एक बैठक बुलाकर उनसे मैंने जिक्र किया कि कोई रास्ता ढूँढना चाहिए। हम इस नतीजे पर पहुँचे कि मजलूम लोगों को आपस में लड़ना-झगड़ना नहीं चाहिए।''

3 मई, 1995 को बसपा के राष्ट्रीय अध्यक्ष कांशीराम ने इलाहाबाद के के. पी. कॉलेज मैदान में दलित-मुस्लिम एकता रैली को संबोधित करते हुए कहा था कि ब्राह्मणवादी शक्तियाँ देश-भर में बहुजन समाज के खिलाफ साजिश कर रही हैं। मैंने मुलायम सिंह से मुसलमानों की जान-माल और ईमान की रक्षा के लिए समझौता किया था।

इस समय उत्तर प्रदेश में बहुजन समाज की सरकार है। इसलिए सरकार गिराने के लिए बड़े पैमाने पर दंगे कराए जा सकते हैं। ऐसी स्थिति में मुसलमानों और दलितों को एक होकर चौकन्ना रहना है। ब्राह्मणवादी शक्तियाँ उर्दू अखबारों में बसपा को मुसलमान विरोधी पार्टी करार देने में लगी हैं।

इससे अलग स्थिति देखें उदाहरण के लिए, सैयद शहाबुद्दीन ने 21 अगस्त, 1989 को एक नयी पार्टी यानि 'इंसाफ पार्टी' की विधिवत घोषणा कर ही डाली। उस समय उनका कहना था, "राजनीतिक हालात का अध्ययन करने के बाद मैंने खुद को जनता पार्टी से अलग करने और एक ऐसी नयी पार्टी बनाने का निर्णय किया है जो लोकतंत्र, धर्मनिरपेक्ष और समाजवाद के लिए प्रतिबद्ध हो, जो धर्म, भाषा, जाति और नस्ल के भेदभाव के बिना सभी के लिए खुली हों। यह नयी पार्टी सभी दलित तबकों, धार्मिक और भाषायी अल्पसंख्यकों, अनुसूचित जाति और जनजाति तथा दूसरे पिछड़े वर्गों की एकता का केंद्र बनेगी।"

शहाबुद्दीन अपने इस प्रयास की व्याख्या चाहे जैसे करें। दलितों की बात करना तो राजनीति में अब वैसे ही शिष्टाचार बन गया हैं। पर एक बात साफ रही कि उन्होंने बनाई एक मुस्लिम पार्टी ही। 1906 से लेकर आज तक जितनी भी मुस्लिम नेताओं के द्वारा पार्टियाँ बनी, किसी-न-किसी रूप में उनका तेवर और चरित्र मुस्लिम ही रहा। चाहे वह मुस्लिम लीग रही हो या मुस्लिम मजलिस, जमायते इस्लामी रही हो या अन्य कोई पार्टी।

वहीं वसीम इलाहबादी दलित मुस्लिम एकता को भ्रम मानते हुए लिखते हैं कि संगठन बनाकर मुसलमान दलितों से गठबंधन तो कर सकता है मगर दलित-मुस्लिम एकता एक बैनर के तले नहीं हो सकती।

इसका परिणाम यह हुआ कि जब-जब भी दलित-मुस्लिम राजनैतिक स्तर पर एक होते महसूस हुए, उनके बीच मतभेद पैदा कर दिए गए। यही दलित-मुस्लिम राजनीति का हश्र भी हुआ। पर कमियाँ इसमें दलित और मुस्लिम नेताओं की भी रहीं। इस बारे में उदितराज शिद्दत से इस बात को उठाते हैं "कि केवल राजनैतिक गठबंधन से दलित-मुसलमानों में एकता नहीं आ सकती। उसके लिए ईमानदारी से प्रयास करने होंगे। इसमें दलित नेताओं से भी चूक हुई हैं। स्वयं मायावती ने कई बार मुसलमानों के प्रति ऐसे भ्रामक भाषण दिये, जिससे मुसलमानों में अलगाव की भावना आई। सबसे बड़ी बात तो यह है कि बाबरी मस्जिद के तोड़ने वालों से मायावती ने मुख्यमंत्री पद के लिए कई बार समझौते किये। ऐसी स्थिति में मुसलमान कब तक भरोसा रखे।"

यहां इसे मुस्लिम समाज की राजनैतिक विवशता कहनी चाहिए या फिर उनके सामने अन्य किसी विकल्प का अभाव। मई 2002 का राष्ट्रीय सहारा का हस्तक्षेप अंक देखें तो पूर्व सांसद एवं मुस्लिम इंडिया के संपादक सैयद शहाबुद्दीन, एशियन

ऐज के संपादक एम.जे. अकबर तथा ऑल इंडिया मिल्ली काउंसिल के उप-महासचिव असरारुल-हक कासमी आदि मुस्लिम नेताओं, इमामों, मुल्लाओं, मौलवियों के द्वारा मुस्लिमों को बसपा की ओर जाने से रोकने के तमाम तरह के फतवों के बावजूद बसपा को जहां मुसलमानों के अच्छे खासे मत मिले वहीं स्वयं मुस्लिम विधायक उसी पार्टी से जीतकर उत्तरप्रदेश की विधान सभा में भी पहुंचे।

यहां फिर तिकेश मकवाना की यह बात सही मानी जा सकती है कि दलित मुस्लिम दोनों ही सवर्णों द्वारा सताये जाते हैं। वे दोनों ही अपनी-अपनी आजीविका की तलाश में रहते हैं। बावजूद उनके बीच गठबंधन सतही होते हैं।

संदर्भ

- दलित वायस, बैंगलौर, 16-31, जुलाई, 2002, पृ. 10
- नीरव पटेल, दलित वायस, 16 जून, 2002
- वही, 16-31 जुलाई, 2002, पृ. 10
- जावेद हबीब, हमारा महानगर, बंबई, अगस्त, 1999
- माया, नई दिल्ली 30 अप्रैल, 1991, पृष्ठ 38
- वही, पृ. 39
- वही, पृ. 40
- बहुजन संगठक, करोल बाग, नई दिल्ली, 24 अप्रैल, 1995
- मुफीज जीलानी, बसपा की ओर दलित मुस्लिम समीकरण का रुझान, राष्ट्रीय सहारा, नोएडा, 1 अप्रैल, 1996
- बहुजन संगठक, नई दिल्ली, 27 जून, 1994
- राष्ट्रीय सहारा, 9 जुलाई, 1994
- वसीम इलाहाबादी, फरीदी के सपनों की जमात, लोक सरोकार 5/1, अशोका चैम्बर्स, बी-5, पूरा रोड, नई दिल्ली
- अनु. जाति, जनजाति संगठनों के अखिल भा. परिसंघ के चेयरमैन मा. उदित राज से 22 फर. 2002 को लक्ष्मीबाई नगर, नई दिल्ली पर बातचीत के आधार पर
- राष्ट्रीय सहारा, 4 मई, 2002

रिपब्लिकन पार्टी आफ इंडिया और बीएसपी : अपने-अपने तर्क

भारत में जितनी भी पार्टियां बनीं, उनके संस्थापकों से लेकर पार्टी कार्यकर्ताओं के अपने-अपने तर्क रहे। हालांकि पार्टी गठन के उद्देश्य लगभग एक जैसे रहे। रिपब्लिकन पार्टी की मूल संरचना बाबा साहेब डॉ. अम्बेडकर ने की थी जबकि बीसपी का गठन कांशीराम की ओर से हुआ था। बकौल कंवल भारती एक अखबार ने लिखा है कि उत्तर प्रदेश में बहुजन समाज पार्टी की बढ़ती हुई ताकत को देखते हुए सभी राजनीतिक दलों ने अपने-अपने दरवाजे बसपा के लिए खोल रखे थे, लेकिन बसपा से चुनावी तालमेल करने में कॉंग्रेस बाजी मार ले गई। लेकिन इस तालमेल के पीछे का सच यह है कि भाजपा का खेल खत्म करने के बाद अब राव ने बसपा को अपना निशाना बनाया है। दलित राजनीति के इतिहास में यह अभी भी स्मरणीय है कि कॉंग्रेस ने किस तरह रिपब्लिकन पार्टी की बढ़ती हुई ताकत को कम करने और उसे समाप्त करने के लिए अपना जाल डाला था। स्वयं कांशीराम रिपब्लिकन पार्टी से इसलिए निकलकर आए थे कि उसके नेताओं ने उसे कॉंग्रेस की झोली में डाल दिया था। अब कांशीराम स्वयं ही राव के जाल में फँस गए हैं। और वे तमाम सिद्धांत हवा में उड़ गए हैं, जिनके लिए बसपा अस्तित्व में आई थी।

यह कांशीराम की (बहुजनी नहीं) 'मायावादी' राजनीति का परिणाम है। ब्राह्मणवाद की बी टीम से सहयोग लेकर वह उत्तर प्रदेश में मायावती को मुख्यमंत्री बना चुके हैं। अब वह ब्राह्मणवाद की 'ए' टीम (कॉंग्रेस) के सहयोग से मायावती को उत्तर प्रदेश की मुख्यमंत्री बनाना चाहते हैं। उनकी सारी राजनीति मायावती तक केंद्रित है और मायावती के पार की उनकी सारी राजनीतिक दृष्टियां का लोप हो चुका है। इसलिए ऐसा नहीं है कि अन्य दलों के साथ बसपा के तालमेल की बात ही न हुई ही। बातें हुई हैं, पर मुख्यमंत्री पद के प्रश्न पर उन्हें बसपा की शर्त स्वीकार नहीं हुई। स्वीकार हो भी कैसे सकती है, जबकि उनमें भी मुख्यमंत्री पद की प्रबल दावेदारी है।

निर्भय पथिक लिखता है कि—बाबा साहेब ने जब शेड्यूलकास्ट फेडरेशन नामक संगठन को बर्खास्त करके रिपब्लिकन पार्टी आफ इंडिया स्थापित की थी, तब केवल दलित ही नहीं, बल्कि सभी शोषित समाज को एक झंडे के नीचे खड़ा करके आर्थिक प्रश्न पर संघर्ष करने की व्यापक भूमिका तैयार की गई थी। परंतु बाद के दलित और रिपब्लिकन नेतृत्व ने पारस्परिक ईर्ष्या, द्वेष के चक्कर में उस उच्च-उद्देश्य को तिलांजली तो दी ही, साथ ही दलितों को संगठित करने की भूमिका को भी संकुचित करके रिपब्लिकन पार्टी को केवल नवबोद्धों की पार्टी बनाकर रख दिया। इसके अतिरिक्त उस पार्टी के भी चार-छः टुकड़े हो गए और रिपब्लिकन पार्टी राजनीतिक दृष्टि से नगण्य बन गई।

चार नेताओं के अहंकार और आपसी झगड़ों से दलित आंदोलन की दयनीय अवस्था हो गई। उनमें से कई सीधे-सीधे कांग्रेस में चले गए। कोई एकाध अन्य पदों के लिए सत्ताधारियों के दरवाजे पर गले में पट्टा बाँधकर बैठ गए। थोड़े ही समय में शक्ति एवं संगठन के बल पर न्याय प्राप्त करने की बाबा साहेब की भूमिका को चार-पाँच दलित नेताओं ने अंग-भंग कर दिया।

रिपब्लिकन पार्टी में किस तरह से बंदरबाँट हुई, यह इस तालिका में स्पष्ट हो जाएगा :

भारतीय रिपब्लिकन पक्ष	डॉ. अम्बेडकर भवन गोकल दास पासता रोड, दादर, बंबई-400014
नेशनल रिपब्लिकन पार्टी	टी. 42/6 ओल्ड बैरक चैम्बर कैंप, बंबई-400074
रिपब्लिकन पार्टी ऑफ इंडिया	कमरा न. 522 एम.एल.ए. हॉस्टल, बंबई-400032
रिपब्लिकन पार्टी ऑफ इंडिया (डेमोक्रेटिक)	सतपुड़ा मालाबार हिल बंबई
रिपब्लिकन पार्टी ऑफ इंडिया (काम्बले ग्रुप)	11/174 आदर्श नगर प्रभादेवी, बंबई-400025
रिपब्किलन पार्टी ऑफ इंडिया (खोबरागडे)	गीता विला ईस्ट मारेड पल्ली सिकन्द्राबाद, आंध्रा प्रदेश
रिपब्किलन पार्टी ऑफ इंडिया (सेलवाराज)	10 सोलाई स्टीट आयनावरम मद्रास-600023
रिपब्लिकन प्रेसिडियम पार्टी	उरली कंचन, पुणे महाराष्ट्र
रिपब्लिकन पार्टी ऑफ इंडिया	17/69 थानसिंह नगर आनंद

	पर्वत न्यू रोहतक रोड, नई दिल्ली-5
उत्तर प्रदेश रिपब्लिकन पार्टी	552/2 राजेन्द्र नगर सैकेंड स्टीट लखनऊ-226004
यूनाइटेड रिपब्लिकन पार्टी	चैम्बर न. 345 पटियाला हाउस कोर्टस, नई दिल्ली
सोशलिस्ट रिपब्लिकन पार्टी	स्टेट कमेटी ऑफिस टयूरस लेन स्टेचू, केरल 69601

डॉ. शूरा दारा पुरी लिखते हैं कि डॉ. अम्बेडकर ने सबसे पहले सन् 1936 में 'इंडीपेंडेंट लेबर पार्टी' बनाई थी तथा उससे 1937 के प्रथम सामान्य चुनाव में भाग लिया था। इसके बाद उन्होंने 1942 में 'शेड्यूल्डकास्ट्स फेडरेशन' नाम की पार्टी का गठन किया तथा 1946, 1952 व 1956 के सामान्य चुनाव लड़े। अंत में उन्होंने फेडरेशन को भंग करके अक्टूबर, 1956 में 'रिपब्लिकन पार्टी ऑफ इंडिया' बनाने की घोषणा की, जो उनके निर्वाणोपरांत 3 अक्टूबर 1957 को अस्तित्व में आई। इन पार्टियों के झंडे तले डॉ. अम्बेडकर की चुनावी उपलब्धियों में काफी उतार-चढ़ाव आए थे। इस अवधि में काँग्रेस की जनता पर जबरदस्त पकड़ एवं दलित राजनीति में दखल के कारण दलित राजनीति एक बड़ी ताकत नहीं बन सकी, परंतु इस बीच दलितों में काफी राजनीतिक चेतना एवं स्वतंत्र दावेदारी की भावना का विकास हुआ, जिसका प्रतिनिधित्व रिपब्लिकन पार्टी ऑफ इंडिया ने किया। उत्तर भारत में बहुजन समाज पार्टी का जो विस्तार दिखाई देता है वह आर.पी.आई. की धरोहर ही है।

जैसा कि ऊपर अंकित किया गया है कि डॉ. अम्बेडकर दलित राजनीति के प्रणेता थे। उनका एक स्पष्ट राजनीतिक दर्शन था और वे प्रगतिशील समाजवादी लोकतंत्र विचारधारा के पक्षधर थे।

शूरा दारा पुरी का कहना है कि डॉ. अम्बेडकर ने एक राजनीतिक पार्टी के लिए निम्नलिखित तत्त्वों को परमावश्यक बताया था। (i) पार्टी का प्रबुद्ध नेतृत्व (ii) पार्टी संगठन (iii) पार्टी के सिद्धांत (iv) पार्टी का कार्यक्रम एवं कार्यनीति। डॉ. अम्बेडकर ने जो भी राजनीतिक पार्टियाँ बनाई थीं, उन्होंने उनका लिखित संविधान, सांगठनिक ढाँचा, कार्यक्रम तथा कार्य नीति का निर्धारण किया था। वर्तमान में दलितों का राजनीतिक प्रतिनिधित्व करने वाली दो प्रमुख पार्टियाँ हैं जिनमें से एक आर. पी.आई तथा दूसरी बसपा। आलोचकों का कहाना है कि बसपा का न कोई संविधान है न सांगठनिक ढाँचा और न ही कोई निश्चित कार्यक्रम एवं कार्यनीति।

दलितों के भीतर से ही अधिकांश विशेष तौर पर आर.पी.आई. के नेता कांशीराम

पर यह आरोप लगाते हैं कि उन्होंने उक्त पार्टी को दफनाने का कार्य किया। यह बात इसलिए भी महत्त्वपूर्ण है कि रिपब्लिकन पार्टी न केवल राजनैतिक पार्टी थी, अपितु सामाजिक और सांस्कृतिक आंदोलन को भी आगे बढ़ाने में इसकी महत्त्वपूर्ण भूमिका रही। राजनीति में उसका सूर्यास्त होना अलग बात थी, पर उसके नेताओं की मुखर अभिव्यक्ति और दलित सवालों के प्रति लंबे समय तक प्रतिबद्धता ने भारतीय समाज और राजनीति पर अच्छा-खासा प्रभाव तो छोड़ा ही था। वहीं दूसरी ओर कुछ लोगों का यह भी मानना रहा है कि दलित राजनीति की शृंखला में स्वयं कांशीराम को रिपब्लिकन पार्टी के संबंध में निराशाजनक स्थिति देने वाले अंतिम कड़ी तो नहीं थे उनके पहले भी बहुत से नेता हुए। पर उन्होंने दलितों की भावनाओं को कुछ समय के लिए झकझोर तो दिया ही था। कांशीराम उन दिनों रिपब्लिकन पार्टी में सक्रिय थे और पार्टी के कुछ नेताओं के काँग्रेस से मेल-जोल के खिलाफ थे। तत्कालीन दलित राजनीति के बारे में अपने निराशाजनक अनुभव के बारे में स्वयं कांशीराम कहते हैं–

''करीब चार वर्षों तक इन संगठनों के लिए काम करने के बाद मैंने पाया कि यहाँ खुद के झगड़े इतने हैं कि उन्हें निबटाने में ही वे संगठन अपना मूल काम नहीं कर पा रहे हैं। इस बीच पार्टी बुरी तरह टूटना शुरू हो गई। सबसे पहले आर. डी. भंडारे काँग्रेस में चले गए। फिर 1978 तक पार्टी टूटने का सिलसिला जारी रहा। पार्टी के जितने मजबूत नेता थे, सबने धीरे-धीरे काँग्रेस से नाता जोड़ लिया। टूट से बचाने की मैंने कई बार कोशिश की, लेकिन तब हमारी हैसियत ऐसी नहीं थी कि कोई हमारी बात मानता और जब हमारी स्थिति कुछ मजबूत हुई तब तक रिपब्लिकन पार्टी 12 घटकों में तथा दलित पेंथर 6 घटकों में बँट चुका था। इसके अलावा 'मास मूवमेंट' नाम से एक संगठन और बन चुका था। धीरे-धीरे ये संगठन दलित शोषित वर्ग के बीच अपना आधार भी खोते जा रहे थे। ऐसी हालत में यह संभव नहीं था कि इनके साथ जुड़कर नये सिरे से दलित शोषित समाज को संगठित किया जा सके।''

स्वयं कांशीराम के शब्दों में उनकी दिलचस्पी आरपीआई (रिपब्लिकन पार्टी) या दलित आंदोलन में नहीं थी, वे तो राज सत्ता चाहते थे।

जब उनसे एक पत्रकार ने यह पूछा कि सत्ता के लिए सरकार (Ruling party) से समझौता करने के कारण क्या आप ऐसा नहीं मानते कि उत्तर प्रदेश में आरपीआई की तरह बसपा भी समाप्त हो जाएगी तो कांशीराम का जवाब था कि आरपीआई ने कभी भी सौदा नहीं किया। वह केवल माँगती रही। सौदा करने की स्थिति में ही वह नहीं पहुँच पाई। मुझे याद है 1971 में आरपीआई ने काँग्रेस से राजनीतिक सौदा किया था। उस सौदे में उसे क्या मिला, केवल एक सीट। तब 521 सीटों में से काँग्रेस ने 520 पर चुनाव लड़ा था।

मैं आरपीआई को प्यार करता हूँ, लेकिन बीएसपी से तुलना करने के मामले में उससे नफरत करता हूँ। यह तो एक घटिया वेश्या की तरह रही हैं जो कम मूल्य पर भी उपलब्ध रही। जब तक मैं जीवित हूँ तब तक बीएसपी के बारे में ऐसा नहीं होने दूँगा।

वे कहते हैं कि हम परिवर्तन चाहते हैं। हम समझौते नहीं चाहते। अगर हमारे सहयोग के बिना सरकार नहीं बनती है तो हम परिवर्तन के लिए अपनी शर्त रखेंगे। हम मूलभूत और रचनात्मक परिवर्तन चाहते हैं, न कि बनावटी।

हालाँकि अपने इसी साक्षात्कार में वे यह भी कहते हैं कि वे पहले आरपीआई में थे। उस समय उन्हें ऐसा लगता था जैसे वे डूबते जहाज में सवार हैं।

अभय दुबे लिखते हैं कि लगभग बीस वर्षों तक कांशीराम ने रिपब्लिकन पार्टी से लेकर दलित पेंथरों तक हर तरह के दलित आंदोलन से संबंध बनाए रखा। साथ ही स्वयं अपने संगठन भी बनाए। लेकिन शुरुआती चार वर्षों ने ही उन्हें स्थापित दलित नेताओं के प्रति निराशा की भावना से भर दिया। उनकी दिलचस्पी जल्दी ही रिपब्लिकन पार्टी में खत्म हो गई। उन्हें लगा कि ये तमाम दलित नेता ब्राह्मण वर्ग के चमचे हैं। आक्रोश में भरकर उन्होंने 'द चमचा एज : द एरा ऑफ स्टूजिस' नामक एक आक्रामक पुस्तक ही लिख डाली। इसके लिए कांशीराम ने पूना पैक्ट को जिम्मेदार माना।

कंवल भारती के विचार में कांशीराम जब नौकरी छोड़कर दलितों के बीच आए थे, तो उनका भारी स्वागत हुआ था। यह स्वागत इसलिए हुआ था कि रिपब्लिकन पार्टी के नेताओं के सत्ता-मोह ने दलित समाज में न सिर्फ नेतृत्वहीनता पैदा कर दी थी, बल्कि डॉ. अम्बेडकर के मिशन के लिए भी संकट उत्पन्न कर दिया था। रिपब्लिकन पार्टी के नेताओं के विश्वासघातों के कारण आई रिक्तता को जब कांशीराम ने भरा, तो उनका स्वागत स्वाभाविक ही था। अम्बेडकर-मिशन की ज़मीन पहले से तैयार ही थी, इसलिए कांशीराम ने भी उसका भरपूर उपयोग किया। उन्होंने उस ज़मीन को और भी उर्वरा बनाने के लिए मेहनत की और 'बामसेफ' तथा 'दलित शोपित समाज संघर्ष समिति' के माध्यम से ऐसे कार्यक्रम चलाए कि दलितों को उनके अंदर डॉ. अम्बेडकर के सच्चे उत्तराधिकारी की छवि नजर आने लगी। यह सही वक्त पर सही चोट थी, जो कांशीराम ने की थी। उनके राजनीति में प्रवेश से नेतृत्व का संकट दूर हुआ और उन्होंने नए तेवर भी दलित राजनीति को दिए, जो अब तक किसी ने नहीं दिए थे। उन्होंने डॉ. आम्बेडकर से भी ज्यादा उग्र भाषा में व्यवस्था पर प्रहार किए। उन्होंने व्यवस्था के लिए 'मनुवाद' शब्द का प्रयोग किया, जो आज इतना व्यापक हो गया है कि गैर बसपाई दलों ने भी इस शब्द को अपना लिया है। पूना पैक्ट के पचास वर्ष पूरे होने पर 1982 में उन्होंने पूना-पैक्ट धिक्कार दिवस मनाया और देश-भर से रैलियाँ निकालीं, जो पूना जाकर समाप्त हुई। यह

प्रत्यक्ष रूप से 1932 में महात्मा गाँधी के साथ डॉ. अम्बेडकर द्वारा किए गए समझौते के खिलाफ प्रदर्शन था।

1957 वर्ष दलित राजनीति में एक जबरदस्त मोड़ का साक्षी रहा है। एन. शिवराज के गुजर जाने के बाद बाबा साहेब गायकवाड रिपब्लिकन पार्टी के अध्यक्ष बने, लेकिन पार्टी में विभाजन की एक तेज प्रक्रिया शुरू हो गई। 1956 का अंत होते-होते दलितों के जुझारू और उन्हें एक सूत्र में बाँधकर, संगठित कर संघर्ष के पथ पर आगे ले जाने वाले नेता बाबा साहेब डॉ. अम्बेडकर का निधन हो गया था। बाबा साहेब का महानिर्वाण होते ही विशेषकर महाराष्ट्र में बहुत ही अजीबोगरीब दृश्य उपस्थित हो गया। बिलकुल ऐसा, जैसा कि पिता की कमाई हुई संपत्ति के लिए भाइयों के बीच खींचातानी होती है।

बाबा साहेब ने जब शेड्यूलकास्ट फेडरेशन के स्थान पर रिपब्लिकन पार्टी की स्थापना की थी तब केवल दलित समाज की कुछ जातियाँ ही नहीं, बल्कि समूचे शोषित समाज को संघर्ष करने की व्यापक भूमिका तैयार की थी। पर बाद में दलित नेताओं के अहंकार और आपसी झगड़ों के कारण वह संघर्ष बीच में ही रह गया। सच तो यह है कि रिपब्लिकन पार्टी बनने से पूर्व ही दलित राजनीति के समीकरण लड़खड़ाने लगे थे। दलित समाज के दिशा देने वाले बाबा साहेब जैसे-जैसे अस्वस्थ होते जा रहे थे वैसे-वैसे उनके आसपास काँग्रेस पार्टी दलित अस्मिता के खिलाफ षड्यंत्र के ताने-बाने बुनने में अधिक सक्रिय हो गई थी।

रिपब्लिकन पार्टी बनाने के पीछे बाबा साहेब डॉ. अम्बेडकर का उद्देश्य दलित एवं शोषित समाज के बीच राजनैतिक विचार और विस्तृत करना था। पर वैसा हो नहीं सका। 1972 में गायकवाड की मृत्यु हो गई और आर.एस. गवई पार्टी के नये अध्यक्ष बने। अब तक पार्टी में विभाजन और भी रेखांकित होने लगे थे। ऐसे अवसर पर बौद्ध चिंतकों की गई टिप्पणी हमें सही लगती है। उन्होंने इस तरह की राजनैतिक परिस्थितियों से अम्बेडकरवादियों को जूझते देख कहा था। "लगता है हर एक यहां छोटा अम्बेडकर है। जैसा परिवार में भाईयों के बीच पिता की छोड़ी हुई विरासत के लिए झगड़ा होता है। वैसा ही इनके बीच हो रहा है।"

यूँ समय-समय पर दलित राजनीति के रास्ते में अनेक समस्या तथा बाधाएं आई हैं। पर साथ ही दलित नेताओं के बीच दुविधा भी बढ़ी है। वह दुविधा कभी उनके अपने कारण बढ़ी है तो कभी उनके गलत दृष्टिकोण की वजह से हुई। दलित राजनीति में कभी संतुलन नहीं रहा। स्थानीय नेताओं के साथ-साथ राष्ट्रीय नेता भी असंतुलन बनाते रहे। दल बदल का रोग दलित नेताओं को भी लगा। सत्ता से जुड़ने तथा सुविधाएँ बटोरने की प्रवृत्ति इनमें भी रही। राजनीति में चली आ रही परंपराओं से हटकर बहुत ही कम दलित नेता ऐसे रहे जिन्होंने कुछ किया। वरना अधिकांश तो पिटी-पिटाई परंपराओं को ही आंख मींचकर मानते रहे। उनके बीच राजनीति

को लेकर वैचारिक स्तर पर कभी भी खुले रूप से बहस नहीं हुई। हां में हां मिलाने वाले घटिया और सस्ते लोगों के उपलब्ध होने की परंपरा का विकास हुआ। उसी परंपरा ने बुद्धिजीवी वर्ग को भी अलग-थलग रखने में महत्त्वपूर्ण भूमिका निभायी। जिससे अपनी-अपनी ढपली और अपना-अपना राग की भी शैली बनी।

महाराष्ट्र परिषद् के नाम से रिपब्लिकन पार्टी के बी.के. गायकवाड़ व बी.डी. खोबरागड़े एक-दो तथा हरीदास आवड़े आर.डी भडारे आदि नेता सन् 1960 में राज्य सभा में दिखाई पड़े पंजाब में एल.आर. बाली, मद्रास में श्री एन. शिवराज आदि ने मिलकर रिपब्लिकन पार्टी आफ इंडिया को बनाकर खड़ा किया। उत्तर प्रदेश में भी सन् 1957-58 में सर्वश्री शिवदयालसिंह चौरसिया, तिलकचन्द कुरील, दीनानाथ मोदी, अशरफीलाल पासी, छेदीलाल साथी, बी.पी. मौर्या, संघप्रिय गौतम, राहत मोलाई, गया प्रसाद प्रशान्त, डॉ. मुजम्मिल हुसैन, हाजी अब्दुल बकी और इसहाक आदि ने उत्तर प्रदेश रिपब्लिकन पार्टी का गठन किया और सन् 1962 में समस्त भारत में केवल यू.पी. में करीब 12 एम.एल.ए. विधानसभा में और चार सांसद लोकसभा में रिपब्लिकन पार्टी टिकट पर जीतकर प्रथम बार राजनैतिक क्षितिज पर उभरकर आए। 1964 में उत्तर प्रदेश विधान सभा में छेदीलाल साथी रिपब्लिकन पार्टी के नेता के रूप में चुनाव जीतकर पहुंचे। उत्तर प्रदेश विधानसभा में राहत मौलाई रिपब्लिकन पार्टी के नेता बने। लेकिन कुछ दिन बाद ही महाराष्ट्र के रिपब्लिकन नेताओं ने फूट का ऐसा बीज बोया कि वह 1967 में और फिर 1969 में बिखरकर रह गई।

उदाहरण के लिए, महाराष्ट्र में जनता दल ने जब दस्तक दी तो एक प्रयोग हुआ। हालाँकि उस प्रयोग में कोई विशेष सफलता न मिल सकी। यूँ दिखावे के लिए जद मोर्चे के साथ सबसे बड़ा दलित तबका था बाबा साहेब डॉ. अम्बेडकर के प्रयोग प्रकाश अम्बेडकर की रिपब्लिकन पार्टी का। लेकिन यह तबका अपने लिए कोई सीट नहीं पा सका। इसका एकमात्र कारण था कि प्रकाश अम्बेडकर राजनीति में नौसिखिए थे। वे कभी शिवसेना की ओर हाथ बढ़ाते थे तो कभी आर.एस. गवई का स्थान लेने के लिए काँग्रेस से समझौता करना चाहते थे। उनकी इसी प्रवृत्ति के कारण जनता दल ने उन्हें राज्यसभा में मनोनीत किया। क्योंकि अपनी तमाम कोशिशों के बावजूद वे लोकसभा में आने के कई प्रयोग कर चुके थे, लेकिन असफल सिद्ध हुए।

वैसे जद को जहाँ-तहाँ उन्होंने थोड़ी-बहुत मदद अवश्य पहुँचाई। पर महाराष्ट्र में चुनाव के समय काँग्रेसी तिकड़मबाजो ने रिपब्लिकन वोट एक नहीं होने दिए। उनके बीच घुसपैठ कर वे पार्टी के भीतर असंतुलन बनाने में सफल रहे। यूँ 1979 से ही रिपब्लिकन वोट लगातार बिखरते रहे। जिसका सीधे-सीधे लाभ काँग्रेस को ही मिला। समय-समय पर कांग्रेस पार्टी दलित नेताओं के आगे सत्ता के लिए टुकड़े रही। और उन टुकड़ों पर रहने वाला दलित नेतृत्व स्वयं टुकड़े-टुकड़े होने लगा।

परिणामस्वरूप सम्पूर्ण देश में बिखराव होता गया।

हम कितना भी इतिहास के पृष्ठों को उलट-पुलटकर देखें, हर एक दौर में परिवर्तन की अनेक धाराएँ मिलेंगी। समाज में सकारात्मक तथा नकारात्मक परिस्थितियों की प्रक्रिया भी मिलेंगी। जिनसे जूझते हुए दलित आंदोलन फैलता सिकुड़ता रहा है। राजनैतिक दलों के प्रचार-प्रसार के साथ उनके भीतर ठहराव भी आता रहा है। कभी इन राजनैतिक पार्टियों ने आम आदमी को सम्मोहित भी किया है और कभी निराश भी।

यह बात अपने-आपमें सही है कि बहुजन समाज पार्टी के पहले जैसी परिस्थितियाँ थीं वैसी रिपब्लिकन पार्टी आफ इंडिया के गठन के पूर्व नहीं थीं। और रिपब्लिकन पार्टी के पहले जैसी परिस्थितियाँ रहीं वैसी शैडयूल्ड कास्ट फैडरेशन के पूर्व नहीं थीं। साथ ही यह बात भी अपने-आपमें स्पष्ट है कि शैडयूल्ड कास्ट फैडरेशन और स्वतंत्र श्रमिक दल की स्थापना की पृष्ठभूमि में रही परिस्थितियों में भी असमानताएँ थीं। बाबा साहेब डा. अम्बेडकर ने स्वतंत्र श्रमिक दल तथा आल इंडिया शैडयूल्ड कास्ट फैडरेशन की स्थापना क्रमशः 1936 और 1942 में की थी। स्वतंत्र श्रमिक दल और उसकी गतिविधियों का सिलसिला दस वर्ष तक चला। बाद में शैडयूल्ड कास्ट फैडरेशन नाम से नया राजनैतिक दल अस्तित्व में आया। हालांकि कुछ ही वर्षों में उसका भी समापन कर दिया गया। इसकी जगह उन्होंने एक नई पार्टी का गठन किया, नाम रखा रिपब्लिकन पार्टी आफ इंडिया। इस तरह बीस साल की अवधि में बाबा साहेब डा. अम्बेडकर ने तीन राजनीतिक दलों को जन्म दिया और उन्हें लेकर समय-समय पर अनेक प्रयोग किए। उनके ये ऐतिहासिक प्रयोग सफल हुए हों या असफल एक बात निर्विवाद है कि डॉ. अम्बेडकर ने अपने इन प्रयोगों से दलित राजनीति को एक निश्चित दिशा दी, उसका मार्ग स्पष्ट किया, उसे आवश्यक जुझारूपन दिया और उसके कई आयाम प्रकट किए। कुछ समीक्षकों का मानना है कि वैसा कांशीराम नहीं कर सके उनकी वरीयता में सत्ता पर कब्जा करना अधिक रहा।

समता सैनिक दल और शैडयूल्ड कास्ट फैडरेशन के पुराने कार्यकर्ता तथा बाबा साहेब के साथी रहे मोहनलाल गौतम का मानना रहा है "कि जब बहुजन समाज पार्टी का गठन हुआ, उस समय रिपब्लिकन पार्टी का एक भी प्रतिनिधि संसद में नहीं था।"

वे मानते हैं कि राजनीतिज्ञ के रूप में वे ठीक हैं, क्योंकि राष्ट्रीय स्तर पर उन्होंने नई पार्टी का गठन किया। पर बाद के दौर में दलित समाज की वे अनदेखी करते गये।

संदर्भ

- कंवल भारती, कांग्रेस के जाल में बसपा दलित लिबरेशन टुडे, लखनऊ, जून, 1996, पृष्ठ 13
- निर्भय पथिक, इंडस्ट्रीयल इस्टेट, अम्बेडकर मार्ग, वडाला, बंबई 15 मई, 1988, पृ. 9
- आर पी आई नेता रामसिंह से 12 अप्रैल, 1990 को उनके निवास, आर्य नगर, पहाड़गंज नई दिल्ली पर साक्षात्कार के आधार पर तैयार की गई सूची
- डॉ. शूरा दारापुरी, डॉ. अम्बेडकर और वर्तमान दलित राजनीति, दलित लिबरेशन टुडे लखनऊ अगस्त, 1996, पृष्ठ 16
- अभय दुबे, आज के नेता, राजकमल प्रकाशन, नई दिल्ली, पृष्ठ 41
- वही, पृ. 35
- कंवल भारती, कांशीराम के दो चेहरे, रामपुर, पृ. 7
- धर्मयुग, टाइम्स ऑफ इंडिया प्रकाशन बंबई, 10 सितंबर, 1989, पृ. 17
- निर्भय पथिक, पृष्ठ 10
- वही धर्मयुग, पृ. 11
- 21 अगस्त, 2002 को डॉ. अम्बेडकर भवन नई दिल्ली पर मोहन लाल गौतम जी से बातचीत के आधार पर

डॉ. अम्बेडकर और कांशीराम

बहुत लोगों की यह राय रही है कि बाबा साहेब डा. अम्बेडकर एक असफल राजनीतिज्ञ थे। इस बात में सहमति और असहमति हो सकती है, पर उनके बाद के दलित लेफ्टीनेंट्स किस तरह दलितों को सामाजिक न्याय दिलाने में असफल रहे, इसमें कहीं बहस की गुंजाइश नहीं है। किस तरह उन्होंने राजनीति को स्वयं शिखर पुरुष बनाने में सीढ़ी के रूप में इस्तेमाल किया, इसमें भी कोई दो राय नहीं है। अधिकांश दलित नायकों के खलनायकों तक बनने के बारे में मत और विचार अलग-अलग हो सकते हैं, पर सत्ता स्वार्थ के लिए किस तरह डॉ. अम्बेडकर के सपनों को तोड़ा गया, इस पर भी विवाद का कोई प्रश्न नहीं उठता है। राजनैतिक आकाश की स्थिति बिल्कुल साफ है। भले ही उसकी जमीन कितने ही झाड-झंगार से भरी हो, सत्ता में जो भी आना चाहता है, वह समाज सेवा के नजरिये से कम और लाभ कमाने के उद्देश्य से अधिक उसमें प्रवेश करता है।

डॉ. अम्बेडकर राजनीति शास्त्र के यथार्थवादी पक्ष के समर्थक थे। उन्हें प्रजातांत्रिक राज्य अधिक प्रिय थे। डॉ. अम्बेडकर के प्रजातांत्रिक विचारों की अच्छाई हमें उनकी व्यावहारिक देन से नापनी चाहिए। उनकी व्यावहारिक दृष्टि का अर्थ है कि सामाजिक, आर्थिक, राजनैतिक एवं नैतिक मूल्यों के निर्धारण में समाज के सब सदस्यों का हाथ होना चाहिए। वे इस बात को पूर्णतः जानते थे कि भारतीय राजनैतिक क्षेत्र में जातिवाद का अधिक प्रभाव पड़ता है। वे इस तथ्य से भी वाकिफ थे कि जातीय बहुमत की सरकार वंश-परंपरा की बेल को आगे बढ़ाती है। इस तरह राजनीति में जातीय बहुमत प्रजातंत्र, समाजवाद एवं मानववाद के विरुद्ध है।

फॉसिज्म एक ऐसा मत है, जो राष्ट्र, राज्य, जाति एवं साम्राज्य पर बहुत अधिक बल देता है। साम्यवाद का बल वर्ग एवं राज्य पर है, किंतु प्रजातंत्र व्यक्ति को अधिक महत्त्व देता है। इसमें व्यक्ति ही राजनीतिक इकाई है।

भारत में पहले लोकतांत्रिक चुनाव के लिए अपनी इंडिपेंडेंट लेबर पार्टी की व्यवस्थित तैयारी के दौरान नवंबर, 1936 में 'टाइम्स आफ इंडिया' के संवाददाता को साक्षात्कार देते हुए डॉ. अम्बेडकर ने कहा था—कॉंग्रेस संस्था शोषण करने वालों

और शोषक समाज का मिला-जुला संगठन है। यह संस्था राष्ट्र के नव निर्माण की दृष्टि से उपयोगी नहीं है। स्वतंत्र मजदूर दल जनता को लोकतंत्र का तंत्र समझाएगी और प्रजातंत्र की प्रणाली का प्रशिक्षण देगी।

इस चुनाव में कांग्रेस विजयी हुई थी और डॉ. अम्बेडकर भी अत्यधिक मतों से विजयी हुए। उनकी पार्टी के 17 में से 13 उम्मीदवार जीते थे। सरकार निर्माण के समय मंत्रिमंडल के गठन में कांग्रेसियों के बीच मतभेद उभरे। बंबई के मुख्यमंत्री बी.जी. खेर अम्बेडकर से मदद चाहते थे, पर उन्होंने साफ इनकार कर दिया था। एक मित्र ने जब उनसे उस समय सवाल किया, "जोरों से अफवाह है कि आप काँग्रेस मंत्रिमंडल में वित्तमंत्री बन रहे हैं।" अम्बेडकर ने तब स्पष्ट कहा था, "काँग्रेस पार्टी मुझे यह जिम्मेदारी सौंपने का निश्चय कर भी ले तो भी मैं उसको मंजूर नहीं करूंगा, क्योंकि संयुक्त सरकार के मंत्रिमंडल पर मेरा विश्वास नहीं है। दूसरे मैं काँग्रेस पार्टी में अपनी पार्टी का विसर्जन नहीं करूँगा, न स्वयं ही उस पार्टी में शामिल होऊँगा।"

आजादी के बाद देखा जाए तो काँग्रेस में ही सबसे अधिक दलित नेता गए। यहाँ तक कि रिपब्लिकन पार्टी ऑफ इंडिया' में टूट और बिखराव का कारण भी काँग्रेस पार्टी ही बनी। ऐसे नेताओं की सूची बहुत लंबी है, पर उत्तरी भारत में सबसे पहले बी.पी. मौर्य ने इस क्षेत्र में पहल की। उन्होंने धर्मयुग को दिये गये अपने एक साक्षात्कार में कहा भी था, "जब एक बी.पी मौर्य को रगड़ा दिया जाता है तो कांशीराम जैसे नेता पैदा होते हैं।" वैसे इसमें कोई संदेह नहीं कि बहुजन राजनीति के फलक पर कांशीराम का उद्‌भव होना दलित राजनीति की एक महत्त्वपूर्ण घटना रही है। परिणाम भले ही कुछ भी रहे हों। सत्ता के समीकरण कैसे भी बदले हों, पर लंबे समय से जगजीवन राम की परंपरागत राजनैतिक शैली में बदलाव लाने वाले कांशीराम ही थे, जिन्होंने सत्ता पर काबिज जाति विशेष के मठों में खलबली मचाने का कार्य अवश्य ही किया था।

अस्सी का दशक देश में जहाँ उपद्रव, प्रदर्शन और रैलियों का रहा वहीं बहुजन समाज के खिलाफ पुलिस, पैरामिलिटरी फोर्स और सेना के इस्तेमाल का भी रहा। दलित उत्पीड़न की घटनाओं के साथ नक्सलाइट के विरोध और प्रतिरोध का चश्मदीद गवाह भी यह दशक रहा। महिला उत्पीड़न से जुड़ी अमानवीय घटनाएं भी इसी दशक में विस्तृत रूप में हुई।

बहुजन समाज पार्टी बनने के बाद क्या करना चाहती है? इसका अवलोकन करें तो पार्टी के अलिखित घोषणा पत्र में सामाजिक न्याय का सवाल सर्वोपरि था, जिसे हल कर दलित, पिछड़े और अल्पसंख्यक जातियों के साथ उसके रिश्ते बनाने का अभियान पार्टी कार्यकर्ताओं के सामने था। वे जिस तरह की राजनीति की अफरातफरी भारतीय समाज में देख और महसूस कर रहे थे, उससे निबटते हुए बहुजन समाज के लिए समता और समानता के दर्शन के विकल्प को जुटाना भी उनके लिए जरूरी था।

26 जनवरी, 1950 को संविधान लागू होने के समय डॉ. अम्बेडकर का वह ऐतिहासिक कथन पार्टी प्रमुख को अच्छी तरह याद था। अम्बेडकर ने कहा था, "हम दो तरफी जिंदगी में कदम रखने वाले हैं। एक तरफ, राजनीति में सबको बराबरी होगी, एक आदमी का एक वोट और एक वोट की एक कीमत होगी। दूसरी तरफ, सामाजिक और आर्थिक क्षेत्रों में, जो गैर-बराबरी हजारों वर्षों से चली आ रही है, वह उसी तरह चलती रहेगी। हमारे लिए यह बहुत जरूरी हो जाता है कि इस गैर बराबरी को बहुत जल्द दूर करें। अगर हम इस दो-तरफी जिंदगी में कदम रखने के बाद दोनों तरफ चलते रहेंगे तब उससे जो राजनैतिक बराबरी आई है उसे बराबरी का कोई फायदा नहीं होगा।"

कांशीराम बखूबी इस बात को दोहराते हैं कि आजादी के बाद के तीस-चालीस वर्षों में हमारा अनुभव रहा कि जो भी पार्टी हमारे सामने आई है, जैसे—काँग्रेस, जनता पार्टी, भारतीय जनता पार्टी, लोकदल तथा अन्य ब्राह्मणवादी पार्टियाँ, इन सभी राजनैतिक दलों का हित इसमें है कि ब्राह्मणवाद के आधार पर हजारों वर्षों से लाई गई आर्थिक और सामाजिक गैर बराबरी इसी तरह टिकी रहे। बहुजन समाज पार्टी का यह लक्ष्य होगा कि इस गैर बराबरी को जल्द-से-जल्द दूर करने की कोशिश करे।

कांशीराम ने काँग्रेस (आई) को साँपनाथ और दूसरी विपक्षी पार्टियों को नागनाथ के बराबर बतलाते हुए बहुजन समाज को इस साँपनाथ और नागनाथ से एक ही जैसे खतरे की ओर संकेत किया है। उन्होंने यह भी कहा कि इस खतरे का मुकाबला करने के लिए इस देश का दबा कुचला इंसान नेवलानाथ की जरूरत महसूस करता है। इस जरूरत को पूरा करने के लिए उन्होंने अपनी बहुजन समाज पार्टी बनाई है। यानी वे नेवलानाथ बने, पर साँपनाथ और नागनाथ से लड़ने के स्थान पर समझौता किया और गठबंधन की दलित राजनीति को एक नया आयाम दिया। जिसके कारण बहुजन राजनीति के दर्शन का विस्तार उस तरह से नहीं हुआ, जैसे होना चाहिए था।

कंवल भारती के विचार में जहाँ तक काँग्रेस के सामाजिक सरोकारों की बात है 1895 में जब तिलक के अनुयायियों ने सामाजिक कुरीतियों का पर्दाफाश करने के परिणामस्वरूप सोशल कांफ्रेंस के पंडाल को फूंक देने की धमकी दी थी तब अछूतों ने काँग्रेस के विरुद्ध प्रदर्शन किया था। काँग्रेस के विरोध की इस विरासत में बाद के दो दशक में डा. अम्बेडकर के अनुभव भी जुड़े थे। 1917 में बम्बई में दलित वर्गों की दो सभाओं में जो दो प्रस्ताव पारित किए थे, उनसे काँग्रेस के प्रति दलित वर्गों की विरोधी भावना की पूरी झलक मिलती है। काँग्रेस के प्रति अम्बेडकर की धारणा शुरू से अंत तक एक जैसी ही रही। बाबा साहेब डॉ. अम्बेडकर की राजनैतिक यात्रा के अध्ययन के दौरान हमें कोई ऐसी जानकारी नहीं मिलती, जिससे यह सिद्ध हो सके कि उन्होंने काँग्रेस के अलावा तत्कालीन हिंदुत्ववादी राजनैतिक दल हिंदू महा सभा, रामराजपार्टी तथा जनसंघ आदि से राजनैतिक गठबंधन किए हों। वे दलितों

को राजनैतिक सत्ता के पक्षधर तो थे, लेकिन उस तरह में नहीं जैसा कांशीराम ने एक चमत्कार कर दिखलाया।

बकौल कंवल भारती कांशीराम की शागिर्द रही मायावती ने उत्तर प्रदेश की प्रथम दलित मुख्यमंत्री बनकर इतिहास जरूर बनाया, पर इतिहास से सबक लेना भी जरूरी है। सत्ता के लिए अवसरवादी संघर्ष करके चौधरी चरण सिंह ने भी इतिहास बनाया था। वे प्रधानमंत्री जरूर बने, पर कितने दिनों के लिए? और परिणाम कितना त्रासदी पूर्ण था? क्या मायावती इतिहास को दोहराएँगी? शायद यही हो—भाजपा आगे चलकर समर्थन वापस ले ले और तब मायावती की वही स्थिति हो जाए, जो आज मुलायम सिंह यादव की हुई है। शायद वह न भी हो—मायावती अपनी सूझबूझ और राजनीतिक चार्तुय से वह नौबत ही न आने दें और विधान सभा भंग कराकर मध्यावधि चुनाव करा दें।

पर ऐसा कुछ हुआ नहीं यानी अम्बेडकरवाद और मनुवाद में तालमेल नहीं हो सका। हालाँकि इस तरह के तालमेल जारी रखने के दो बार प्रयास हुए। शायद तीसरी बार भी हों।

मायावती को उस समय मुख्यमंत्री बनने के अवसर पर दलित समाज के बहुत-से बुद्धिजीवियों ने भी बधाई दी थी। उनके विचार में वह हुआ जो अब तक नहीं हुआ था। उन्होंने अवसरवादी राजनीति से ही सही, प्रथम दलित शासक होने का गौरव हासिल करके पूरे दलित समाज का मनोबल बढ़ाया है। बहुजन समाज पार्टी के संस्थापक अध्यक्ष कांशीराम ने भी इस राजनीतिक अवसरवाद पर अपनी सहमति की मोहर लगाकर उसे और पक्का कर दिया था।

कुछ अम्बेडकरवादियों के विचार में यह एक ऐसा राजनैतिक इतिहास था, जिसमें दो विपरीत धाराएं—सवर्ण और दलित की चिंतन की धाराएं एक-दूसरे के साथ जुड़ना चाह रही थीं। भले ही उनके अपने-अपने राजनीतिक निहितार्थ रहे हों, पर एकता के प्रयासों का स्वागत तो करना ही होगा।

दलित एशिया टुडे लिखता हे कि 80 का दशक भारतीय राजनीति में कांशीराम का दशक रहा है। उन्होंने न केवल दलित राजनीति को उसकी अपनी जमीन पर फिर से स्थापित किया, बल्कि संपूर्ण भारतीय राजनीति को भी सामाजिक परिवर्तन से जोड़ा। आज काँग्रेस समेत जो भी पार्टी यदि सामाजिक परिवर्तन या सामाजिक न्याय की बात कर रही है तो इसका सारा श्रेय कांशीराम की दलित राजनीति को ही जाता है।

राजनीति के क्षेत्र में कांशीराम की तीन बड़ी उपलब्धियाँ है। एक, उन्होंने दलितों के साथ पिछड़े और अल्पसंख्यक समुदायों को जोड़ने का काम किया है; दो, उन्होंने दलितों को अपनी दासता को समाप्त करने और स्वतंत्रता प्राप्त करने के लिए वोट का प्रयोग कैसे किया जाए, यह सिखाया है और तीन, समाज और राजनीति के

क्षेत्र में ब्राह्मणवाद के खिलाफ एक निर्णायक लड़ाई का मोर्चा खोल दिया है। बसपा के सामाजिक परिवर्तन के कार्यक्रमों में सबसे मुख्य मुद्दा पिछड़ी जातियों के वैधानिक अधिकारों का उभरा, जिसने कॉंग्रेस समेत सभी दलों की चिंताए बढ़ाई। मंडल आयोग की सिफारिशों को बरसों से कॉंग्रेस ने रद्दी की टोकरी में डाल रखा था। केंद्र में 1990 में जब राष्ट्रीय मोर्चे की सरकार बनी, तो प्रधानमंत्री विश्वनाथ प्रताप सिंह ने मंडल आयोग की रिपोर्ट को लागू करने का ऐतिहासिक निर्णय लिया। भले ही इसके पीछे बसपा के हाथ से पिछड़ों की राजनीति छीन लेने के निहितार्थ हों, यह सच है कि सवर्ण राजनीतिज्ञों में विश्ननाथ प्रताप सिंह वह प्रथम पुरुष जरूर हैं, जिन्होंने राजनीति के भविष्य को गहराई से देखा और सामाजिक न्याय की आवश्यकता को पूरी शिद्दत के साथ स्वीकार किया।

रामविलास पासवान के शब्दों में बसपा की शुरूआत 1970 के दशक में बामसेफ से हुई। कांशीराम को उसका अध्यक्ष बनाया गया। वे नौकरी से निकाले जाने के बाद बेरोजगार थे। यह दलित आदिवासी, पिछड़े और अल्पसंख्यक कर्मचारियों का अच्छा संगठन था। कर्मचारियों ने जोखिम उठाकर तन, मन, धन से इस संगठन का समर्थन किया। मैं 1977 में पहली बार लोकसभा में चुनाव जीतकर आया था। बिहार में बेलछी कांड हुआ, मेरी हार्दिक इच्छा थी कि कोई गैर राजनैतिक संगठन बनना चाहिए। मैं बिना दल की परवाह किए बामसेफ को मजबूत करने में लगा रहा। मेरे साथ रामलाल कुरील, राजनाथ सोनकर शास्त्री आदि एम.पी. देश के कोने-कोने में जाते थे। 1981-82 में कर्पूरी ठाकुर को मैं बामसेफ के कार्यक्रम में चंडीगढ़ ले गया था। मायावती का काम नेताओं को लाने ले जाने का था। बामसेफ के देहरादून, मंसूरी के कार्यक्रम में हम किस तकलीफ से पहुँचे आज भी याद है। लेकिन जब बामसेफ की लोकप्रियता बढ़ने लगी तो कांशीराम को सत्ता की महत्वाकाँक्षा पैदा हो गई।

इसे ऐतिहासिक दस्तावेज मानना चाहिए कि बाबा साहेब किस तरह से बार-बार दलित समाज के लोगों को कांग्रेस से सावधान करते रहे थे। अपने एक भाषण में उन्होंने कहा था :

1947 में मैं केंद्र सरकार में शामिल हुआ। मेरे कुछ आलोचकों ने मुझ पर यह आरोप लगाया था कि मैं कॉंग्रेस में शामिल हो गया हूँ। मेरे आलोचकों द्वारा मुझ पर जो आरोप लगाए गए थे, उसका उत्तर मैने लखनऊ में एक भाषण में दिया था। उस भाषण में मैंने अपने देशवासियों से कहा था कि मैं कोई मिट्टी के लोंदे के समान नहीं जिसे पानी के बहाव के साथ बहाया जा सके। मैं एक चट्टान के सदृश हूँ जो गलता नहीं है, अपितु, नदियों के बहाव को मोड़ देता है। मैं किन्ही लोगों के साथ कहीं पर रहूँ, मैं अपने-आपको विस्मृत नहीं करता हूँ, मैं कभी भी अपनी अलग पहचान नहीं खो सकता। उचित कार्य के लिए यदि कोई मेरा सहयोग

चाहता है तो उसे प्रदान करने में मुझे प्रसन्नता होगी।

मैंने अपनी संपूर्ण ईमानदारी एवं शक्ति से मातृभूमि की सेवा हितार्थ कॉंग्रेस सरकार से चार वर्षों तक सहयोग किया था। पर इन वर्षों के दौरान मैंने स्वयं को कॉंग्रेस संगठन से अलग रखा। मैं सहर्ष ऐसे लोगों की सहायता करूँगा और उनसे सहयोग भी करूंगा जो अपने वचन और कर्म से अनुसूचित जाति के व्यक्तियों की सत्यता पूर्वक सेवा करना चाहते हैं। मैं उनकी कभी सहायता नहीं करूंगा जो मितभाषी हैं या जो मीठा बोलते हैं, पर जिनके इरादे एवं कार्य हमारे लोगों के विरूद्ध होते हैं।

निश्चित ही कांशीराम ने एक ऐसे संगठन की नींव डाली थी जिसका आगे चलकर तेजी के साथ प्रचार-प्रसार हुआ। जनसत्ता में प्रकाशित अपने लेख में ओमप्रकाश का कहना है, "कांशीराम में बुद्धि भी है, मनोविज्ञान की समझ भी और राजनैतिक दर्शन को निचोड़ कर उसे समय के मुताबिक राजनैतिक सांचे में ढालने की क्षमता भी। यह उनके विरोधी भी मानते हैं। नौकरी में हालात का धक्का लगा तो इस व्यक्ति ने 1965 से 1971 तक का समय सिर्फ अम्बेडकर के अध्ययन पर लगाया। 85 फीसदी बहुजन की ताकत की बात वहाँ थी पर कांशीराम ने जिस बात को नारे का रूप दिया वह थी **'पे बैक टू सोसाइटी'** यानी जिस समाज से आए हो, उसका उत्थान करो, उसके कर्ज को चुकाओ। 1771 में कांशीराम ने एक धुरी बनाई। यह जाँचने के लिए कि पढ़े-लिखे पिछड़े अपना सामाजिक कर्ज चुकाने के लिए कितना तैयार हैं। 1973 में इस धुरी के इर्द-गिर्द बाम सेफ की विचारधारा पुख्ता हुई।

कांशीराम का कहना था कि उन्होंने डी.एस.फोर का निर्माण 'कल की लड़ाई' के लिए कमजोरों को तैयार करने के लिए किया है। अपनी खास रैली में उन्होंने कहा, "मैं अपने प्रतिद्विंदियों को पूरी आजादी देता हूँ कि वे बहुजन समाज की जितना बाँट सकें, बाँटे! लेकिन मेरा अधिकार है कि मैं उन्हें उनका हक दिलाने के लिए संगठित करूँ।"

कांशीराम के इस बयान से राजनैतिक सत्ता के प्रति उनकी सोच या दृष्टि सामने आती है। जो यह स्पष्ट करती है कि पहले किसी भी समाज, जाति या वर्गों को विभाजित होने दो या उनके बीच विभाजन की परिस्थितियाँ तैयार होने दो। बाद में उस विखराव को समेटने के लिए राजनैतिक मुहिम आरंभ की जाए। यूँ आरंभ से ही उनकी यह सोच रही है। जिसका उन्होंने समय-समय पर प्रयोग किया है। व्यक्ति हो या समूह, फिर भले ही जाति, वह विवश होकर उनके पास आए या वे उसे विवश कर दें कि उनके बिना उसका काम ही न चल सके। इसलिए यह सीधे-सीधे कहा जा सकता है कि अगर उनका कोई दर्शन था तो वह केवल सत्ता प्राप्ति।

सत्ता प्राप्ति के ही मामले में कांशीराम बाबा साहेब डा. अम्बेडकर से थोड़ा अलग हो जाते हैं। डॉ. अम्बेडकर ने जिसे राजनीति की चाबी कहा था—वह थी राजसत्ता। बाबा साहेब ने राजसत्ता तक पहुँचने के लिए तीन मंत्र दिए थे—पहला था, शिक्षित बनो, आंदोलन करो और संगठित हो, तथा दूसरा था, सत्ता का शक्ति

संतुलन अपने हाथ में रखो। पर कांशीराम के लिए इन तीनों के क्रम में विरोधाभास था।

लेकिन बावजूद इसके कांशीराम जी के हक में हवा बहने लगी। और जैसे-जैसे जगजीवन राम, बी.पी मौर्या तथा अन्य दलित नेताओं से दलितों का मोहभंग होता चला गया वहीं कांशीराम के पक्ष में दलित मतदाताओं का ध्रुवीकरण बनता गया।

कंवल भारती लिखते हैं कि "कांशीराम ने जाति के सवाल को जोर-शोर से उठाया। और उसे धारदार बनाया। यहाँ तक कि जगजीवन राम भी गरीबों के विरुद्ध आंदोलन चाहते हैं, जाति के विरुद्ध नहीं। किंतु यह कांशीराम ही थे, जो उन्होंने कहा था, "गरीब ब्राह्मण भी चमार के हाथ का छुआ पानी नहीं पीते। दोनों ही गरीब हैं, लेकिन उनके बीच जाति की खाई है, जो गरीब-गरीब को एक नहीं होने देती। इसलिए मैं कभी वर्ग-संघर्ष का पक्षधर नहीं रहा। मैं तो जाति-संघर्ष चाहता हूं।" कांशीराम के इन विचारों में डॉ. अम्बेडकर ही बोलते थे। इसलिए कांशीराम दलितों के एकनिष्ठ नेता हो गए।"

वे आगे लिखते हैं कि 1993 तक कांशीराम के आंदोलन ने भारतीय राजनीति में बहुत ही सक्रिय और रचनात्मक भूमिका निभाई। इस भूमिका की कई सशक्त उपलब्धियाँ हैं, जिनमें एक है दलितों में अपने वोट के प्रति जागरुकता। यह कहने की बात नहीं है कि कांशीराम से पहले दलित अपने वोट की कीमत नहीं जानते थे। यहाँ तक कि उन्हें मतदान भी करने नहीं दिया जाता था। कांशीराम के राजनीति में आगमन से काफी हद तक अपने मतों की सुरक्षा करने करने की चेतना दलितों में विकसित हुई। इसका श्रेय कांशीराम को ही जाता है।

वकौल कांशीराम जिस प्रकार इस देश में गया संविधान लागू होने के बाद राजनैतिक क्षेत्र में बराबरी मिली है, उसी प्रकार सामाजिक और आर्थिक क्षेत्रों में भी बहुजन समाज पार्टी बराबरी लाना चाहती है। वे कहते हैं कि 39 वर्षों का हमारा यह अनुभव है कि जो भी पार्टी हमारे सामने आई है, उनका हित इसमें हैं कि ब्राह्मणवाद के आधार पर हजारों वर्षो से लाई गई आर्थिक और सामाजिक गैर बराबरी इसी तरह टिकी रहे। बहुजन समाज पार्टी का यह लक्ष्य है कि इस गैर बराबरी को जल्द-से-जल्द दूर करने की हर कोशिश करें।

देश में खासकर 1984 और उसके बाद पुलिस, पैरा मिलिटरी फोर्स और सेना का इस्तेमाल, जिस तरह इस देश के बहुजन समाज के खिलाफ किया गया है। उससे ऐसा लगता है कि इस देश में चल रही लोकशाही को खतरा है। बहुजन समाज पार्टी का काम होगा कि जिस तरह वह अपनी रक्षा करेगा उसी प्रकार जो लोकशाही चल रही है, उसकी भी रक्षा करें।

वे कहते हैं कि एक बहुत बड़ा कार्य जो पार्टी को करना होगा, वह है इस देश में फैला या फैलाया गया भ्रष्टाचार समाप्त करना होगा। हमारे हिसाब से भ्रष्टाचार पहले राजनैतिक भ्रष्टाचार के रूप में शुरू होता है। इस भ्रष्टाचार को समाप्त करने

के लिए हमें राजनैतिक भ्रष्टाचार को पहले समाप्त करना होगा। बहुजन समाज पार्टी की तरफ से बहुत से कदम बढ़ाए जा रहे हैं और सबसे पहला कदम यह है कि लोगों को अपने छोटे-छोटे साधनों से ही चुनाव लड़ाया जाए, क्योंकि चुनाव के मौके पर ही बड़े पैमाने पर राजनैतिक भ्रष्टाचार शुरू होने से पहले ही रोक सकते हैं। पार्टी का काम भ्रष्टाचार के हर पहलू को समाप्त करना है।

उत्तर प्रदेश में **इटावा संसदीय सीट** से कांशीराम की जीत ने उन राजनैतिक दलों को तो बेचैन किया ही है, जो दलित वर्गों की वोटों पर राजनीति की रोटियाँ सेकते हैं, अपितु उन दलित नेताओं को भी एक सबक दिया है, जो आरक्षण के सहारे ही सब-कुछ प्राप्त करना चाहते हैं।

कांशीराम की सफलता समाज के उत्थान में लगे व्यक्तियों के लिए ईर्ष्या का नहीं, प्रेरणा का विषय है। ईर्ष्या करने वालों ने कांशीराम को सी.आई.ए. का एजेंट कहा, हाजी मस्तान का दलाल बताया और कुछ दलित नेताओं ने तो उन्हें डॉ. अम्बेडकर का विरोधी तक कहा, किंतु जैसी कहावत है, दृढ़ता विरोधों से विचलित नहीं होती, कांशीराम भी विचलित नहीं हुए और पूर्ण समर्पित मन से कार्य करते रहे।

बहुत से दलितों का मानना है कि कांशीराम को यह सफलता अचानक नहीं मिली, वरन् इसके पीछे उनका दस बारह वर्षों का कठिन परिश्रम और भारतीय समाज तत्त्व का गंभीर अध्ययन है। उन्होंने अपना राजनीतिक सफर उस समय आरंभ किया, जब दलित राजनीति में पूरी तरह शून्य था। दलित वर्ग अपनी मुक्ति के लिए सवर्णों और शासक जातियों की पार्टियों की ओर देखते थे, जो दलित वर्गों का वोट हासिल करने के लिए दलित कल्याण के सिर्फ वायदे करती हैं, उन पर अमल नहीं करतीं। कांशीराम ने अपने समुदाय को यह विचार दिया कि उन्हें सवर्णों और शासक जातियों की पार्टियों की ओर देखना बंद कर अपनी मुक्ति के लिए अपना अलग राजनैतिक दल बनाना चाहिए।

अगस्त, 1990 में जनता दल द्वारा सरकारी नौकरियों में मंडल आयोग की सिफारिशों की घोषणा के ततत्पश्चात बहुजन समाज पार्टी में कुछ नए समीकरण बनने आरंभ हो गए थे। यह तो निश्चित ही था कि कांशीराम को सबसे बड़ा झटका मंडल आयोग की रपट लागू किए जाने की घोषणा से लगा था। इससे उनके जनाधार पर चोट पड़ी थी। पिछड़ी जातियों के जो लोग कांशीराम को पैसे और बाहुबल से बराबर सहयोग देते रहे थे, वे ही मंडल की आँधी के बाद तेजी से वी.पी., शरद, मुलायम तथा लागू प्रसाद की ओर मुड़ गए। कांशीराम पर सीधे-सीधे चोट पड़ने पर उनका तिलमिलाना तो लाजमी था। दलित तथा पिछड़ी जातियों का समूह स्वाभाविक रूप से वी.पी. सिंह, शरद यादव और रामविलास पासवान की ओर आशा भरी निगाहों से निहारने और उनके पीछे कतारबद्ध होने लगा था।

उक्त घटनाओं के तुरंत बाद ही कांशीराम ने दिल्ली में विशाल सम्मेलन

आयोजित कर आरक्षण समर्थक आंदोलन की कमान अपने हाथ में लेने की भरपूर कोशिश की। उन्होंने सम्मेलन में कहा भी कि **"मंडल के समर्थन में चलाया जा रहा आंदोलन सवर्णों के हाथों में चला गया है।"** उन्हीं के शब्दों में, **"दासपुत्र शरद और पासवान, सवर्णों के एजेंट हैं। लिहाजा यह आंदोलन बसपा के बैनर तले ही हो, इसी में बेहतरी है।"** मंडल के बवंडर में बहके विशाल जनाधार को वापस पाने के लिए कांशीराम ने बताया कि बसपा देश-भर में रैलियाँ और सम्मेलन कर मंडल समर्थक आंदोलन और इससे उपजी लहर की संवाहक बनेगी।

कई राजनैतिक विश्लेषकों का यह भी मानना है कि मंडल आयोग के बारे में कांशीराम ने ऐसे अवसर पर, जबकि देश-भर में लोकतांत्रिक संगठन आरक्षण का समर्थन कर रहे थे तब अजीबोगरीब तथा भ्रमित करने वाले भाषण तथा प्रेस वक्तव्य दिए जिससे सीधे-सीधे आरक्षण विरोधियों को हवा मिली। जबकि स्वयं कांशीराम का कहना था कि माना कि मंडल आयोग दलित जमात की प्रशासन में हिस्सेदारी का एक पूरा तो नहीं, पर अच्छी शुरुआत का मौका है। पर इसके लिए उन्होंने अपने-आपको ही प्रेरणा स्रोत बताया है।

सार्वजनिक रूप से सवर्णों को लताड़ना उनके लिए एक आम बात रही है। वे आक्रोशमय स्वर में कहते भी हैं कि इन्हीं जातियों ने देश का बेड़ा गर्क किया है। यहाँ तक कि वे मानते हैं कि अँग्रेजों के शासन काल में कमजोर वर्ग को आज की तुलना में बेहतर न्याय मिलता था। कांशीराम अपनी नायाब राजनीतिक शैली के लिए जाने जाते हैं। कभी वह अपने समर्थकों से दुश्मन के मुकाबले पत्थर उठा लेने के लिए कहते हैं तो कभी दार्शनिक अंदाज में कहते हैं कि दुश्मन का भी हृदय परिवर्तन करना है। बहरहाल, वह इस बात के वे आरंभ से हिमायती रहे कि सुरक्षा की हिंसा जायज है।

एक साक्षात्कार में वे बतलाते हैं कि कमजोर वर्ग पर जो अत्याचार होता हैं, उससे निपटने के लिए अपनी सुरक्षा की लाइन लेनी ही पड़ेगी। इस संदर्भ में वे एक उदाहरण रखते हैं। अमेठी में उनकी पार्टी का कार्यक्रम रखा गया। वहाँ स्थानीय प्रशासन ने न तो अनुमति दी और न ही प्रशासन की तरफ से कोई इंतजाम हुआ। ऐसे समय पर उन्होंने (कांशीराम) अपने कार्यकर्ताओं से कहा कि कम-से-कम एक हजार स्वयं सेवक लाठियों के साथ हों और 50 गन वाले हों, और ये दिखाने के लिए नहीं इस्तेमाल के लिए हों। जिन्हें लाठियों और बंदूकों का इस्तेमाल करने का साहस हो वे ही जुटे। इसके बाद कार्यक्रम हुआ। बसों पर कुछ पथराव हुआ तो बहुजन स्वयंसेवकों ने मोर्चा लिया। बहुजन समाज पार्टी के कार्यकर्त्ता कम संख्या में घायल हुए और सवर्ण जातियों के अधिक। उन्होंने कॉलेज में छुपकर अपने प्राण बचाए। उसके बाद कार्यक्रम ठीक से चला।

वरिष्ठ पत्रकार अभय कुमार दुबे लिखते हैं कि कांशीराम का स्वभाव इस मामले में बाल ठाकरे से मिलता जुलता था। ठाकरे की शैली ही बन गई थी कि वे अगर

किसी को दंडित करना चाहते तो सरेआम करते। न केवल सबके सामने अपमानित करते वरन् "मार्मिक" में भी उस व्यक्ति के खिलाफ छाप देते। दरअसल, यह बड़ी सुचिंतित रणनीति थी जिसके कारण मतविरोध रखने वाला व्यक्ति बाद में कोई भिरतरघात नहीं कर पाता था और शिवसैनिक उसे विरोधी मानकर उसकी बात को तरजीह देना बंद कर देते थे।

ठाकरे अपने प्राधिकार को सर्वोच्च रखना चाहते थे। उनका कहना था, "मैं साफ कहता हूं कि अगर कोई मुझसे मतभेद रखता है और संगठन के बाहर ले जाता है या खुले आम मेरा विराध करता है तो वह खुशी से संगठन छोड़ सकता है। जो संगठन से जाएगा, मैं उसे दोबारा कभी वापस नहीं लूंगा। लगभग ऐसा ही कांशीराम की राजनैतिक सोच थी। जो एक बार उनसे अलग हुआ, शायद ही बसपा सुप्रीमों ने उसे फिर से गले लगाया हो।

दलित समाज के कुछ लोग यह भी मानने लगे हैं कि कांशीराम बाबा साहेब अम्बेडकर के आमूलचूल समाज परिवर्तन के रास्ते से भटक गए हैं। उनका लक्ष्य है सत्ता प्राप्त करना। जैसा वे स्वयं भी बार-बार कहते हैं।

इस बारे में नागपुर के वरिष्ठ समाज सेवी एन.जी. काम्बले 10 अक्टूबर, 1998 को कुआंलालमपुर में कांशीराम के द्वारा दिए गए भाषण का उल्लेख करते हैं। कांशीराम ने उस अवसर पर कहा था—हमारे अंदर जातिविहीन समाज का निर्माण करने की भावना हो सकती है, लेकिन इसके साथ यह भी सत्य है कि अभी निकट भविष्य में जाति के विनाश की भावना लगभग नहीं के बराबर है। जब तक जाति का पूरी तरह विनाश न हो जाए तब तक हमें क्या करना चाहिए? मेरा यह मानना है कि जब तक हम 'एक जातिविहीन समाज' की स्थापना करने में सफल नहीं हो जाते, तब तक जाति का उपयोग करना होगा।

बकौल काम्बले यदि जाति का इस्तेमाल किया गया तो वह और मजबूत होगी, जिससे ब्राह्मणवाद और भी शक्तिशाली होगा।

इससे इतर देखें कांशीराम राजनांदगाँव (मध्य प्रदेश) में एक पत्रिका को दिए साक्षात्कार में कहते हैं—"जातिवाद को हम बढ़ावा देते हैं। जातिवाद जब मजबूत होगा तभी राष्ट्र का हित होगा।" एन.जी. काम्बले के विचार में कांशीराम का यह वक्तव्य यानी **'जात से जात मिटाना, मैले कपड़ों को कीचड़ के साथ साफ करने जैसा है।'** दूसरी तरफ बाबा साहेब डॉ. अम्बेडकर का महत्वपूर्ण वक्तव्य देखें। वे कहते हैं—"यदि जातिवाद को खत्म नहीं किया गया तो वह भारत को तबाह कर देगा।" इसके लिए डॉ. अम्बेडकर ने एकमात्र कारगर और परिणामकारी जाति विनाश के लिए शस्त्र ढूंढ़ निकाला है और वह है समूचे भारत को बौद्धमय करना। यही उनकी मंजिल है, एन.जी. काम्बले के विचार में लेकिन कांशीराम अपने उपर्युक्त वक्तव्य के तहत् बौद्ध धम्म अपनाने के विकल्प को जानबूझकर निष्प्रभ कर रहे हैं। उनके

विचार में भारत में जातियों का अस्तित्व रहा है और रहेगा कुछ विशेष जातियों के वर्चस्व को अगर समाप्त करना हो तो अपनी-अपनी जातियों को मजबूत बनाना होगा।

बुद्धिस्ट नहीं बनने दूँगा–कांशीराम

कांशीराम पूना में दिए उक्त भाषण में कहते हैं–"मैं तब तक अपने लोगों को बुद्धिस्ट नहीं बनने दूँगा, जब तक वो आरक्षण देने लायक नहीं बन जाते।"

डॉ. अम्बेडकर को वर्णविहीन, वर्गविहीन जातिविहीन, शोषण रहित समाज व्यवस्था, समानता, स्वतंत्रता, भातृत्वभाव, न्याय और नैतिकता इन मूल्यों की नींव पर निर्माण करके भारत को एक समृद्ध 'राष्ट्र' का दर्जा प्राप्त कर देना था। इसलिए उन्होंने एकमात्र विकल्प के रूप में बहुजनों के पूर्वजों के बौद्ध धम्म को केवल स्वीकार ही नहीं किया अपितु संपूर्ण भारत बौद्धमय करने की शपथ ली थी। यही बाबा साहेब अम्बेडकर की मंजिल रही। डॉ. अम्बेडकर अपने 31 मई, 1936 के भाषण में कहते हैं–"क्षणिक हितों की ओर देखकर शाश्वत और सतत् मिलने वाले हित का विचार न करना–बड़े दुःख की बात होगी। शाश्वत सुख के लिए धर्म परिवर्तन ही एक उपाय है–इसके लिए राजकीय अधिकारों का बलिदान करना पड़े–तो भी उसकी परवाह नहीं करना चाहिए।" काम्बले इस बारे में क्षोभ के साथ लिखते हैं कि कांशीराम का उपर्युक्त वक्तव्य यानी उनका स्पष्ट रूप से बहुजनों को बौद्ध धम्म स्वीकार करने से वंचित करने के लिए भ्रांति फैलाने का प्रयास है। यही नहीं, यह डॉ. अम्बेडकर की धम्म क्रांति ध्वंस करने की गहरी साजिश है।"

अम्बेडकरवाद की जगह नए वाद की आवश्यकता–कांशीराम

कांशीराम कुआंलालमपुर में दिए गए भाषण में कहते है–"हमारे बुद्धिजीवी अक्सर ऐसा सोचते हैं कि हमारी सभी समस्याओं का हल मार्क्सवाद, समाजवाद, साम्यवाद में है। मेरा मानना है कि जिस देश में मनुवाद मौजूद है, उस देश में कोई अन्य वाद (ISM) सफल नहीं हो सकता है, क्योंकि कोई भी अन्यवाद जाति की सच्चाई को स्वीकार करने के लिए तैयार नहीं है। इसलिए यह बुद्धिजीवियों का फर्ज है और मेरा भी फर्ज है कि हम मनुवाद और जाति के अस्तित्व को ध्यान में रखते हुए अपने लिए स्वयं किसी अन्य वाद की रचना करें।"

बाबा साहेब अम्बेडकर ने मनुवाद और जाति व्यवस्था का अस्तित्व एवं उनकी सच्चाई स्वीकार करते हुए उनके निर्मूलन हेतु जीवन भर अपना संघर्ष जारी रखा था। ऐसा कहना अतिशयोक्तिपूर्ण नहीं होगा, लेकिन कांशीराम यह वास्तव में स्वीकार करने को तैयार नहीं हैं। इसी कारण वे नए वाद की आवश्यकता महसूस कर रहे हैं। फिर प्रश्न उपस्थिति होता है कि क्या कांशीराम अम्बेडकरवाद का पूरा अध्ययन करने के बाद वे इस निर्णय पर पहुंचे हैं? इसका जवाब उनके ही शब्दों में यह है–"न

मैंने डॉ. अम्बेडकर की कोई किताब पढ़ी है, न मुझे पढ़ने की आवश्यकता हैं।'' बकौल काम्बले इसमें महत्त्वपूर्ण और आश्चर्यजनक यह बात है कि कांशीराम को अम्बेडकरवाद क्या है और उसकी मंजिल कहाँ है यही मालूम नहीं है। फिर भी वे चिल्ला-चिल्लाकर कह रहे हैं कि वे बाबा साहेब अम्बेडकर के मिशन का काम कर रहे हैं और उनका कारवां जहाँ बाबा साहेब की मंजिल है वहाँ ही ले जा रहे हैं। इस तरह कांशीराम लोगों को गुमराह कर रहे हैं कांशीराम कूआंलालमपुर के भाषण में कहते हैं कि–''राजनैतिक सत्ता वह मास्टर चाबी है, जिससे आप अपनी तरक्की और सम्मान के सभी दरवाजे खोल सकते हैं।'' एन.जी. काम्बले के विचार में कांशीराम ने अपने निहित स्वार्थ हेतु यह वाक्य गोबेल के कपटनीति के तहत् इस कदर उछाला कि 'अम्बेडकरवाद यानी राजनीति' यही समीकरण हो गया है। इससे सामाजिक, शैक्षणिक, आर्थिक, धार्मिक, सांस्कृतिक आदि सारी जीवनस्पर्शी क्षेत्र निष्प्रभ हो गए हैं।'' इसके विपरीत डॉ. अम्बेडकर कहते हैं–''दलित वर्ग के सभी रोगों पर राजनीतिक सत्ता यह औषध लागू नहीं हो सकता, यह मैं आपको बताना परमावश्यक समझता हूं। उनकी मुक्ति सामाजिक उत्थान में ही है।'' डॉ. अम्बेडकर स्पष्ट रूप से कहते हैं–''इतिहास सामान्यतः इस प्रस्ताव को बल देता है कि राजनीतिक क्रांतियाँ हमेशा सामाजिक और धार्मिक क्रांतियों के बाद हुई हैं।''

राष्ट्रीय स्वयंसेवक संघ और बसपा

डॉ. अम्बेडकर ने 7 अक्टूबर, 1951 को जारी किए चुनाव घोषणा पत्र में कहा था, ''राजनीतिक पार्टी के दृष्टि से शेड्यूल्डकास्टस् फेडरेशन की नीति बहुत ही स्पष्ट है। हिंदू महासभा और राष्ट्रीय स्वयंसेवक संघ से फेडरेशन कभी भी सहयोग नहीं करेगा।'' लेकिन कांशीराम ने संघ के द्वारा भाजपा के साथ एक बार नहीं दो बार गठबंधन किये हैं। इससे दलित समाज की किसी भी तरह उन्नति नहीं हुई। लेकिन दलितों में ब्राह्मणों के प्रति सहानुभूति की भावना निर्माण हुई, जो सामाजिक आंदोलन की दृष्टि से नुकसानदेह है।'' डॉ. अम्बेडकर पुनः कहते हैं–''ब्राह्मणों के सामने सभी समाज के कल्याण हेतु कोई प्रस्ताव पेश कीजिए। उक्त प्रस्ताव से यदि ब्राह्मणों के वर्चस्व को धक्का पहुँचता नहीं होगा तो वे शीघ्र ही मान्यता देंगे, लेकिन यदि उसके तहत् ब्राह्मणों को थोड़ा भी धक्का पहुँचता होगा यद्यपि उससे राष्ट्र को कितना भी बड़ा फायदा होता होगा, ब्राह्मण समाज उसे कभी भी स्वीकार नहीं करेगा।'' संघ ने इस गठबंधन का फायदा अपनी रणनीति के तहत् कर लिया है। उसने न केवल उत्तर प्रदेश में बल्कि केंद्र में अपनी सत्ता प्रस्थापित करने के रास्ते प्रशस्त किए, जिसके लिए कांशीराम जिम्मेदार हैं। डॉ. अम्बेडकर ने अपनी पुस्तक के पहले पृष्ठ पर टॉलस्टाय का एक वाक्य उद्धृत किया है–आपने कितना मार्ग तय किया है, इसका ज्यादा महत्त्व नहीं है। इससे अधिक महत्त्व इस बात का है कि आप किस दिशा में जा रहे हैं।''

कांबले के विचार में कांशीराम राष्ट्रीय स्वयंसेवक संघ का ही काम प्रतिक्रांतिकारी के रूप में कर रहे हैं। कारण, उनके कार्य करने का ढंग अम्बेडकर विचारधारा के बिल्कुल विरुद्ध दिशा की ओर है। इसके विपरीत स्वयं कांशीराम महाराष्ट्र के लोगों को दोष देते हुए कहते हैं–"**महाराष्ट्र में, धंधा करने वाले लोग ज्यादा होशियारी दिखाते हैं। वे नागपुर में बाबा साहब को अगरबती, मोमबत्ती चढ़ाते हैं और इसी से वो उतने बड़े अम्बेडकरवादी हो गए हैं।**" कांशीराम ने जो वक्तव्य दिए पृष्ठभूमि में भ्रमित भाषा का प्रयोग करते हुए वे कहते हैं–"महार जाति जब तक अम्बेडकर को घसीटती रहेगी, तब तक अपना विकास नहीं कर सकती। महार जाति हमसे तभी जुड़ सकती है जब अम्बेडकर का पीछा छोड़ेंगी...अच्छा काम करेगी तो हमसे जुड़ेगी।" एन.जी. कांबले उन पर आरोप लगाते हुए कहते हैं। इस तरह कांशीराम डॉ. बाबा साहेब अम्बेडकर को निष्प्रभ करने की कोशिशें कर रहे हैं। महार समाज ने डा. बाबा साहेब अम्बेडकर को उनके कार्य में जो सहयोग दिया, उसके लिए बाबा साहेब अम्बेडकर ने अपने 28 अक्टूबर, 1954 के भाषण में उनके शौर्य, त्याग आदि की प्रशंसा करते हुए कृतज्ञता व्यक्त की है। महाराष्ट्र के करीब 8 लाख महारों ने बाबा साहेब अम्बेडकर के द्वारा 14 अक्टूबर, 1956 को बौद्ध धम्म की दीक्षा ली थी। लेकिन कांशीराम उन्हें बौद्ध कहकर संबोधित न करते उन्हें 'महार' कहते हैं। जिस तरह रजनीश डॉ. अम्बेडकर और उनके द्वारा हुए बौद्धों को बौद्ध होने से इनकार करते हैं, वही रणनीति कांशीराम ने जानबूझकर अपनायी है। यही नहीं, कांशीराम ने बारंबार बाबा साहेब अम्बेडकर की अवमानना करने की कोशिश की है।

शुरुआती दौर में देखा जाए तो कांशीराम के व्यक्तित्व और कृतित्व के साथ उनके संघर्ष की शैली परंपरा से हटकर थी, जो दलितों को प्रभावित करने के साथ प्रेरित भी करती थी। उन्होंने देश भर में समय-समय पर दौरे किये। लोगों को संघर्ष करने के लिए उद्वेलित भी किया। उन्हें बामसेफ के बेनर तले संगठित किया, संघर्ष करना भी सिखाया। लेकिन कुछ राजनैतिक विश्लेषकों का ऐसा मानना है कि जैसे-जैसे बहुजन समाज पार्टी सत्ता के नजदीक आती गई वैसे-वैसे स्वयं बसपा के सुप्रीमों कांशीराम का दलित समाज और उसके स्वाभिमान से सम्बन्धित संघर्ष का दर्शन राजनैतिक विवशता में बदलता गया। 15 अप्रैल, 1996 को राजस्थान में एक बसपा प्रत्याशी के समर्थन में चुनावी सभा को संबोधित करते हुए कांशीराम ने कहा था कि पूरा मीडिया मनुवादी हाथों में है। मनुवादी अखबार उलटा-सीधा लिखते हैं। मनुवादी मीडिया को मत पढ़ो और पढ़ो तो इस पर विश्वास मत करो। उन्होंने बहुजन समाज को आवाह्न किया वह अपना मीडिया बनाने की कोशिश करें। कांशीराम ने कहा कि साइकल पर घूमने वाला कांशीराम हैलीकाप्टर पर आ सकता है तो मीडिया भी बन जाएगा। इसमें वक्त जरूर लगेगा। पर उत्तर प्रदेश में तीन बार बसपा की सरकार बन जाने के बाद भी बसपा प्रमुख दलित मीडिया नहीं बना सके हैं। जबकि पत्रकारिता

के क्षेत्र में बाबा साहेब डॉ. अम्बेडकर ने अनेक पत्र-पत्रिकाओं का संपादन/प्रकाशन कर अभूतपूर्व कार्य किया है।

असल में, बुद्धिजीवी जमात से कांशीराम परहेज करते रहे हैं। दलित इतिहास, अस्मिता, साहित्य, संस्कृति और पहचान से उन्हें कुछ लेना-देना नहीं रहा। वे सीधे-सीधे सत्ता की बात करते हैं और कहते हैं कि राजनैतिक सत्ता के बाद सब-कुछ अपने-आप बदल जाएगा। कुछ बुद्धिजीवियों का कथन है कि ऐसा होता नहीं है। सत्ता से बुद्धिजीवी वर्ग प्रभावित जरूरत होता है, पर वह प्रेरणा नहीं लेता।

इस बारे में बाबा साहेब की भूमिका का अध्ययन करें तो हमें पता चलता है कि उन्होंने पत्रकारिता का महत्त्व समझकर साहित्य और पत्रकारिता के क्षेत्र में गंभीरतापूर्वक अपना उत्तरदायित्व निभाया। वैसा कांशीराम जी ने नहीं किया। इसलिए राजनैतिक व्यवस्था बदल जाने के बाद भी समाज में आमूल मूल परिवर्तन नहीं हुआ। इसके लिए अगर हम द्रविड़ मुनेत्र कड़गम के नेता रामास्वामी नायकर तथा अन्य द्रविड़ कार्यकर्ताओं की कार्यशैली का अध्ययन करें तो उनके द्वारा सामाजिक सरोकारों की पूरी सूची हमें मिलेगी। हालांकि उत्तरी भारत में इस तरह के प्रयास हुए पर राजनैतिक गठबंधन हर बार आड़े आया।

संदर्भ

- बाबा साहेब डॉ. अम्बेडकर, कांग्रेस और गांधी ने अछूतों के लिए क्या किया?
- जनसत्ता, 3 अप्रैल, 2002 नोएडा
- धर्मयुग, टाइम्स ऑफ इंडिया प्रकाशन, बंबई
- दलित एशिया टुडे, लखनऊ अप्रैल, 1995
- रामविलास पासवान न्याय चक्र, जनपथ, नई दिल्ली, दिस. 1995
- भारत में हुए प्रथम आम चुनाव की पूर्व संध्या पर (27 अक्तूबर, 1952) जालंधर की बस्ती रामदास पुरा (बूटा मंडी) में दिये गये भाषण से
- बहुजन संगठक, नई दिल्ली
- अभय कुमार दुबे, आज के नेता कांशीराम, राजकमल प्रकाशन, नई दिल्ली, 1997
- एन.जी. काम्बले, कांशीराम का अम्बेडकर मिशन किस दिशा की ओर? हम दलित, नई दिल्ली अक्टूबर, 1999, पृ. 14
- अमृत संदेश, 27 मई, 1993
- 10 अक्टूबर, 1998 को कूआंलालमपुर में दिए गए भाषण से।
- 8 अगस्त, 1930 को नागपुर में आयोजित अखिल भारतीय दलित वर्ग परिषद् के भाषण से
- हम दलित, पृष्ठ 15, अक्टूबर, 99
- फेडरेशन वर्सेस, फ्रीडम, भाषण के प्रसिद्ध पुस्तक से–The distance you have gone is less important than the direction in which you are going today.
- हम दलित, पृष्ठ 16
- बहुजन अधिकार, नई दिल्ली

पार्टी में बिखराव

मुलायम सिंह यादव ने मुख्यमंत्री की कुरसी 5 दिसंबर, 1993 को बसपा के सहयोग से सँभाली थी, लेकिन ततूपश्चात ही कांशीराम के बयानों, सपा-बसपा मंत्रियों के बीच तालमेल के अभाव और दलितों-पिछड़ों के बीच बढ़ते तनाव के कारण सपा-बसपा की सरकार डावांडोल होने लगी थी।

वैसे इस सरकार के कार्यकाल के प्रति कयासबाजी की शुरुआत तो सरकार गठित होने के दिन से ही शुरू हो गई थी। सबसे पहले कांशीराम के बयान से ही परेशानी हुई। कांशीराम ने तब यह कहकर तत्कालीन सरकार के कार्यकाल की मियाद तय कर दी कि नवंबर–दिसंबर, 1994 तक फिर से वे चुनाव चाहते हैं। उनका कहना था, "हम चाहते हैं कि लोकसभा चुनाव के साथ ही विधानसभा के चुनाव भी हो जाएं। तब तक बसपा की ओर मतदाताओं के ध्रुवीकरण की प्रक्रिया पूरी हो जाएगी। तब हमारी पार्टी न केवल प्रदेश बल्कि केंद्र में भी विजेता के रूप में अपना अस्तित्व जमा लेगी।"

वरिष्ठ पत्रकार राजकिशोर के अनुसार निर्वाह की समस्या तो बसपा के साथ भी थी। बसपा और सपा का गठबंधन शायद सबसे सहज और स्वाभाविक गठबंधन था। लेकिन जब उनकी सरकार बनी, तो उसमें पहले दिन से ही तनाव उपस्थित था। उनके मतानुसार बसपा के नेता कांशीराम महत्वाकाँक्षा की मार से परेशान रहे और हैं। वह न खुद चैन से रहते हैं न किसी और को चैन से रहने देते हैं। बेशक सपा के मुख्यमंत्री मुलायम सिंह यादव ने भी बाद में उनके साथ अच्छा व्यवहार नहीं किया और उनके दल (बसपा) की क्षति पहुँचाने की धूर्ततापूर्ण कोशिशें की, लेकिन इसके लिए प्रेरणा बसपा ने ही मुहैया कराई थी।

जैसा स्वयं कांशीराम ने अपने एक भाषण में बतलाया कि 1984 के बाद बसपा मुस्लिम और अनुसूचित जाति के लोगों तक ही अपनी पहुँच बना सकी। अन्य पिछड़े वर्ग में पाल-कश्यप, गुर्जर, बघेल व सैनी आदि बिरादरियों तक नहीं पहुँच सकी। 1984 से 1994 तक हमने बहुत बड़ा कार्य किया। देश में सचमुच यह महत्वपूर्ण कार्य था, पूरे देश में दलित व पिछड़ों तथा अकलियत के लोगों को बहुजन होने

का मतलब समझाया। 1952 से 1988 तक किसी भी गड़रिये व कुम्हार ने असेम्बली का मुंह नहीं देखा था 1989 में हमने टिकट देकर पाल समाज के श्रीराम पाल को असेम्बली (विधानसभा) में भेजा। 1991 में अति पिछड़ा वर्ग के दो तथा 1993 में 11 लोगों ने उत्तर प्रदेश की विधान सभा में दस्तक दे दी। हमने मायावती के शासन में उन सभी 11 विधायकों को मन्त्री बनाकर दलित-पिछड़ों को सम्मान दिया। गुर्जरों का खयाल कर चौ. जगवीर सिंह गुर्जर को बिना एम.एल.ए. बने छह माह के लिए मंत्री बनाया।

राष्ट्रीय गुर्जर प्रतिनिधि सम्मेलन में बसपा के राष्ट्रीय अध्यक्ष कांशीराम ने कहा था, "देश-भर में घूमते हुए बहुत लोगों के ख्यालात सुनता रहा हूँ। उनको क्या दुख-तकलीफ है, उन्हें क्या मिलना चाहिए और क्या मिला है, इस बारे में भी सुनने को मिला। देश-भर में जब ऐसे लोगों की दुख-तकलीफ की बातें सुनता हूँ तो सोचता हूँ कि ये कितने लोग हैं। चाहे गुर्जर समाज है या गडरिया समाज, पाल-बघेल समाज के लोग मुझे बार-बार कहते थे कि 1952 से चुनाव हो रहा है, लेकिन आज तक किसी गडरिए को असेम्बली का मुँह देखने को नहीं मिला है। इसी तरह से मुझे बहुत सी जातियों के बारे में सुनने को मिला तो मैंने उन सबको इकट्ठा करके देखने की कोशिश की तो मुझे ऐसे लगा कि ये तो बहुत ज्यादा लोग हैं, इन सबको मिला दिया जाए। मैंने इनको गिनना शुरू किया तो देखा कि ये तो 100 में से 85 लोग हैं। यानी इस देश की आबादी का 100 में से 85 जिनकी दुख-तकलीफ एक जैसी ही है।"

शासन-प्रशासन में भागीदारी के लिए तैयार हों

बसपा के सुप्रीमो कांशीराम कहते हैं, "1984 में पार्टी बनाने के बाद हमने 1985 में पहला चुनाव लड़ा और दूसरा 1989 में, तो दूसरे चुनाव में ऐसे बिरादरी के (पाल-बघेल व कुम्हार) उम्मीदवार जीतकर आए, जिनको कभी असेम्बली का मुँह देखने को नहीं मिला। 1993 में जब चुनाव हुआ तो ऐसे लोग जिनको कोई पार्टी टिकट नहीं देती थी या बहुत कम टिकट देती थी, ऐसे लोगों के 11 विधायक बहुजन समाज पार्टी की तरफ से चुनकर आए। ऐसे लोगों की पार्टी का नाम हमने बहुजन समाज पार्टी नाम रखा। बहुजन समाज पार्टी अकेले कोई कांशीराम (अपने बारे में कहते हुए) की पार्टी नहीं है, यह ऐसे लोगों की पार्टी है जिनको किसी ने नहीं पूछा।"

इसी अवसर पर बहुजन समाज पार्टी के सुप्रीमो कांशीराम ने कहा था कि देश-भर में ऐसी 6 हजार जातियाँ हैं, जिनमें हम लोगों को बाँटा गया। बँटे रहने के कारण हम लोग हजारों साल से कमजोर रहे। हम लोगों ने इन सबको इकट्ठा करना शुरू किया। इकट्ठा करने के बाद सोचने को मिला कि पिछड़ों को तो अनुसूचित जाति/जनजाति की तुलना में भी बहुत कम और न के बराबर ही शासन-प्रशासन

में हिस्सा मिला है। बाबा साहेब के संघर्षों के कारण अनुसूचित जाति/जनजाति के लोगों को अँग्रेजों के राज में ही अधिकार हासिल हुए, लेकिन इनके अलावा दूसरे अन्य पिछड़े वर्ग के लोगों (ओ.बी.सी.) को उनके अधिकार आज तक नहीं मिल पाए। शासन और प्रशासन में पिछड़ों का हिस्सा नगण्य है।

उन्होंने अपने भाषण में कहा था, ''जिन लोगों की शासन और प्रशासन में भागीदारी नहीं होती है वे जिंदगी के हर पहलू में पिछड़कर रह जाते हैं, क्योंकि शासन और प्रशासन हुकूमत के दो अंग है, जिनका हुकूमत में हिस्सा नहीं होता है वैसी बिरादरियां जिंदगी के दूसरे पहलू में भी अपना हक हासिल नहीं कर सकते।''

इस बारे में हम आम आदमी की स्थिति का भी जायज़ा लें। आम आदमी की धारणा यह थी कि दलित समाज के अधिकांश नेता उजाले और चेतना के प्रतीक और प्रेरक थे। उनकी राजनैतिक कार्यवाहियों, रैली, जलसों में दिए गए भाषणों पर अम्बेडकरवादियों के बीच बहसें हुआ करती थीं। उनके संघर्षपूर्ण आंदोलनों की प्रशंसा की जाती थी। नई सदी ने उन पर शोध और विश्लेषण करने की सामग्री उपलब्ध कराई। मिथक, अस्मिता और पहचान के सवालों से अलग हटकर उन पर नए सिरे से बहसें शुरू हुई। नए तरह के सवाल खड़े हुए। राजनीति की परिभाषा बदलने लगी। शायद आजादी से पूर्व विकट और विषम परिस्थितियों में वैसा नहीं था। इस तरह की सोच आजादी के बाद दलित नेताओं की बनती चली गई। इसका कारण यह भी हो सकता है कि तब पाने के लिए बहुत-कुछ उपलब्ध नहीं था और बाद के दिनों में सत्ता से प्राप्ति ही प्राप्ति थी। सुविधाओं और अवसरों की उपलब्धता ने अधिकांश दलित नेताओं के सामाजिक और राजनैतिक दर्शन में बदलाव किया। उनके भीतर महत्त्वाकाँक्षाओं के उभरने का परिणाम था कि अपने ही समाज और जातियों के आर्थिक संकट से जूझते हुए लोगों को गरियाते हुए वहीं हाशिए पर ही पड़े रहने दिया जाए और स्वयं को सत्ता के केंद्र में रखने या रहने के लिए प्रयासरत रहा जाए। दलित राजनीति की यात्रा के सूत्र तो लगभग यही कहते हैं।

वैसे दलित राजनीति की एक खास स्थिति भी रही। बाबा साहेब डॉ. अम्बेडकर के नेतृत्व में स्वतंत्रता संघर्ष के दौर में और बाद में भी दलित राजनीति की एक अलग पहचान और रणनीति बनी थी। आजादी के बाद जो बराबर विकसित भी होती रही थी—भले ही इस सफर में उसने कई रास्ते बदले हों और कई सूरतें धारण की हों। पूरे देश में दलित राजनीति का दबदबा रहा। इसका खास कारण यह रहा कि उन दिनों दलित राजनीति पर अम्बेडकरी आंदोलन का प्रभाव अधिक रहा। तब तक आंदोलन प्रमुख था और राजनीति दूसरे नंबर पर। दलित समाज के लोगों के बीच चेतना लाना तथा उन्हें उनके मूलभूत अधिकार दिलाना मकसद था।

डॉ. अम्बेडकर ने एक अलग तरह की राजनीतिक व्यवस्था का सपना देखा था। एक ऐसी राजनीतिक व्यवस्था, जहाँ हमें केवल वोट डालने का ही अधिकार

न हो, बल्कि संसद और विधि मंडलों में अपने समाज के प्रतिनिधियों को भेजने का अधिकार भी हो। और उन प्रतिनिधियों को केवल वहाँ की चर्चा में भाग लेने का ही अधिकार नहीं होना चाहिए, उन्हें वहाँ निर्णय लेने का भी अधिकार हो।

उन्होंने 12 जून, 1951 को बंबई में अपने भाषण के दौरान कहा भी था "कि सारी सामाजिक प्रगति राजनीतिक सत्ता पर निर्भर करती है। राजनीतिक सत्ता सामाजिक प्रगति का द्वार है। यदि अनुसूचित जातियाँ अपने-आपको एक तीसरी पार्टी के रूप में संगठित कर लें और काँग्रेस तथा सोशलिस्ट दोनों विरोधी पार्टियों के बीच एक तीसरी ताकत बन जाएँ तो वे इस राजनीतिक सत्ता को प्राप्त कर अपनी मुक्ति का द्वार खोल सकती हैं।"

इस के लिए योग्य नेताओं की जरूरत थी। हालाँकि योग्य नेता हुए भी और उन्होंने समाज की बेहतरी के लिए प्रतिबद्धता से कुछ किया भी पर बहुत कम समय तक यह स्थिति रही। फिर तो मौसम के जैसे नेता बदलते गये, जिनमें अधिकांश अयोग्य हुए और चाटूकार भी। उन्होंने सुविधाओं से रिश्ते बनाए न कि सामाजिक न्याय के पवित्र दर्शन से। राजनीति में ऐसे ही नेताओं की घुसपैठ अधिक हुई। जिन्होंने अपने जैसे और अपने से भी गये बीते लोगों को राजनीति में आने के लिए प्रेरित किया।

एक बार अपने साक्षात्कार में बुद्धप्रिय मौर्य ने कहा था, इंदिरा जी की हत्या के बाद राजनीति में कांशीराम फैक्टर उभरा है और बुद्धप्रिय मौर्य को हरेक ने रगड़ा है। जब बुद्धप्रिय मौर्य रगड़ा जाएगा तो कांशीराम जैसे लोग पैदा होंगे। इस बात से उनकी वेदना प्रकट होती है और उनके भीतर का आक्रोश भी उभरता है। ऐसे व्यक्ति का आक्रोश फूटना लाजमी है जो साठ के दशक में जुझारू नेता के रूप में जाना जाता था। बल्कि सत्तर के दशक तक उनका वही तेवर बरकरार रहा था। पर बी.पी. मौर्य न अलादीन का चिराग थे और न कांशीराम जिन। यह बात अपने आप में सही है कि बुद्धप्रिय मौर्य को रगड़ने से कांशीराम पैदा हुए, लेकिन देखने वाली बात यह है कि कांशीराम ने मौर्य जी को या काँग्रेस के आलाकमान को अपनी राजनीति के शुरुआती दिनों में यह नहीं कहा, 'मेरे आका क्या हुक्म है?' बल्कि उन्होंने मौर्य जी की थकी हुई और ठहरी हुई राजनीति को अपनी नई शैली में ऊर्जा देने के लिए संघर्ष आरंभ किया। कांशीराम के पास अपना अलग चिंतन था और पुराने नेताओं की हार के सबक या अनुभव भी। उन्होंने संपूर्ण देश में दलित को बहुजन से जोड़ा और बहुजन राजनीति की नए सिरे से शुरुआत की। इसे राजनीति का आविष्कार भी कहा जा सकता है। दलित से बहुजन के राजनैतिक दर्शन को लोगों ने अपनाया।

बकौल बुद्धप्रिय मौर्य बाबा साहेब अम्बेडकर हम लोगों के बीच ऐसे ही थे जिस तरह से एक जमाने में तथागत गौतम बुद्ध थे। हम अपने को उनके अनुयायी

कहते हैं। हमने बाबा साहेब अम्बेडकर तो बनना चाहा, लेकिन उस तरह की क्षमता, योग्यता, चिंतन हम लोग अपने में पैदा नहीं कर पाए। इसका नतीजा यह निकला कि हममें से कोई दबा, हममें से कोई बिका, कोई टूटा और कोई गलत रास्ते पर चला गया। जो नेतृत्व बाबा साहेब अम्बेडकर के द्वारा शोषित, पीड़ित, दलितों को मिल रहा था, उनके चले जाने के बाद वह नेतृत्व छिन्न-भिन्न हो गया। हममें से एक बी.सी. कांबले थे। वे 1957 में जनरल सीट पर सांसद चुने गए थे। बाबा साहेब की तरह उठने लगे, बैठने लगे और उन्हीं की तरह बात करने लगे। बाद में उन्होंने अपनी अलग रिपब्लिकन पार्टी ही बना डाली। बाबा साहेब के बाद हम लोगों में इतनी क्षमता नहीं थी कि उनकी दी हुई अमानत को हम ठीक नेतृत्व दे सकें।

वैसे दलित राजनीति में बी.पी. मौर्य के सामाजिक सरोकारों का अध्ययन और विश्लेषण किया जाए तो सत्तर के दशक के शुरुआती वर्षों में वे स्वयं संघर्षपूर्ण आंदोलन से अलग होकर काँग्रेस के साथ सत्ता की राजनीति से जुड़ गए थे। यह उनके विराट चिंतन से फिसलने का युग था। बावजूद उनके भीतर दमखम अभी शेष था। वे दलित राजनीति के ऊर्जावान बड़े कद के स्वाभिमानी नेता थे। दलित समाज से होते हुए भी वे सामान्य चुनाव क्षेत्र से चुनाव लड़ते रहे, यह उनकी राजनैतिक विशेषता थी। जो इस बात को साबित करता है कि राजनीति में आरक्षण जैसी बैसाखी के वे बिल्कुल भी समर्थक नहीं थे।

बुद्धप्रिय मौर्य का जीवन राजनैतिक घटनाओं से ओतप्रोत रहा है। हम उन घटनाओं या दुघटनाओं की चर्चा इस अध्याय में नहीं करेंगे, पर उन तत्कालीन राजनैतिक परिस्थितियों का जिक्र अवश्य ही करना चाहेंगे, जिनके कारण मौर्य जी को काँग्रेस के राष्ट्रीय महासचिव पद से नवाजा गया। उनमें पहला कारण तो रहा। 'डायलिसिस' पर पड़ी राव सरकार को उबारना और दूसरा उद्देश्य उत्तर प्रदेश में बहुजन समाज पार्टी के बढ़ते वर्चस्व को कम करना। राजनैतिक दृष्टि से देखा जाए तो दोनों ही मंतव्य महत्त्वपूर्ण थे। मौर्य जी के महासचिव बनने से काँग्रेस मजबूत होगी, ऐसे कयास उन दिनों राजनैतिक गलियारों में लगाए जा रहे थे। कांग्रेस हाईकमान उनकी नियुक्ति से पूर्णतः संतुष्ट थी। हालाँकि दलित वर्ग से ही महाराष्ट्र के सुशील कुमार शिन्दे भी काँग्रेस की राष्ट्रीय कार्यकारिणी में थे, पर उनका वजूद कुछ खास नहीं था। उत्तर प्रदेश की राजनीति पर उनका कोई विशेष प्रभाव नहीं था। महाराष्ट्र की दलित राजनीतिक से बतौर उन्हें 'शो पीस' के रूप में रखा हुआ था। वे दिखावटी दलित नेता रहे हैं और दलितों को खुश रखने में माहिर भी थे। ऐसा महाराष्ट्र के ही कुछ राजनैतिक चिंतकों का मानना था।

मौर्य जी ने स्वीकार किया कि दलित-पिछड़ों का विश्वास काँग्रेस के प्रति कम हुआ है। इसके दो प्रमुख कारण रहे हैं। पहला यह कि काँग्रेस हाइकमान आजादी के बाद दलितों को नेतृत्व देने में सफल नहीं हो सका है। साथ ही दूसरा और प्रमुख

कारण यह रहा कि कांग्रेस जब दलित और हरिजन उम्मीदवार का चुनाव करती है तो लड़ाकू और जुझारू दलित नेताओं को मौका नहीं दिया जाता, बल्कि उम्मीदवार के रूप में 'जी हां, 'जी बास' और 'यस सर' वालों को प्राथमिकता देती है। उत्तर प्रदेश और बिहार इसके जीते जागते उदाहरण हैं। मौर्य जी ने अन्य राज्यों के दलित नेताओं और उनसे काँग्रेस हाईकमान के राजनैतिक रिश्ते की बात नहीं की। हो सकता है वहाँ भी स्थिति ऐसी ही हो।

मौर्य जी को काँग्रेस हाईकमान ने दोबारा 90 के दशक के मध्य में जब लिया था तब उत्तर प्रदेश में भाजपा और बसपा का हनीमून खत्म हो गया था और उसके दुःखद परिणाम आने लगे थे। हालाँकि अन्य दलित नेताओं महावीर प्रसाद और मीरा कुमार को आरंभ में बीएसपी को डाउन करने के उद्‌देश्य से ही इस मुहिम पर लगाया गया था, लेकिन वे अपने इस कार्य में असफल हुए और उस अभियान को वैसा अंजाम नहीं दे सके जैसा काँग्रेस के आला नेताओं ने सोचा था। फिर एक नए सेनापति की खोज की और मौर्य जी को यह कार्य सौंपा गया।

इसी कार्य को अंजाम देने के लिए नम्बर, 1995 में ग्वालियर के मोरखी प्रांगण में दलित एकता एवं सद्‌भावना सम्मेलन भी आयोजित किया गया। कुछ लोगों का मानना था कि काँग्रेस द्वारा आयोजित यह सम्मेलन कुछ दिनों पूर्व ही बहुजन समाज पार्टी द्वारा किए गए 'ज्योतिबा फुले मेला' का जवाब था। इसमें बीपी मौर्य को विशेष अतिथि के रूप में आमंत्रित किया गया था। ग्वालियर में ही इससे पूर्व हरियाणा के पूर्व मंत्री और सिंधिया खेमे के काँग्रेसी नेता डा. कृपाराम पूनिया को भी बुलाया गया था। 1962 में पूनिया जी जब एयरफोर्स सिलेक्शन बोर्ड में थे तो उनकी पोस्टिंग ग्वालियर में थी। बाद में उन्होंने आई.ए.एस. किया और पंजाब, हरियाणा में विभिन्न पदों पर रहे। 1987 में देवीलाल के बेटे ओमप्रकाश चौटाला से उनका विवाद हुआ और इस्तीफा देकर वे काँग्रेस में आ गए। हरियाणा में वे चाँदराम के बाद के दलित नेता रहे हैं। चाँदराम 1977 में केंद्र सरकार में मंत्री भी रहे।

वर्ष 1995 उत्तर प्रदेश में चुनाव की तैयारी का था और वर्ष 1996 चुनाव का। काँग्रेस हाईकमान के द्वारा तमाम तरह के सेनापति तथा सेना नायकों को इकट्ठा करने के बावजूद बी.एस.पी. का कुछ विशेष नहीं बिगड़ा था। हालाँकि चुनाव से पूर्व शासकीय तथा प्रशासकीय स्तर पर बहुत तैयारी की गई थीं।

काँग्रेस की इसमें महत्त्वपूर्ण भूमिका रही। उसके क्षत्रपों ने कोई कोर कसर नहीं छोड़ी थी। इसे बहुजन समाज की राजनीति का द्वंद्व ही कहा जाएगा कि दो सप्ताह की अनिश्चितता के बाद प्रदेश में आखिरकार राष्ट्रपति शासन लागू हो गया तो काँग्रेस हाईकमान के निर्देश पर काँग्रेस कार्यकर्ताओं ने बसपा के खिसकते जनाधार को समेटने के लिए अपनी गतिविधियाँ तेज कर दीं।

तत्कालीन काँग्रेस महासचिव बी.पी. मौर्य के लिए यह परीक्षा की घड़ी थी।

बसपा सुप्रीमो कांशीराम की नरसिंहा राव से बढ़ती नजदीकी से वे परेशान थे। वे किसी भी स्थिति में कांशीराम से समझौता नहीं करना चाहते थे। यही वजह थी कि जब केंद्रीय समाज कल्याण मंत्री सीताराम केसरी ने बसपा सुप्रीमो को हीरो करार दिया तो उन्होंने दिल्ली में रहने के लिए प्रशिक्षण स्कूल खोलने की सलाह दे डाली।

राष्ट्रपति शासन लागू होने के बाद गाजियाबाद जिले में होने वाली जनसभा के लिए भीड़ जुटाने में मशीनरी को जुटाया गया। यहाँ तक कि तत्कालीन जिलाधिकारी बी.पी. नीलरत्न को निर्देश दिया गया कि वह भीड़ जुटाने में काँग्रेस नेताओं की मदद करें।

बी.पी. मौर्य ने अति उत्साह में एक संवाददाता से टेलीफोन पर बातचीत में कहा "कि बसपा सिर्फ एक पुरुष व महिला की पार्टी थी, जो अब नहीं रही। उसका अस्तित्व खत्म हो गया।"

उधर जहाँ एक ओर कांग्रेस नेता बसपा का जनाधार खिसकाने में लगे थे, वहाँ बसपाई 5 नवंबर को होने वाली अपनी रैली को सफल बनाने में जुटे थे। देखा गया कि तब रामविलास पासवान भी इस राजनैतिक अवसर को छोड़ना नहीं चाहते थे। उसी दिन उन्होंने भी दिल्ली में जनता दल की रैली का आयोजन किया था। बसपाईयों ने अपनी रैली का नाम रखा था बहुजन समाज सावधान।

यूँ बहुजन समाज सावधान था और किंकर्त्तव्यविमूढ़ भी। उसकी समझ में नहीं आ रहा था कि वह किससे सावधान रहे और किससे हाथ मिलाए। और अपने तमाम प्रयासों के बाद भी इनके विरोध में नरसिंहराव सरकार को कांशीराम से समझौता करना पड़ा था। यह इतिहास के सुखद और दुःखद दोनों ही तरह के परिणाम थे।

यह बात गौर करने लायक है कि कांशीराम से पहले के दलित नेताओं के जीवन और उनमें कुछ बातें समान दिखती हैं। कांशीराम की ही भाँति कई दलित नेता परिस्थितिवश कहीं न कहीं और कुछ न कुछ आम दलित से कुछ बेहतर हालात में दिखाई देते हैं। इसका अध्ययन करना जरूरी है। उदाहरण के लिए, बाबा साहेब डॉ. अम्बेडकर के पिता परंपरागत काम के बजाय फौज में सूबेदार थे। जगजीवन राम के पिता और चाचा दोनों ही भारतीय सेना में थे। तनख्वाह से होने वाली बचत के जरिए उन्होंने जमीन खरीदी और जब बाबूजी के बचपन में पिता का देहांत हुआ तो उनके पास 17 एकड़ जमीन थी। जबकि बी.पी. मौर्य के पिता मजदूरी करते थे।

बकौल अभय कुमार दुबे यद्यपि दलितों से सिख बने परिवारों को जाट सिखों ने पंजाब में अपने बराबर महत्त्व कभी नहीं दिया, फिर भी कांशीराम को सामाजिक तौर पर दमनकारी माहौल नहीं झेलना पड़ा।

ओलीवर मेंडलसन ने दलित नेताओं के एक अध्ययन में पाया कि अनुसूचित जातियों से होने वाले 20 सांसदों और 12 विधायकों में से अधिकांश को जीवन

के शुरुआती दौर में दूसरे दलितों की तुलना में संयोग से यह फायदा मिलता दिखाई देता है। मेंडलसन का दिलचस्प अध्ययन बताता है कि एक दुधारू गाय से लेकर जमीन के मामूली टुकड़े और फौज की नौकरी तक ने इन दलित नेताओं के शुरुआती जीवन में निर्णायक भूमिका निभाई। इन जरियों से हुई मामूली सी अतिरिक्त आमदनी से उन्हें शिक्षित होने का मौका मिला, जिससे वे आगे चलकर लोक जीवन में भागीदारी करने की परिस्थितियों का लाभ उठा सके।

निश्चित रूप से कांशीराम के बचपन और युवावस्था के बीच का अंतर दलितों द्वारा धर्म परिवर्तन के जरिए सामाजिक हैसियत बेहतर करने के नितांत सीमित परिणामों की ओर इशारा करता है। कांशीराम का बचपन सामान्य था, पर युवावस्था में उनके भीतर अनेक तरह के उद्वेलन जन्मे थे। टकराव और संघर्ष की आंदोलनकारी प्रवृत्ति की शुरूआत यही से हुई। जिसने बाद के दौर में स्वयं उनके जीवन और दलितों के जीवन में महत्वपूर्ण भूमिका निभाई।

बसपा में कहें या दलित राजनीति में कांशीराम की उपस्थिति निश्चित ही दबदबे के रूप में रही। वे अन्य दलित नेताओं से भिन्न थे। परंपराओं और राजनैतिक शैली का अंतर था। 1994 आते-आते पत्रकारों को ही नहीं उत्तर प्रदेश के मुख्यमंत्री मुलायम सिंह यादव तक को यह पीड़ा सालती रही कि उनसे मिलने के लिए एक मुख्यमंत्री को भी समय लेना पड़ता है। भारत के सबसे बड़े सूबे के सदर के ये शब्द कांशीराम की बढ़ती हुई ताकत और महत्त्व के सबूत रहे हैं।

बहुजन समाज पार्टी के राष्ट्रीय अध्यक्ष और उत्तर प्रदेश के इटावा लोकसभा निर्वाचन क्षेत्र से सांसद कांशीराम को प्रेस ही नहीं, राजनीतिक गलियारों में भी उत्तर प्रदेश का सुपर सी.एम. माना जाता था। खुद कांशीराम कहते थे कि **मुलायम मुझसे पूछकर ही कोई बड़ा कदम उठाता है और किसी भी नेता के सामने न झुकने वाले लोहियावादी अक्खड़ मुलायम सिंह कहते हैं, "सिर पर उनके बरदहस्त की जरूरत है। हम सदियों से दबे-कुचले समाज की काया पलट कर देंगे।"**

केवल एक दशक की राजनीति में ही कांशीराम की गिनती देश के पहली कतार के शीर्ष नेताओं में होने लगी थी। 60 वर्षीय विज्ञान से स्नातक दलितों के इस 'नए मसीहा' को अपनी बढ़ती ताकत का खुद भी अहसास था और इस ताकत का खुमार भी। उन पर दिसंबर, 1994 तक 120 आवरण कथाएँ छप चुकी थीं। पत्रकारिता जगत में यह एक नया कीर्तिमान था।

एक बार उन्होंने कहा था, "यहाँ से (12 गुरुद्वारा रकाबगंज रोड नई दिल्ली) साउथ ब्लाक (प्रधान मंत्री कार्यालय) महज एक किलोमीटर है। अगले झटके में यह नीला परचम (बसपा का झंडा) साउथ ब्लाक में ही फहरेगा।" उन्होंने यह भी कहा था, "हाथों से (काँग्रेसी चुनाव चिह्न), फूलों से (भाजपाई चुनाव चिह्न) हाथी (बसपा की चुनाव चिह्न) को नहीं रोका जा सकता। वह अपनी मंजिल पर जाकर ही दम

लेगा और वह मंजिल अब बेहद नजदीक हैं।'' कांशीराम का आकलन था, 'वह अगर 1995 तक नहीं तो 1998-99 तक देश के प्रधानमंत्री होंगे।'' इनका आकलन सही सिद्ध न हो सका। हालांकि केन्द्र की पिछली एक सरकार में उन्हें उपप्रधान मंत्री का पद देने की बात की गई थी, जिसे उन्होंने ठुकरा दिया था।

अभय दुबे लिखते हैं कि 1978 में बामसेफ की स्थापना से लेकर 1991 में बसपा द्वारा लोकसभा चुनाव लड़े जाने तक कांशीराम के राजनीतिक जीवन में सब कुछ नियोजित विधि से चलता रहा। न उनके संगठन में कोई फूट पड़ी, न उसके नेतृत्व के खिलाफ कोई खास आवाज उठी और न ही गुजरे जमाने के दलित नेता उन्हें चुनौती दे पाए। उनके ऊपर सीआईए का ऐजेंट होने और बड़ी पार्टियों से खुफिया समझौते करने के आरोप जरूर लगे, लेकिन कांशीराम ने उनका सामना अपने चुनाव चिह्न हाथी के समान धैर्य से ही किया। इस समय तक उनका मुख्य कार्य क्षेत्र उत्तर प्रदेश और पंजाब था। चुनावों से ठीक पहले कांशीराम ने अपने कार्यक्षेत्र को इस प्रकार परिभाषित किया कि वे '' उत्तर प्रदेश और बिहार व मध्य प्रदेश के सीमाई इलाकों में सक्रिय हैं।...पंजाब अपने आप विकसित हुआ और उसका असर लगे हुए हरियाणा के इलाकों पर पड़ा। हमने दिल्ली और उसके आसपास सौ किमी के दायरे में जानबूझकर नीची प्राथमिकता दी। हम दिल्ली आधारित पार्टी नहीं बनाना चाहते थे।''

वह सब वैसा ही चलता रहा जैसा पार्टी सुप्रीमो चाहते थे। पार्टी पर उनकी पकड़ पहले जैसी ही थी। संगठन और नीतियों के सवालों से अधिक पार्टी कार्यकताओं के भीतर आंदोलन रचा बसा था। वे केवल आगे बढ़ना चाहते थे। ठहराव में उनकी रुचि न थी। इस प्रकार 1991 तक कांशीराम दलित, पिछड़ों और अल्पसंख्यकों के बीच जमकर काम करने और अपनी राष्ट्रीय पहलकदमियों के बीच उचित संतुलन कायम रख पाए। लेकिन 1989 और 1991 के बीच देश का राजनीतिक माहौल काफी बदल गया।

अब तक मुलायम सिंह से चुनावी समझौते के सवाल पर बसपा के कुछ साथियों में असंतोष की सुगबुगाहट होने लगी थी। वैसे यह असंतोष दोनों ही तरफ था। स्पष्ट शब्दों में कहा जाए तो बसपा और सपा के राजनैतिक कार्यकर्ताओं के बीच घात प्रतिघात होने लगे थे।

युवा चिंतक कंवल भारती के विचार में बसपा का विभाजन सत्ता की महत्वाकाँक्षाओं का परिणाम नहीं है और न इसके मूल में मायावती से असंतोष का कारण है। सच्चाई यह है कि यह विभाजन जातिवाद की बुनियाद पर हुआ है। भारत के नीतिशास्त्र पर जाति का दुखद प्रभाव है। इसे डॉ. अम्बेडकर ने बहुत नजदीक से अनुभव किया था। इसलिए उनका यह कथन आज भी व्यावहारिक सत्य है कि सारी करुणा, सारी मैत्री और सारी संवेदनाएँ जाति से आरंभ होती हैं और जाति पर समाप्त होती है। सहानुभूति है, पर अपनी ही जाति के प्रति। ब्राह्मण ब्राह्मण

को ही नेता मानेगा, कायस्थ कायस्थ का ही नेतृत्व स्वीकार करेगा। यही जातिवाद कांशीराम के मार्ग में सबसे बड़ी बाधा रही। बसपा का विभाजन पिछड़ों और मुसलमान सदस्यों की 'चमार-सत्ता' के खिलाफ ऐसी मुखर अभिव्यक्ति रही, जिससे इनकार नहीं किया जा सकता।

जगजीवन राम अपने लक्ष्य में सफल नहीं हो सके, क्योंकि वे दलितों का नेता बनने के लिए तैयार नहीं थे, जबकि सवर्ण उन्हें अपना नेता मानना नहीं चाहता था। इसलिए कि वर्ण व्यवस्था में दलित का चौथा पाँचवा नंबर आता है। वैसा मुमकिन नहीं था और जो मुमकिन हुआ भी नहीं। कांशीराम के साथ भी यही त्रासदी जुड़ गई कि वे पिछड़ों और मुसलमानों का नेतृत्व करना चाहते थे। मायावती ने तो मुख्यमंत्री बनने के बाद स्वयं को सर्वजन समाज का नेता घोषित भी कर दिया था। पर सत्ता की पहली सीढ़ी चढ़कर ही वह लक्ष्य उनकी आँखों से ओझल हो गया। पिछड़ों और मुसलमानों का नेता बनना या सर्वजन का नेतृत्व करना अलोकतांत्रिक नहीं है, पर जिस लोकतंत्र में जातितंत्र हावी हो, वहां कांशीराम और मायावती ज्यादा दूर नहीं जा सकते थे। जगजीवन राम इसका बेहतर और सटीक उदाहरण हैं। जब सर्वजन में सवर्ण नेता मौजूद हैं, तो कांशीराम या मायावती को मान्यता कैसे मिल सकती है?

बहुजन समाज पार्टी में बिखराव का यह महत्वपूर्ण कारण रहा। जाति आधारित मानसिकता के चलते हुए दलित नेतृत्व को किसी भी स्थिति में स्वीकार नहीं किया जा सकता। जैसा इस देश में हुआ भी। अगली कतार में रह रहे लोगों के प्रति एक खास विचार पहले से ही रहा।

दिलीप अवस्थी की रपट बतलाती है कि मायावती के थोड़े दिन सत्ता में रहने से बहुजन समाज पार्टी (बसपा) को लोकसभा और उत्तर प्रदेश विधानसभा चुनावों में निर्णायक ताकत बनाने का कांशीराम का सपना क्या चूरचूर हो गया है? पर बसपा के सुप्रीमो ऐसा नहीं मानते। महज एक वर्ष में पार्टी में तीसरे विभाजन के बाद उन्होंने बहादुरी का मुखौटा ओढ़ते हुए कांशीराम ने घोषणा की, **"जबरदस्ती एका बनाए रखने से कोई फायदा नहीं। पार्टी को मजबूत बनाने के लिए विभाजन जरूरी है।"**

विभाजन के सूत्रधार बने राज्य बसपा अध्यक्ष जंग बहादुर पटेल और पूर्व कैबिनेट मंत्री रामलखन वर्मा दोनों नेता पिछड़ी कुर्मी जाति से हैं, जिन्हें बसपा में अच्छा-खासा समर्थन मिलता रहा था। भंग राज्य विधानसभा के 59 बसपा विधायकों में से 50 के समर्थन का दावा करने वाले इन नेताओं ने बहुजन समाज दल (बसद) बनाया। लेकिन मायावती का कहना था कि चार या पाँच 'पागल' विधायक ही बसद में गए हैं और यह भी कि बसपा के 39 पूर्व विधायक 31 अक्टूबर को कांशीराम की बैठक में शामिल हुए थे।

विशेष रूप में दलितों को आकर्षित करने वाली एकमात्र ताकत समझी जाती रही पार्टी के बिखराव ने राज्य के राजनैतिक माहौल को एकदम बदल दिया। पर

मुलायम की समाजवादी पार्टी (सपा) की अगुआई में दूसरी पार्टियाँ जहाँ दलितों को लुभाने की रणनीतियाँ गढ़ने में लगी रहीं, वहीं कांशीराम इससे विचलित नहीं हुए। 31 अक्टूबर को लखनऊ में यह घोषणा करते हुए उन्होंने कहा कि मायावती पार्टी की राज्य इकाई का संचालन करती रहेंगी, उन्होंने कहा, "पार्टी में कुछ नाकारा लोग जमा हो गए थे। उनकी छंटाई जरूरी थी।" इस पर जंग बहादुर का जवाब था, "यही लोग उनकी चिंता का बंदोबस्त करने के लिए काफी हैं।"

जून, 1994 के बाद बसपा से कई बड़े नेता अलग हुए हैं, शुरुआत तत्कालीन शिक्षा मंत्री मसूद अहमद से हुई, जिन्हें कांशीराम के कहने पर तत्कालीन मुख्यमंत्री मुलायम सिंह यादव ने मंत्रिमंडल से हटा दिया था। मसूद ने दो विधायकों और बसपा के कई जिला स्तर के नेताओं के साथ पार्टी छोड़ी थी। फिर, 2 जून को जब मायावती ने सपा सरकार से समर्थन वापस लिया तो बसपा के कैबिनेट मंत्री राजबहादुर ने नौ विधायकों के साथ पार्टी का विभाजन कर दिया। राजबहादुर महत्त्वपूर्ण चमार नेता हैं, गौरतलब है कि जिन दलितों का बसपा को समर्थन प्राप्त है, उनमें चमार-पश्चिमी उत्तर प्रदेश में उन्हें जाटव कहा जाता है, प्रमुख हैं। इस गुट को बसपा (राजबहादुर) नाम से मान्यता भी मिल गई। जुलाई में बसपा के राज्य महासचिव और कुर्मी नेता सोनेलाल पटेल ने, जिनकी बदौलत कानपुर में पार्टी का जनाधार था, इस्तीफा दे दिया। एक अन्य कुर्मी नेता रामदेव पटेल पिछले पखवाड़े अलग हो गए।

लेकिन पार्टी का तत्कालीन विभाजन अच्छा खासा भ्रम पैदा करने वाला था, क्योंकि दोनों ही पक्ष पूर्व विधायकों में बहुमत के समर्थन का दावा कर रहे थे। और सच इन दोनों दावों के बीच कहां था? इस बारे में पार्टी के आकाओं का मुगालता था। ज्यादातर विधायक अगला कदम उठाने से पहले देखना चाहते थे कि हालात कौन-सा मोड़ लेते हैं। इतना स्पष्ट है कि बसपा कुर्मियों का समर्थन खो चुकी है। पार्टी को कड़े अनुशासन से चलाने वाले कांशीराम के लिए विभाजनों का यह सिलसिला व्यक्तिगत आघात है। बताया जाता है कि उन्होंने एक अधिकारी से कहा, "इस तरह तो इन विभाजनों का कोई अंत ही नहीं होगा। कल मुझे हटाने की मांग भी उठ सकती है।"

इस तरह बसपा में विभाजन की जितनी रेखाएं उभरी, उतने ही वैसे नेताओं के बयान भी आए। जिन्होंने एक-दूसरे पर पलट वार किये। यह काफी दिनों चलता रहा।

बसपा से अलग हुए बागियों को विकल्प की तलाश

राजनैतिक जोड़-तोड़ का विश्लेषण हमें बतलाता है कि सबसे पहले असंतोष फूटा राजबहादुर के नेतृत्व में। राजबहादुर के नेतृत्व में दस विधायकों ने पार्टी से अलग होकर बसपा (रा.) गठित कर लिया। फिर बसपा सरकार के 137 दिनों के कार्यकाल में मायावती एवं उनके एकाध कृपापात्र मंत्रियों के आचरण से मंत्रिमंडल के करीब

एक दर्जन मंत्रियों में असंतोष तेजी से पनपा। बाद में सोनेलाल पटेल को इस्तीफा देना पड़ा। रामलखन वर्मा बनाम आर.के. चौधरी, बहुजन समाज पार्टी के निष्कासित नेताओं ने बहुजन समाज दल (बसद) के नाम से एक नई पार्टी के गठन की घोषणा की। चार अन्य साथियों के साथ बसपा से निष्कासित किए गए प्रदेश अध्यक्ष जंगबहादुर पटेल ने संवाददाताओं को बताया कि वह नई पार्टी के संयोजक होंगे। उन्होंने कहा कि फौजदार प्रसाद और सफदर रजा बसद के सह संयोजक होंगे। उन्होंने कहा कि बसद की कार्यकारिणी और अध्यक्ष की घोषणा 3 नवम्बर को की जाएगी।

श्री पटेल ने कहा "कि बसपा केवल मायावती की पार्टी बनकर रह गई है और बिना हमारा पक्ष सुने हुए कांशीराम ने हमें पार्टी से निकाल दिया है। ऐसे में हमारे सामने नया दल बनाने के अलावा कोई चारा नहीं था। उन्होंने कहा कि हम बसपा के सिद्धांतों को नहीं छोड़ेंगे और अपना हर फैसला लोकतांत्रिक तरीके से कार्यकर्ताओं की राय लेकर करेंगे।" उन्होंने दावा किया कि उनके दल में कोई फैसला तानाशाही से नहीं होगा। जंग बहादुर पटेल के साथ मायावती सरकार में नंबर दो की हैसियत वाले रामलखन वर्मा सहित फौजदार प्रसाद, शफदर रजा और अन्य नेता भी उपस्थित थे।

इस तरह बहुजन समाज पार्टी से अलग हुए घटग (राजबहादुर, जंगबहादुर सिंह पटेल, डा. मसूद अहमद एवं डॉ. सोने लाल पटेल) आदि में हालांकि 'बहुजन समाज मोर्चा' बनाने के संयुक्त प्रयास की संभावना थी, पर वैसा हुआ नहीं। वैसे उनमें बार-बार प्रेस कांफ्रेंस बुलाकर चित्र खिंचाने की चाहत अवश्य थी और वे वैसा ही करते रहे। पर अलग से कुछ विशेष बात हुई नहीं।

पूर्व मंत्री फौजदार प्रसाद के दारुलसफा स्थित आवास पर कई घंटे तक चली बैठक में बसपा (आर) के राष्ट्रीय अध्यक्ष राजबहादुर, बसद के राष्ट्रीय संयोजक जंग बहादुर सिंह पटेल, उप संयोजक सफदर रजा खां, श्रीराम यादव, लालजी यादव, नन्दलाल पटेल, फौजदार प्रसाद, उमाशंकर यादव, शाकिर अली आदि प्रमुख रूप से मौजूद थे।

बैठक में मौजूद पूर्व विधायकों का कहना था कि महात्मा फुले, डा. भीमराव अम्बेडकर एवं शाहू जी महाराज के मिशन को बचाने तथा दलित और पिछड़े वर्ग के लोगों में एकता के लिए सभी को एकजुट होने की जरूरत है, क्योंकि आपसी एकता के बूते ही देश में सांप्रदायिक शक्तियों एवं मनुवादी ताकतों से निपटा जा सकता है।

पर देखा गया कि मनुवादी ताकतों से निपटने के स्थान पर वे आपस में ही निपटने की तैयारी करने लगे। अंततः संयुक्त मोर्चा नहीं बन सका। बसपा से अलग हुए दलों डा. मसूद अहमद (भारतीय लोकतांत्रिक मोर्चा), जंगबहादुर सिंह पटेल (बहुजन समाज दल) एवं डॉ. सोने लाल पटेल (अपना दल) का अलग-अलग अस्तित्व और

पहचान कायम रही। जिनके रंग बाद के दौर में फीके पड़ते गये।

राष्ट्रीय सहारा की रपट बतलाती है कि जंगबहादुर पटेल महज इसलिए चर्चा में नहीं आए कि वे उत्तर प्रदेश के फूलपुर संसदीय क्षेत्र से पहली बार समाजवादी पार्टी के टिकट पर निर्वाचित हुए बल्कि मीडिया में इस वजह से चर्चित हुए कि उन्होंने एक समय के अपने राजनीतिक गुरु बसपा के सुप्रीमो कांशीराम को पराजित किया है। एक अगस्त, 1947 को राजापुर (इलाहाबाद) में जन्मे श्री पटेल की पूरी शिक्षा इलाहाबाद में हुई। उन्होंने इलाहाबाद विश्वविद्यालय से विधि स्नातक की शिक्षा प्राप्त कर सेशन कोर्ट में वकालत शुरू की और कुछ दिनों तक इलाहाबाद उच्च न्यायालय में भी वकालत किया। डॉ. अम्बेडकर के विचारों से प्रभावित श्री पटेल 1967 से 1975 तक रिपब्लिकन पार्टी में सक्रिय रहे 1979 में उनकी मुलाकात कांशीराम से हुई और वह 'बामसेफ' नामक सामाजिक संस्था से जुड़ गए। इसी संस्था से आगे चलकर 6 दिसम्बर, 1982 को 'डी.एस. फोर' के नाम से नया फ्रंट बना। 14 अप्रैल, 1984 में बहुजन समाज पार्टी के गठन के बाद जंगबहादुर पटेल को पार्टी की इलाहाबाद इकाई का अध्यक्ष बनाया गया। इस पद पर वह 15 दिसम्बर, 1993 तक रहे। 1993 के विधानसभा चुनावों में प्रदेश में बसपा ने सपा के साथ तालमेल कर चुनाव लड़ा। इस चुनाव में पार्टी ने इलाहाबाद की 14 में से नौ सीटें जीतीं। इस जीत से प्रभावित होकर कांशीराम ने उन्हें पार्टी की उत्तर प्रदेश इकाई का अध्यक्ष बनाया। लेकिन सपा-बसपा गठबंधन टूटने से कांशीराम और पटेल के बीच मनमुटाव पैदा हो गया और वह कांशीराम से अलग हो गए। श्री पटेल कहते हैं, "जब मायावती सरकार सत्ता में आई तो मुझे कैबिनेट मंत्री का ऑफर मिला था, किंतु मैंने इनकार कर दिया, क्योंकि शुरू से ही इस बात की आशंका थी कि भाजपा मायावती सरकार को गिरा देगी और हुआ भी वही।" लोकसभा चुनावों में मुलायम सिंह यादव ने उन्हें फूलपुर से समाजवादी पार्टी का टिकट दिया और यहीं से वह लोकसभा चुनाव जीतकर संसद पहुँचे हैं। उनका मानना है कि कांशीराम दलित राजनीति में खत्म हो चुके हैं और अब रामविलास पासवान ही दलितों के निर्विवाद नेता हो सकते हैं।

इस तरह के बयान उन दिनों बराबर आ रहे थे, जो अपने-अपने तर्क प्रस्तुत करना चाहते थे। वैचारिक स्तर पर वे बाबा साहेब डॉ. अम्बेडकर के कितना नजदीक थे, इस बारे में कुछ विशेष नहीं कहा जा सकता, पर इतना तो लिखा जा सकता है कि उनके बीच नेतृत्व के लिए भारी मारकाट थी। वे दलितों के हमदर्द कम थे और उनके नाम पर वोट हथिया कर अपनी धाक अधिक जमाना चाहते थे।

पिछले विधानसभा चुनाव में पूर्वी उत्तर प्रदेश तथा बुंदेलखंड में अपनी धाक जमाने वाली बहुजन समाज पार्टी को स्थानीय निकाय चुनाव में भारी शिकस्त मिली। इसके विपरीत बसपा ने पश्चिमी उत्तर प्रदेश में कुछ हद तक सफलता हासिल की हैं।

इस उतार-चढ़ाव के लिए पार्टी का तीन बार विभाजन तथा राष्ट्रीय नेतृत्व

को लेकर नेताओं में मतभेद मुख्य कारण माना गया। पार्टी प्रमुख कांशीराम के संसदीय क्षेत्र इटावा में भी बसपा बुरी तरह पराजित हुई।

बहुजन समाज पार्टी ने स्थानीय निकाय चुनाव में मेयर से लेकर नगर पंचायत सदस्यों तक अपने प्रत्याशी उतारे थे। पार्टी नेतृत्व ने इस प्रकार का निर्णय प्रदेश में सत्ताशीन रहते हुए लिया था, लेकिन चुनाव होते-होते बसपा के हाथ से सत्ता निकल चुकी थी।

समाजवादी पार्टी से गठबंधन कर गत विधानसभा चुनाव में बसपा ने राज्य में 69 सीटें जीती थीं। इनमें फैजाबाद से पांच, गोरखपुर से दो, आजमगढ़ से 6, बनारस से 5, जौनपुर से 7, देवरिया से 2 और इलाहाबाद से सर्वाधिक 9 सीटें शामिल थीं। बलिया से दो, गाजीपुर से चार, मऊ में चार, मिर्जापुर में 3, बस्ती में एक, बहराइच में एक, सुलतानपुर में दो, हमीरपुर में दो, हरदोई में 1, सीतापुर में 1, कानपुर (नगर) में 1, कानपुर (देहात) में 1, फतेहपुर में 1, इटावा में 1, उन्नाव में 1, जालौन में 4 तथा बांदा में 2 स्थानों पर उसे सफलता मिली थी।

1 जून को मुलायम सरकार से समर्थन वापसी के साथ ही बसपा में फूट की नींव पड़ी। अगले दिन बसपा के पूर्व प्रदेश अध्यक्ष तथा सपा-बसपा गठबंधन सरकार में मंत्री रह राजबहादुर के नेतृत्व में 10 विधायकों ने विद्रोह कर नए दल बसपा (आर) का गठन कर किया। नए दल ने बाद में सपा से तालमेल किया।

राजबहादुर के नेतृत्व में हुई इस टूट ने बसपा के प्रमुख गढ़ पूर्वी उत्तर प्रदेश में पार्टी के जनाधार को कमजोर किया। रही-सही कसर को बसपा के पूर्व प्रांतीय अध्यक्ष जंगबहादुर सिंह पटेल ने अपने समर्थक करीब तीन दर्जन विधायकों के साथ अलग होकर पूरी कर दी। पटेल स्थानीय निकाय चुनाव के लिए टिकट वितरण के दरम्यान ही बसपा से अलग हुए।

बसपा को स्थानीय निकाय चुनाव में नगर निगम की 11 सीटों में से एक (मेरठ) पर सफलता प्राप्त हुई है, जबकि बसपा के गोरखपुर एवं वाराणसी जैसे गढ़ों में मेयर के अलावा ज्यादातर उम्मीदवार सभासद भाजपा के रहे। इलाहाबाद में बसपा ने अपना प्रत्याशी उतारा था, लेकिन वह जीत नहीं सका। अलीगढ़, मुरादाबाद, बरेली एवं गाजियाबाद में भी बसपा को पराजय मिली। आगरा में 30 सभासदों की जीत के बावजूद बसपा अपना मेयर नहीं जितवा सकी। लखनऊ में बसपा प्रत्याशी दाऊजी गुप्त तीसरे स्थान पर रहे।

इन नगर निगमों के लिए हुए सभासद (पार्षद) चुनाव में बसपा को लखनऊ में एक, कानपुर में 5, इलाहाबाद में एक, वाराणसी में एक, गोरखपुर में दो, गाजियाबाद में 7, अलीगढ़ में 11, मुरादाबाद में 3 स्थानों पर सफलता मिली। मेरठ में मेयर पद पाने के बावजूद बसपा अपना कोई पार्षद (सभासद) नहीं जिता सकी। बरेली में भी बसपा का एक भी सभासद नहीं जीता।

नगर पंचायत चुनाव में बसपा को इलाहाबाद, मऊ, बांदा, कानपुर (देहात) एवं जालौन में एक-एक स्थान पर ही संतोष करना पड़ा। नगरपालिका परिषद् चुनाव में मिर्जापुर एवं हरदोई की एक-एक सीट पर बसपा को विजय मिल सकी।

फैजाबाद, गोरखपुर, आजमगढ़ जौनपुर, वाराणसी, गाजीपुर, देवरिया बलिया, हमीरपुर इटावा, फतेहपुर एवं सुलतानपुर जनपदों में बसपा को एक भी नगरपालिका परिषद् एवं नगर पंचायत अध्यक्ष सीट नहीं मिल सकी, जबकि इन जनपदों में बसपा के 39 व्यक्ति पिछली विधानसभा के लिए चुने गए थे। स्वयं बसपा प्रमुख कांशीराम इटावा से पार्टी के सांसद रहे थे।

इसके विपरीत पार्टी ने पश्चिमी उत्तर प्रदेश में अपने जनाधार को बढ़ाने में सफलता प्राप्त की है।

बसपा ने पश्चिमी उत्तर प्रदेश में बरेली, बिजनौर, आगरा, एटा, रामपुर, बुलंदशहर जनपदों की एक-एक नगरपालिका परिषद् पर कब्जा किया।

इसके साथ ही मुरादाबाद, सहारनपुर, मुजफ्फरनगर, बुलंदशहर, अलीगढ़, मथुरा, एटा जनपदों की एक-एक नगर पंचायत पर भी बसपा को सफलता मिली है।

स्थानीय निकायों के ये चुनाव किसी भी राजनैतिक पार्टी की भीतरी और बाहरी संगठन तथा बिखराव दोनों को ही रेखांकित करते हैं। पाठक और शोधार्थी इसे भलीभांति समझ सकते हैं। जीत और हार तथा इन दोनों के बीच की कश्मकश बहुजन समाज पार्टी में भी रही। गांव आधार पर जहां दलितों को बल मिला, पार्टी से नई ऊर्जा मिली वहीं उनके भीतर सवाल-दर-सवाल भी उभरे।

संदर्भ

- अभय कुमार दुबे, आज के नेताः कांशीराम, राजकमल प्रकाशन, नई दिल्ली, 1997, पृष्ठ 78
- वही, पृष्ठ 79
- बहुजन संगठक, नई दिल्ली, 5 फरवरी, 1996
- मुजफ्फर नगर (उत्तर-प्रदेश) के पास--कश्यप समाज सम्मेलन में दिये गये भाषण से
- कंवल भारती, से रामपुर स्थित उनके निवास पर हुई बातचीत के आधार पर।
- धर्मयुग के विशेष अंक में दिये गये साक्षात्कार से
- राष्ट्रीय सहारा, नोएडा 30 अक्टूबर, 1995
- इंडिया टुडे, नई दिल्ली, 30 नवंबर 1995, पृष्ठ 25
- वही, पृष्ठ 26
- बहुजन संघर्ष, नई दिल्ली
- राष्ट्रीय सहारा, नोएडा 18 अक्टूबर, 1995
- वही, 1 नवंबर, 1995
- वही, 5 नवंबर, 1995
- वही, 22 जून, 1995
- वही, 1 दिसम्बर, 1995

बसपा पर बाहरी दबाव

विश्व में प्रत्येक राजनैतिक दल का गठन लोकतांत्रिक परंपरा को आगे बढ़ाने के लिए हुआ है। हालांकि अपवाद भी बहुतेरे हैं, लेकिन किसी विशेष पार्टी के गठन के बाद उसकी सफलता की परिस्थितियों पर जब हम विश्लेषण करते हैं तो कुछ बातों का अवश्य ही ध्यान रखना पड़ता है बसपा में दूसरी पार्टियों से आने वाले दल बदलू राजनीतिज्ञों की अगर कोई सूची तैयार की जाए, साथ ही उनके चरित्र, व्यवहार कुशलता तथा दलित समाज और दलित आंदोलन के प्रति उनकी प्रतिबद्धता का जायजा लिया जाए तो यह बात निश्चित रूप में कही जा सकती है कि उनमें से कुछ को छोड़कर अधिकांश पेशेवर नेताओं को न बाबा साहेब डॉ. अम्बेडकर में कोई रुचि थी और न ही सामाजिक न्याय के दर्शन में। वे सत्ता के दावेदार थे। उन सभी का मकसद बसपा में आकर सत्ता हथियाना था और सत्ता हथियाने के बाद दलितों पर अत्याचार करना भी।

इस बारे में दलित लिबरेशन टुडे का संपादकीय देखें तो इस बारे में एक सटीक टिप्पणी मिलेगी।...''यह सोचने की बात है कि उनका (गैर दलित नेता) बसपा या दलितों से कितना लगाव हो सकता हैं और दलित उनसे क्या आशा रख सकते हैं। राजनीति का यह एक दुखद और विरोधाभास से भरा इतिहास रहा है। सत्ता के करीब आते-आते पुराने सारे मिथक टूट जाते हैं और सत्ता प्राप्ति के बाद नए तरह के आविष्कार किए जाते हैं किसी जाति या कुछ जातियों की दुखती रग कैसी भी हो, उससे कोई सरोकार नहीं रखा जाता। जातियों की अस्मिता तथा पहचान के खिलाफ गठबंधन हुआ करते हैं। जो राजनैतिक और सामाजिक चिंतक हमें ऐसी सभी घटनाओं और दुर्घटनाओं को भूल जाने की बात किया करते हैं, राजनीतिज्ञ फिर से उन्हें याद दिलाते हैं और दलित अस्मिता को लगभग रौंदते हुए समझौते किया करते हैं।

बसपा की राजनीति के सूत्रधारों ने भी लगभग वही सब किया जैसा उनसे पूर्व अधिकांश दलित नेताओं ने। कुल मिलाकर वही समझौते, गठबंधन और दल बदल की गलत परपंरा को आगे बढ़ाया। नतीजा चाहे कुछ भी हो।''

लोकतांत्रिक समाजवादी मोर्चे के राष्ट्रीय अध्यक्ष और समाजवादी पार्टी के पूर्व

नेता डी.पी. यादव एवं बालेश्वर यादव ने 30 दिसम्बर, 1995 को लखनऊ स्थित रवीन्द्रालय में एक समारोह के अवसर पर अपने अन्य समर्थकों सहित बहुजन समाज पार्टी में विधिवत् विलय होने की घोषणा की।

डी.पी. यादव पिछले काफी दिनों से राजनैतिक पाला बदलकर बहुजन समाज पार्टी में जाने की तैयारी कर रहे थे। मुलायम सिंह यादव की सपा से अलग होकर प्रदेश में बसपा की मायावती सरकार के कार्यकाल में ही लोकतांत्रिक समाजवादी मोर्चा बना लिया था। जिसमें उनका साथ चार विधायकों (बालेश्वर यादव, श्रीमती सुशीला सरोज, हृदयनारायण दीक्षित व प्रवीण सिंह ऐरन) ने देकर अपनी सदस्यता बचाई थी। हृदयनारायण दीक्षित एवं सुशीला सरोज पहले ही भाजपा में चले गए थे, इसके बाद डी.पी. यादव और बालेश्वर यादव बसपा में विलय हो गए।

30 दिसम्बर, 1995 को ही समता पार्टी के वाराणसी मंडल के अध्यक्ष हेमंत कुमार कुशवाहा भी कुछ साथियों सहित बसपा में शामिल हो गए। बसपा की राष्ट्रीय महासचिव एवं पूर्व मुख्यमंत्री कु. मायावती ने माल एवेन्यू (लखनऊ स्थित आवास) में यह घोषणा की थी। उसी दिन युवा समता पार्टी के प्रदेश महासचिव ब्रजेश सिंह कुशवाहा ने भी बसपा में आने की घोषणा की।

डी.पी. यादव आदि के नेतृत्व में बसपा में शामिल होने की घोषणा के बाद बसपा में शामिल होने वाले अन्य दलों के पार्टी नेता व कार्यकर्ताओं की बड़ी लाइन लग गई जिसे राजनैतिक क्षेत्र में लखनऊ में बसपा की हुई सावधान रैली का ही जबर्दस्त प्रभाव माना गया।

लखनऊ स्थित उसी रवीन्द्रालय में 2 जनवरी, 1996 को एक और समारोह हुआ जिसमें जनता दल पिछड़ा वर्ग महासंघ के पूर्व महासचिव स्वामी प्रसाद मौर्य की अगुवाई में राजनैतिक तथा सामाजिक कार्यकर्ताओं ने बसपा में जाने की घोषणा की।

इस मौके पर भाकपा के पूर्व विधायक रामजी कुशवाहा, पूर्व विधायक गया प्रसाद सरोज, समता पार्टी के महासचिव परशुराम सिंह कुशवाहा, जनता दल के पार्टी प्रवक्ता बोध लाल शुक्ला के अलावा अशोक सिंह, प्रदेश अध्यक्ष शत्रुघ्न सिंह, महासचिव अमरनाथ मौर्य आदि भी बसपा में शामिल हुए।

यही नहीं पूर्व मुख्यमंत्री रामनरेश यादव के पुत्र कमलेश यादव काँग्रेस छोड़कर बसपा में शामिल हुए और उन्होंने 21 जनवरी, 1996 का पत्र सम्मेलन में पढ़ा। साथ ही वंबई महिला काँग्रेस की उपाध्यक्ष कला तिवारी, बिहार कांग्रेस सेवा दल के महामंत्री रामदेव यादव, गुजरात के कांग्रेस नेता मनुभाई पटेल आदि भी शामिल हुए।

राजनैतिक उठा पटक के चलते व जनता दल की नीतियां से क्षुब्ध जनता दल के राष्ट्रीय महासचिव राशिद अल्वी, राष्ट्रीय कार्य समिति के सदस्य अलीमुद्दीन

अन्सारी, उत्तर प्रदेश जनता दल के उपाध्यक्ष आलम खान व जनता दल के वरिष्ठ नेता एवं पूर्व सांसद हर्षवर्धन ने एक प्रेस कांफ्रेंस आयोजित कर जनता दल की प्राथमिक सदस्यता से इस्तीफा देकर 30 मार्च, 1995 को बसपा में शामिल होने की घोषणा की।

इस मौके पर आयोजित संवाददाता सम्मेलन को संबोधित करते हुए कांशीराम ने कहा कि **''सामाजिक न्याय व दलितों के हित की बात करने वाले हर व्यक्ति को एक न एक दिन बसपा में आना पड़ेगा, चाहे वह लालू हो या शरद यादव।''** उन्होंने कहा कि ''उत्तर प्रदेश में उनकी इच्छा तालमेल करने की थी, पर राष्ट्रीय स्तर पर जनता दल नेतृत्व में उच्च वर्ग के लोग भरे पड़े हैं। वे नहीं चाहते थे कि जनता दल बसपा से तालमेल करे।''

स्वाभिमान चेतना रथयात्रा के दौरान कटरा में सत्यपाल सांसद के बड़े भाई व पूर्व जद प्रत्याशी महेन्द्र सिंह यादव तथा ब्लाक प्रमुख सत्येन्द्र सिंह यादव ने अपने समर्थकों सहित बसपा में शामिल होकर आस्था जताई। इस मौके पर 'अंजुमन संस्था' के अध्यक्ष हाजी मकबूल अंसारी भी बसपा में शामिल हुए।

फरवरी माह में ही जब यह रथयात्रा फरीदपुर होते हुए बरेली पहुँची, तब वहाँ के कई नए पुराने लोगों में जिनमें मुख्यतः रामसिंह यादव (लोकदल), सुभाष यादव एडवोकेट (जनता दल) के साथ आर्शीद अहमद आदि भी बसपा में शामिल हुए।

समाजवादी पार्टी को जब एक करारा झटका और लगा तब 20 जनवरी, 1996 को बाराबंकी के नगर परिषद् प्रांगण में कौमी जनसंघर्ष मोर्चा के तत्वावधान में मुस्लिम कार्यकर्ताओं के एक विशाल सम्मेलन का आयोजन हुआ जिसमें सपा के दो विधान परिषद सदस्य गयासुद्दीन किदवई व रामचन्द्र बख्श सहित मुस्लिम समाज के 12 हजार कार्यकर्ता सपा छोड़कर बसपा में शामिल हुए तथा पार्टी की सदस्यता ग्रहण की। जिनमें टाउन एरिया के नवनिर्वाचित सभासद व चैयरमैन, नगर परिषद् सदस्य, के साथ बी.डी.सी. सदस्य, वकील, ग्राम प्रधान और सपा अल्पसंख्यक प्रकोष्ठ के कई नेता भी शामिल थे।

अप्रैल, 1996 में कानपुर की जन सभा में मायावती के समक्ष भाजपा के राजेन्द्र कटियार अपने सैकड़ों कार्यकर्ता सहित, युवा जनता दल (अल्पसंख्यक प्रकोष्ठ) के प्रदेश महामंत्री राजकुमार गौतम भी अपने सैकड़ों कार्यकर्ता सहित तथा सपा के डॉ. नियाज, अब्दुल बसी और भारतीय लोकतांत्रिक मोर्चा के भी काफी लोगों ने बसपा में शामिल होने की घोषणा की। इसके अलावा जनता दल के पूर्व विधायक बलवान सिंह यादव, पूर्व नगर सपा अध्यक्ष सैयद महमूद के पुत्र फैसल महमूद, पूर्व सभासद असलम अंसारी, आशा गफ्फार समेत दो दर्जन से अधिक नेताओं ने बसपा की सदस्यता स्वीकार की।

दल बदलने और दल-बदलुओं को किसी विशेष पार्टी में शामिल करने की

ऐतिहासिक घटनाएं इस बात को साफ करती हैं कि एक समय के बाद विचार और व्यवहार में अंतर आ ही जाता है। यह बात अपने आप में पूर्ण सच नहीं है। आधा सच है। अधिकांश रूप में देखा गया है कि दल बदल सत्ता के लिए किया जाता है। जैसा कि मायावती ने स्वयं अपनी पुस्तक की प्रस्तावना में भी लिखा है, ''सामाजिक परिवर्तन एवं आर्थिक मुक्ति आंदोलन के माध्यम से बहुजन समाज में राजनीतिक जागरूकता पैदा करके उन्हें केन्द्र और प्रदेशों की राजनीतिक सत्ता पर काबिज कराना है।

दुनिया के किसी भी समाज का इतिहास संघर्ष का रहा है। वह बात अलग है कि प्रत्येक जाति, वर्ग तथा नस्ल का सामाजिक तथा राजनैतिक संघर्ष परस्पर विरोधाभास का प्रतीक रहा हो, पर इतिहास हो या राजनीति उन सबके अपने-अपने सामाजिक सरोकार रहे है। संघर्ष के स्वरूप अलग-अलग तरह के हो सकते हैं, लेकिन संघर्ष के बिना समाज का विकास संभव नहीं है। संघर्ष समाज को गति प्रदान करता है और संघर्ष से प्राप्त गति के परिणामस्वरूप सनातनी मूल्यों की जगह नए जीवन मूल्य विकसित होते हैं। समाज में इसी संघर्ष के कारण नए राजनैतिक दलों का उद्भव भी होता है।

भारत में समाजवादी और लोकतांत्रिक समाज का निर्माण करना ही डॉ. अम्बेडकर का उद्देश्य था। उनका सारा संघर्ष का दर्शन और चिंतन तथा आंदोलन इसी का दिग्दर्शक था। इसी लोकतांत्रिक मूल्य के आधार पर उन्होंने भारतीय समाज का ऐतिहासिक विश्लेषण भी किया था। उनके समय में जो राजनैतिक परिवर्तन हो रहे थे, उस पर भी हमें अम्बेडकर का अध्ययन और विश्लेषण मिलता है।

बाबा साहेब डॉ. अम्बेडकर भारतीय समाज के इतिहास को क्रांति और प्रतिक्रांति का इतिहास मानते हैं। और इसमें भी अधिकांश प्रतिक्रियावादी तत्व ही हावी होते रहे, ऐसा उनका निष्कर्ष रहा। आधुनिक भारत में सामाजिक सुधार और राजनैतिक सुधार के सवाल को लेकर जो संघर्ष शुरू हुआ, उसमें प्रारंभ में सामाजिक और राजनैतिक सवालों की चर्चा एक ही मंच से शुरू हुई। लेकिन बाद में सामाजिक सुधार और राजनैतिक सुधार चाहने वाले दो अलग-अलग प्रवाह बन गए और संघर्ष का परिणाम यह हुआ कि समाज सुधारकों की पराजय हुई। समाज, सुधार, समाज परिवर्तन और समाजिक क्रांति का महत्त्वपूर्ण विचार पीछे रह मया। जबकि प्रति क्रांतिकारी ताकतें मजबूत होकर आगे आईं। यह उनकी बड़ी विजय थी और समाज बदलने वालों की करारी हार। समय-समय पर लगभग ऐसा ही इतिहास हमारे सामने आता रहा है। अधिकांश राजनीतिज्ञ जिसे और अधिक पुख्ता करते रहे हैं।

बकौल कंवल भारती कांशीराम ने निस्संदेह दलित राजनीति को एक मया आयाम देने में सफलता हासिल की। उन्होंने दलितों को उनके अपने मतों का अर्थ समझाया। न केवल वोट के महत्त्व को बताया बल्कि दलित समाज में एक ऐसी भावना को

भी विकसित किया, जिसके परिणामस्वरूप उनकी प्रवृत्ति आक्रामक बनी। मायावती के मुख्यमंत्री बनने से राज्य के दलितों को इस बात का अहसास हुआ कि उत्तर प्रदेश में उनकी सरकार है। यह भावना तो बिहार में लालू प्रसाद यादव भी बनाने में सफल हुए, पर कोरी भावना से शासन और प्रसाशन के सूत्र आगे नहीं बढ़ते। उत्तर प्रदेश में मायावती की सरकार बनने से जाहिर बात है, दलितों को खुशी होती, पर क्या उनकी खुशी अंत तक कायम रही। उत्तर प्रदेश में विजय को महारत क्या अपने बलबूते पर हुई। इसके लिए बहुजन समाज पार्टी ने कौन सी कीमत नहीं चुकाई। जिसका खमियाजा बाद में प्रदेश के दलितों को भुगतना पड़ा। वे अपने ही गाँव और कस्बे में अभिशप्त हो गए हैं। उनकी जीवनचर्या तथा जीविकापार्जन की परिस्थितियाँ प्रभावित हुई हैं। क्या दलित नेताओं को इन सबका अहसास नहीं होता।

एक तरह से देखा जाए तो राजनीति में ऊपर से हस्तक्षेप करने के लिए प्रधानमंत्री स्तर के नेताओं के खिलाफ प्रतीकात्मक ढंग से चुनाव में उतरना और राष्ट्रीय छवि का निर्माण करना। दूसरी ओर राजनीति में अपने आधार क्षेत्र यानी दलित, अति पिछड़े और मुसलमानों के साथ निरंतर संपर्क में रहना यह दूसरी बात है। उन्हें राजनीतिक रूप से सचेत और सक्रिय बनाए रखने के लिए निरंतर प्रचार यात्राएँ, धरने और प्रदर्शन इत्यादि चलाते रहना किसी भी तरह के खुले गठजोड़ अथवा सीटों के तालमेल से इनकार करना और इस तरह बसपा के बाहरी आंदोलन से लोगों को प्रभावित करते रहना यह सोची समझी योजना होती है, जिसका प्रयोग अब दलित नेता भी करने लगे हैं। इस बारे में कुछ भी विश्लेषण किया जाए उत्तर प्रदेश में बसपा की बाद की राजनैतिक सरगर्मियों ने तो यह सिद्ध कर ही दिया कि कांशीराम और मायावती दोनों की सत्ता में आने की यह सब रिहर्सल मात्र थी। उन्होंने आम आदमी के दुख-दर्दों से रिश्ते बनाए, पर राजनैतिक शैली में।

कुछ समय पूर्व कांशीराम का राजनीति में जब शुरुआती दौर था तब उन्हें लगा था कि ये तमाम दलित नेता ब्राह्मण वर्ग के चमचे हैं। आक्रोश में भरकर उन्होंने 'द चमचा एज : द एरा आफ स्ट्रजिस' नामक एक आक्रामक पुस्तक ही लिख डाली थी। पर स्वयं जब वे राजनीति की भूलभुलैया में फंसे तो उनकी कैसी भूमिका रही, यह बहस का विषय है। उदित राज अपने लेख में इस बात का संकेत देते हैं कि ''बहुजन समाज पार्टी के आंदोलन की शुरुआत ही राजनीतिक सत्ता हासिल करने के लिए थी।'' वहीं डॉ. विवेक कुमार इसे स्पष्ट करते हैं कि दलितोत्थान के लिए सत्ता जरूरी है। मायावती के मुख्यमंत्री बनने को उन्होंने सुखद क्षण कहा है।

3 जून, 1995 की घटना ने इस देश की दलित राजनीति को बहुत कुछ दिया। विशेष रूप में सत्ता प्रतिष्ठान पर कैसे कब्जा किया जाए इस बारे में दलितों को बखूबी ज्ञान कराया। बहुजन राजनीति को एक बड़े राज्य की सत्ता से जुड़ने का अवसर भी दिया। विभांशु दिव्याल के विचार में, **''जिस तरह से राम के प्रति कोई**

आस्था न होते हुए भी भाजपा राम के नाम का उन्माद जगाकर राजनीतिक शक्ति अर्जित करती हैं, उसी तरह से सवर्ण हिंदुत्व के विरूद्ध उन्माद जगाकर उसे मिटाने की वास्तविक चाह न होने के बावजूद, कांशीराम राजनीतिक शक्ति अर्जित करते हैं।''

इस तरह के नेताओं के युद्ध और तालमेल दोनों को ही उन्होंने सत्ताकामी बतलाया है। बहुत-से बुद्धिजीवियों ने जहाँ कांशीराम और मायावती दोनों की सहमति से भाजपा के साथ मिलकर सरकार बनाने के बारे में अवसरवाद कहा था वहीं जनता दल के तत्कालीन प्रधान महासचिव रामविलास पासवान ने, 1995 के अपने भाषण में कहा था कि बहुजन समाज पार्टी ने कभी भी दलितों के उत्थान या बेहतरी के लिए काम नहीं किया है। उनकी चिंता दलितों को बरगलाकर किसी तरह सत्ता प्राप्त करना रही है। भाजपा जैसी सांप्रदायिक पार्टी, जिसे अन्य दलों ने अछूत घोषित किया था, से समर्थन लेकर सरकार बनाना यही साबित करता है कि बसपा निहायत ही अवसरवादी लोगों का जमावड़ा है। बाबा साहेब डॉ. अम्बेडकर के सिद्धांतों में इनकी कोई आस्था नहीं। दरअसल, 'कुर्सी' के लिए बसपा ने अपनी ही 'आइडियोलॉजी' के खिलाफ काम किया है।

वे आगे कहते हैं कि अगर बसपा को यह महसूस हो रहा था कि सपा को समर्थन जारी रखना उचित नहीं है, तो वह अपना समर्थन वापस लेकर चुनाव की माँग कर सकती थी। लेकिन भाजपा के समर्थन से सरकार बनाकर उसने दलित-अल्पसंख्यकों के ध्रुवीकरण की उस प्रक्रिया को कमजोर किया हैं, जिसे जनता दल ने मजबूत करने का काम शुरू किया था।

उत्तर प्रदेश में जिस तरह और जिन परिस्थितियों में सरकार बनी थी, उसे निश्चित ही हादसों से उबरकर सत्ता तक पहुँचने का एक अलोकतांत्रिक माध्यम भी कहा जा सकता है। मायावती के पहली बार मुख्यमंत्री बनने के साढ़े चार माह के शासन तंत्र में भी वैसे ही हादसों की संभावना रही थी। यह दो विरोधी परंपरा और संस्कृति के संगम का राजनैतिक कथानक था, जो अधिक दिनों तक नहीं चल सका। राजनैतिक गलियारों में ऐसे कयास भी लगाए जा रहे थे। सरकार स्थिर नहीं थी इसलिए शासन प्रणाली से लेकर कार्य प्रणाली भी स्थिर नहीं रहेगी। मुलायम नायक से खलनायक बन गए थे और मायावती महारानी। उनका डंका चारों ओर बजने लगा था, पर अलग-अलग स्वर में। वे स्वर समन्वय के भी थे और खिलाफत के भी।

दलित समाज का अम्बेडकरवादी चिंतक हतप्रभ था। पर राजनीतिज्ञों ने कब इसकी चिंता की है। कंवल भारती लिखते हैं कि शासक वर्ग इस साजिश में सफल हुए। इस साजिश को सफल बनाने में सबसे ज्यादा भूमिका मायावती की राजनैतिक महत्वाकांक्षाओं ने निभाई। सारा करा-धरा मिट्टी में मिल गया और गठबंधन टूट गया।

भाजपा के समर्थन से मायावती मुख्यमंत्री बन गई। बसपा अपने ही सिद्धांन्तों के खिलाफ चली गई।

संदर्भ

- दलित लिबरेशन टुडे, जून, 1996
- संचेतना, पंजाबी बाग, नई दिल्ली
- मायावती, बहुजन समाज और उसकी राजनीति, नई दिल्ली, 2000
- उदित राज, अम्बेडकर के विचारों की भ्रामक व्याख्या, राष्ट्रीय सहारा, 8 अगस्त, 2002
- राष्ट्रीय सहारा, 4 मई, 2002
- राष्ट्रीय सहारा, 2002
- नवभारत टाइम्स, नई दिल्ली, 30 जनवरी, 2002
- कंवल भारती, दलित विमर्श की भूमिका, इतिहास बोध प्रकाशन, इलाहाबाद

बहुजन समाज पार्टी के सामाजिक सरोकार

बहुजन समाज पार्टी का गठन ऐसी परंपरागत नीतियों के खिलाफ हुआ था, जिनके बीच दलित समाज पिस रहा था, उसे मुक्ति दिलाना बहुजन समाज पार्टी का उद्देश्य था। स्वयं बसपा का जन्म 'बामसेफ' के गर्भ से हुआ था। बामसेफ ऐसी संस्था थी, जिसके माध्यम से ज्योतिबा फुले और डॉ. अम्बेडकर के महत्वपूर्ण कार्यों तथा योजनाओं को पूरा करने के लिए पन्द्रह-बीस वर्षों तक देशभर में अभियान छेड़ा गया था। बहुजन समाज पार्टी उन्हीं प्रतिबद्ध कार्यकर्ताओं की मेहनत और लगन का प्रतिफल थी, जो 1995 में पहली बार सत्ता में आई।

'बहुजन समाज और उसकी राजनीति' नाम से स्वयं मायावती के द्वारा लिखी गई पुस्तक वर्ष 2000 में छपी थी। 1995 और 1997 में उत्तर प्रदेश की मुख्यमंत्री बनने के दौरान दलित एजेंडे के रूप में सामाजिक न्याय से सम्बन्धित योजनाओं को आगे बढ़ाने तथा उन पर अमल करने और उनका शहर तथा गांवों में रह रहे आम आदमी तक लाभ पहुंचाने के बारे में इस पुस्तक का अवलोकन करना जरूरी हैं। इस पुस्तक की प्रस्तावना में वे लिखती हैं, " 'बहुजन समाज और उसकी राजनीति' के नाम से लिखी गई इस पुस्तक का मुख्य उद्देश्य, बहुजन समाज पार्टी द्वारा छेड़े गये सामाजिक परिवर्तन एवं आर्थिक मुक्ति आंदोलन के माध्यम से 'बहुजन समाज' में राजनीतिक जागरूकता पैदा करके इन्हें केन्द्र और प्रदेशों की राजनीतिक सत्ता पर काबिज करना है, क्योंकि राजनीति में प्रवेश करने के बाद, मैंने यह महसूस किया है कि यहां राजनीतिक सत्ता एक ऐसी ताकत है, जो हर क्षेत्र में सबके ऊपर हावी है, चाहे नौकरशाही है, व्यापार है या अन्य कोई क्षेत्र अर्थात् राजनीतिक सत्ता पर काबिज हुए बिना आज कोई भी समाज आगे नहीं बढ़ सकता, इसलिए बाबा साहेब डॉ. अम्बेडकर ने भी इस देश की राजनीतिक सत्ता के महत्व को समझते हुए ठीक ही कहा था कि राजनीतिक सत्ता वह मास्टर चाबी है, जिससे बहुजन समाज के लोग अपनी तरक्की और सम्मान के सभी दरवाजे खोल सकते हैं।"

सामाजिक न्याय का दर्शन तो भगवान बुद्ध के समय का है, जिन्होंने बहुजन हिताय बहुजन सुखाय की बात की थी वह बात अलग है कि राजनीति के बाजार में आरक्षण को लेकर नये-नये शब्द गढ़ लिये गये हों तथा उनका आविष्कारक भी कुछ नेता स्वयं को बताने लगे हों। दलित एजेंडा के लिए आरक्षण सबसे पहली सीढ़ी है। बिना इसके सामाजिक न्याय संभव नहीं है। लेकिन देश में पचास साल बाद भी आरक्षण पूरा न हो सका। इसके पीछे क्या रणनीति रही है, इसकी अब परत-दररे-परत उतरने लगी है। कुछ बरस पूर्व आरक्षण के पालन में आन्ध्र-प्रदेश में माला मादिगा की राजनीति हड़पने के लिए ए.बी.सी. फार्मूला अपनाया गया था। उत्तर प्रदेश में भी लगभग ऐसा ही फार्मूला अपनाया गया। यानी पिछड़ों में अति पिछड़े और दलितों में अति दलित को आरक्षण लाभ देने का फार्मूला। पर सोचना यह चाहिए कि इस तरह का फार्मूला अपनाने की नौबत कैसे आई। मुलायम सिंह यादव वर्षों से पिछड़ों की राजनीति करते रहे। वे उत्तर-प्रदेश के मुख्यमंत्री भी रहे। बावजूद पिछड़ों में अति पिछड़ा वर्ग लगातार पिछड़ता गया। उस वर्ग की किसी ने सुध नहीं ली। सिवाय इसके कि बहुजन समाज पार्टी ने उन्हें उनके वोट की कीमत बताई, उनके बीच राजनैतिक जागरण से लेकर सामाजिक चेतना लाने का प्रयास किया। यह भी इतिहास में दर्ज होना चाहिए कि इन तथाकथित अति पिछड़ों की कुछ जातियों के नेताओं ने पहली बार विधान सभा देखी। न केवल देखी बल्कि उसमें प्रवेश भी किया और सामाजिक न्याय तथा दलितों, पिछड़ों और अल्पसंख्यकों के अधिकारों के लिए संघर्ष भी किया।

बसपा की आरंभ की राजनीति का अगर अध्ययन करें तो पार्टी का कोई चुनावी घोषणा पत्र न होता था। जैसा स्वयं कांशीराम जी का भी कहना था कि वे अन्य पार्टियों की तरह मतदाताओं को रिझाने का कार्य नहीं करते। जैसे ही उन्हें सत्ता मिलेगी, वे खुद-ब-खुद दलित एजेंडा को ध्यान में रखकर आम आदमी के हक में कार्य करने लगेंगे। उनकी सरकार इस बारे में कभी पीछे नहीं रहेगी। हालांकि बाद में बसपा का चुनावी घोषणा पत्र भी जारी हुआ।

पहली बार 1995 में साढ़े चार माह के लिए तथा फिर 1997 में छह माह के लिए तथा वर्ष 2002 में तीसरी बार प्रदेश की मुख्यमंत्री के रूप में मायावती ने दलित एजेंडे को वरीयता दी। विपक्ष का इस बारे में कहना रहा कि मायावती ने दलितों के हक में घोषणाओं की बयानबाजी अधिक की और यथार्थ में उस वर्ग के लिए कार्य कम हुआ। जमीन के पट्टे दलितों को मिले लेकिन बाहुबली लोगों के द्वारा छीन लिये गये। गांवों में दलित उत्पीड़न की घटनाएं भी हुईं। पर इतना तो हुआ कि बसपा ने दलित एजेंडे को लागू कराने का निर्णय तो लिया। यही नहीं मायावती ने दलितों की पंचायत से संसद तक भागीदारी भी निश्चित की। उनके भीतर चेतना जगाई। महिलाओं की ग्राम पंचायत के चुनावों में भागीदारी हुई।

निष्पक्ष रूप में देखा जाए तो दलितों के विकास के लिए कुछ कार्य तो ऐतिहासिक

हुए। उनमें कक्षा एक से आठ तक की कक्षाओं में पढ़ने वाले अनुसूचित जाति, जनजाति के छात्रों की छात्रवृत्ति की दर बढ़ाकर दोगुनी कर दी गयी। दलितों की लड़कियों की शादी के लिए प्रदान की जाने वाली सहायता राशि पांच हजार से बढ़ाकर दस हजार रुपये की गयी। प्रदेश में कई स्थानों पर आई.ए.एस. तथा पी.सी.एस. परीक्षाओं के लिए कोचिंग सेण्टर की स्थापना स्पेशल कम्पोनेंट योजना के तहत पहली बार 21.57 प्रतिशत धनराशि का स्पष्ट प्रावधान, लखनऊ में डॉ. अम्बेडकर उद्यान एवं स्मारक की स्थापना, वाल्मीकि जाति के बच्चों के लिए संचालित आश्रम पद्धति विद्यालयों के लिए 70 करोड़ का प्रावधान। राज्य के सभी जिलों में दलितों के लिए विशेष अदालतें खोलने का निर्णय, डॉ. अम्बेडकर गौरव पुरस्कार की स्थापना। अम्बेडकर ग्राम विकास योजना। यही नहीं उन्होंने पिछड़ और अल्पसंख्यक समुदायों के लिए भी कल्याणकारी योजनाओं की शुरुआत की। दलितों के महापुरुषों के नाम पर स्कूल, कॉलेज तथा जिलों के नाम रख उन जातियों में गौरव की भावना को जगाया।

राजनाथ सिंह लिखते हैं कि समाजवादी पार्टी और बहुजन समाजवादी पार्टी ने उत्तर प्रदेश में 1993 का विधानसभा चुनाव जब पूर्ण सामंजस्य और तालमेल तथा कांशीराम और मुलायम सिंह यादव संयुक्त अभियान के तहत लड़ा तो दोनों को मिलाकर कुल 28 प्रतिशत मत मिले थे लेकिन सीट उन्हें 35 प्रतिशत मत प्राप्त करने वाली भारतीय जनता पार्टी से केवल एक ही प्रतिशत कम प्राप्त हुई थी और कॉंग्रेस, जनता दल तथा साम्यवादी दलों के समर्थन से मुलायम सिंह यादव के नेतृत्व में साझा सरकार का गठन हुआ था। उत्तर प्रदेश की राजनीति में भारतीय जनता पार्टी ने 1991के चुनाव में अपना जो प्रखर स्वरूप प्राप्त किया था उसको रोकने के लिए 1993 के बाद बनी एकजुटता ने भविष्य में इस राज्य में भाजपा के भविष्य पर प्रश्नचिह्न लगा दिया था।

पर किसे मालूम था कि भाजपा के भविष्य पर प्रश्नचिह्न लगाने वाली वही एकजुटता ताश के पत्तों की तरह बिखर जाएगी। और समाजवादी पार्टी तथा बहुजन समाज पार्टी के नेता अपना-अपना वर्चस्व कायम रखने के लिए जोड़ तोड की राजनीति करने लगेंगे।

पार्टी के कार्यक्रमों में देखा गया कि मायावती तथा कांशीराम दोनों को सोने-चांदी से सजाने-सँवारने के बढ़-चढ़कर प्रयास हुए। इसी शृंखला में देखा जाए तो 23 सितंबर, 1995 को बसपा की बिजनौर इकाई द्वारा प्रदेश की मुख्यमंत्री कु. मायावती व राष्ट्रीय अध्यक्ष कांशीराम के स्वागत में क्षेत्र के खोखरा मैदान में रैली का आयोजन किया गया था। जिसमें कांशीराम को एक स्वर्ण मुकुट व दो चाँदी के हाथी भेंट किए गए थे। साथ ही मायावती को 20 लाख रुपए की थैली भी भेंट की गई। इस रैली में बसपा की यह जोड़ी हेलीकॉप्टर से पहुँची थी।

1 मार्च, 1996 को बसपा के तत्वावधान में अकबरपुर (कानपुर) में आयोजित

स्वाभिमान रैली में सपा से बसपा में शामिल हुए लायक सिंह यादव ने कांशीराम को स्वर्ण मुकुट पहनाकर स्वागत किया तथा अन्य लोगों ने मायावती को चाँदी के मुकुट पहनाकर चाँदी का हाथी भेंट किया।

इस क्षेत्र में कार्यकर्ता भी पीछे न रहे। 10 सितंबर, 1195 को नारायणगढ़ (अंबाला) में आयोजित गुर्जर सम्मेलन में अमन कुमार नागरा को क्षेत्र की जनता की ओर से इनके वजन के बराबर सिक्कों से तोला गया।

29 जनवरी, 1996 को बसपा का पाल-कश्यप समाज सम्मेलन हुआ। इस अवसर पर कांशीराम तथा मायावती को चौ. इलमसिंह ने लोकसभा क्षेत्र मुजफ्फर नगर की तरफ से स्वर्ण मुकुट भेंट किए। इंका नेता वेदपाल ठेकेदार ने बसपा में शामिल होने की घोषणा के साथ कांशीराम तथा मायावती को स्वर्ण मुकुट भेंट किए। कांधला निवासी हाजी इस्लाम ने मायावती को चाँदी का मुकुट भेंट किया।

12 फरवरी, 1996 को बहुजन समाज पार्टी के तत्वावधान में मेरठ से 25 कि.मी. दूर सरधना में सैनी समाज सम्मेलन का आयोजन हुआ। इस मौके पर सैनी समाज की ओर से कांशीराम और मायावती के साथ पर स्वर्ण मुकुट बाँधकर स्वागत किया।

माथे पर सोने का मुकुट पहन कांशीराम ने सामाजिक परिवर्तन की बात की। वैसे ही हरिद्वार से 30 कि.मी. दूर एक बड़े कस्बे लक्सर में 4 फरवरी को रविदास जयन्ती पर मायावती ने सोने का मुकुट बंधवाकर सामाजिक न्याय की बातें की थीं। उन्होंने कहा था कि समतामूलक समाज बनाना हमारा मुख्य ध्येय है। पर उनकी परंपरा उन्हें राजतंत्र की ओर ले जा रही थी। जिसका अहसास न कांशीराम को था और न मायावती को। वे सत्ता के रथ पर सवार थे और राजा रानी की तरह व्यवहार कर रहे थे।

नवभारत टाइम्स के किसी संवाददाता ने मायावती से जब यह पूछा कि क्या उन्हें गहने पहनना बहुत पसंद है तो उन्होंने जवाब में कहा था, "मैं अपने माँ-बाप की बहुत लाड़ली रही हूं, क्योंकि पढ़ने में बहुत तेज थी। बचपन में ही मेरी माँ छोटे-छोटे गहने पहनाकर रखती थी। जब मैं बड़ी होकर राजनीति में आई तो मेरे समाज के लोगों ने मुझे गहनों से लाद दिया।"

वे आगे कहती हैं, अब सभाओं में जिधर भी जाती हूँ श्रद्धावश कोई सोने की चेन देता है तो कोई कड़े और गिन्नियाँ। कहीं मेरे वजन के हिसाब से चाँदी भी दी जाती है...अब लोगों को यही अच्छा लगता है कि उनकी बहन जी टीपटाप रहें। इसलिए उनकी भावनाओं का खयाल करके गहने पहनती हूँ। वरना मैं तो सिंपल रहना चाहती हूँ।

दलित लिबरेशन टुडे का संपादकीय लिखता है–"मान लीजिए, मैं किसी विचारधारा का समर्थक बन जाता हूँ, फिर उस विचारधारा की पार्टी का भी समर्थक बन जाता हूँ, और वह पार्टी अगर मेरे इलाके से किसी माफिया को खड़ा कर दे,

तो हमें क्या करना चाहिए?'' उपरोक्त सवाल दलित समुदाय के एक सामान्य व्यक्ति का है, जो दलित विचार धारा की एक पार्टी की चुनावी बैठक में उपस्थित थे। लेकिन इससे आम दलितों की राजनीतिक चेतना की अभिव्यक्ति नहीं होती। जनता की चेतना को उन्नत करने का काम पार्टियों का होता है। लेकिन महत्त्वहीन अपवादों को छोड़कर, पार्टियाँ जनता की चेतना को पीछे ले जाने में ही मशगूल होती हैं।

दलित लिबरेशन टुडे ने यह पंक्तियाँ अपरोक्ष रूप से बहुजन समाज पार्टी के बारे में ही लिखी हैं। क्योंकि अन्य राजनैतिक दलों के साथ इस गंभीरता से देखा और महसूस किया गया कि बहुजन समाज पार्टी में भी माफिया ने घुसपैठ की है। बाद में पार्टी आलाकमान ने उसी माफिया को आश्रय भी दिया। बसपा के सत्ता चरण के दौरान यह बात अखबारों की सुर्खियों में रही कि बसपा ने अपना सामाजिक एजेंडा भुला दिया है और वह राजनैतिक सत्ता पर और अधिक पकड़ बनाने को लालायित है।

इस संबंध में कंवल भारती लिखते हैं कि ''इसमें संदेह नहीं कि कांशीराम ने डी.एस. के माध्यम से सामाजिक परिवर्तन और आर्थिक मुक्ति के जो कार्यक्रम चलाए थे, वे दलित मुद्दों पर काफी रचनात्मक कार्यक्रम थे। उनमें विशेष था शराब बंदी आंदोलन, जिससे स्वयं दलितों के बीच नई जागृति पैदा हुई थी। इस नए सामाजिक संगठन के कारण ही बहुजन समाज पार्टी को राजनीति में व्यापक सफलता मिली थी। लेकिन कांशीराम ने बसपा की राजनैतिक सफलता के बाद अपने इस सामाजिक एजेंडे को भुला दिया। यदि ऐसा उन्होंने किसी सोच के तहत किया, तो क्या सामाजिक कार्यक्रम पूरे हो गए? क्या अब उसकी आवश्यकता नहीं है।''

इसी संबंध में काँग्रेस का समूचा इतिहास हमारे सामने है। वे परिस्थितियाँ तथा व्यक्ति भी हमारे सामने हैं जिनके कारण सामाजिक सुधार के कार्यक्रमों राजनीति से पीछे छूट गए थे। 1892 में तो काँग्रेस के आठवें अधिवेशन की अध्यक्षता करते हुए डब्ल्यू.सी. बनर्जी ने कहा भी था–**''मैं ऐसे लोगों से कोई सहानुभूति नहीं रखता, जो हमारे बारे में यह कहते हैं कि हम तब तक राजनैतिक सुधारों के योग्य नहीं हैं, जब तक हम सामाजिक व्यवस्थाओं में सुधार नहीं कर लेते।''**

बाबा साहेब डॉ. अम्बेडकर ने अपनी पुस्तक **'एनीहिलेशन आफ कास्ट'** में विस्तार से इस विषय पर प्रकाश डाला है। सवाल यह है कि समाज सुधारों को तिलांजलि देकर काँग्रेस ने राजनैतिक सत्ता हासिल करने का प्रयास किया। जिसमें काँग्रेस को सफलता मिली और लगभग अर्द्धशताब्दी तक काँग्रेस भारत की शासक पार्टी बन कर रही।

पर प्रश्न यह है कि क्या राजनीतिक सत्ता आने पर सभी सामाजिक सवाल या समस्याएँ अपने-आप सुलझते चले जाते हैं और समाज में सुधारों की प्रक्रिया अपने-आप आगे बढ़ने लगती है।

स्वयं भारतीय कम्युनिस्ट पार्टी के नेता इन्द्रजीत गुप्त ने खुलेआम स्वीकार

किया कि भारत के कम्युनिस्ट दलितों और शोषितों के सामाजिक उत्थान की लड़ाई लड़ने में विफल रही है। बंबई में आयोजित **जाति तोड़ो समाज जोड़ो सम्मेलन** में कांशीराम ने कहा था कि राजनीतिक दल लोगों को तोड़ते हैं, बांटते हैं, उनका सामाजिक आंदोलन लोगों को जोड़ेगा।

भारत में पहली बार शुद्ध रूप से दलितों को केंद्र में रखकर राजनीति करने वाली कांशीराम की बहुजन समाज पार्टी की 25 नवम्बर, 1997 को भारत के चुनाव आयोग ने राष्ट्रीय पार्टी घोषित कर दिया। बी.एस.पी. के अतिरिक्त उस दौर में सी.पी.आई., सी.पी.आई. (एम.), भारतीय राष्ट्रीय काँग्रेस, जनता दल तथा भारतीय जनता पार्टी राष्ट्रीय पार्टियां थीं। उत्तर प्रदेश, मध्य प्रदेश, पंजाब तथा जम्मू और कश्मीर में चार प्रतिशत से अधिक वोट पाने के कारण बी.एस.पी. को राष्ट्रीय पार्टी घोषित किया गया था। कानूनन किसी भी पार्टी को राष्ट्रीय पार्टी बनने के लिए भारत के किन्हीं चार राज्यों में चार-चार प्रतिशत वोट पाना आवश्यक होता है। अगर ऐसा न हो तो 25 लोकसभा सीटों में से एक या 30 विधानसभा सीटों में से एक के हिसाब से देश-भर में जीतना आवश्यक होता है।

भारत अश्वघोष लिखता है कि बी.एस.पी. एक राष्ट्रीय पार्टी तो बन गई है, किंतु इसके साथ ही इसके नेताओं की जिम्मेदारी और भी बढ़ गई, क्योंकि इस राष्ट्रीय दर्जे को हमेशा कायम रखना आवश्यक है। ऐसा तभी संभव है, जब दलित एकता को कायम रखते हुए उसका उपयोग सकारात्मक दिशा में किया जाए।

बकौल चितरंजन सिंह भाजपा-बसपा की बारी-बारी की सरकार का छह माह पूरा हो गया। पहला छह माह बसपा की नेता सुश्री मायावती के मुख्यमंत्रित्व में चला। कांशीराम और मायावती ने अम्बेडकर का भाष्य अपने तौर-तरीके से किया है और उसी के अनुरूप उत्तर प्रदेश में सरकार चलाई गई। इस पूरे काल में दलितों के हक में क्या किया गया, अगर इसकी फेहरिस्त तैयार की जाए तो उसका सूत्रीकरण होगा 'अम्बेडकर को गली-कूचों तक पहुंचाना'। वस्तुतः मायावती की यही एकमात्र सबसे बड़ी उपलब्धि दिखाई देती है।

अम्बेडकर को प्रदेश की गली-कूचों तक पहुँचाने में सरकारी राजस्व का डेढ़ अरब रुपया पानी की तरह बहाया गया, परंतु 'भूमि सुधार' जो दलितों के जीवन स्तर को बेहतर बनाने की आवश्यक शर्त है, के बारे में कुछ नहीं किया गया। समूचे प्रदेश में 29 लाख 56 हजार पट्टाधारक भूमिहीन मजदूर हैं। इन्हें 10 जुलाई, 1997 तक भूमि पर कब्जा दिलाए जाने के लिए विशेष अभियान चलाया जाना था, परंतु ऐसा कुछ नहीं हुआ। इसका मुख्य कारण यह है कि भूस्वामियों के पास सीलिंग से जो अतिरिक्त भूमि है उसको निकालने में कोताही बरती गई।

मुख्यमंत्री की शपथ लेने के बाद मायावती ने कहा था कि अम्बेडकर गाँवों के विकास हेतु 700 करोड़ रुपए की धनराशि दी जाएगी, परंतु कुल 64 करोड़ इस

मद में रखे गए। कुल 1250 अम्बेडकर गाँवों का इस योजना के तहत चयन किया गया, जिसमें गाँव की न्यूनतम आवश्यकता-सिंचाई, स्वास्थ्य, प्राथमिक शिक्षा, पानी, बिजली, सड़क आदि का कार्य होना था, परंतु 21 मार्च, 97 से सितंबर, 1997 तक यह कार्य नहीं किया जा सका।

विगत पाँच-छह वर्षों के अंदर भारतीय राजनीति में व्यापक बदलाव आया है तथा सत्ता की राजनीति गठबंधन पर आश्रित होती गई है। कई बार तो यह गठबंधन आश्चर्यजनक लगता है जब दो विरोधी पार्टियाँ अचानक गठबंधन कर सत्ता में आ जाती है।

उत्तर प्रदेश में जब पहली बार भारतीय जनता पार्टी और बहुजन समाज पार्टी का गठबंधन हुआ था, तब किसी को उतना अटपटा नहीं लगा था, जैसा कि दूसरी बार लगा। वैसे यह गठबंधन कतई स्वाभाविक नहीं है, बल्कि एक प्रकार से मजबूरी में किया गया गठबंधन था। यह गठबंधन जिस तरह से हुआ, वह भी कम अटपटा न था। गठबंधन के पूर्व बसपा, भाजपा की हिंदुत्ववादी पार्टी कहकर गालियाँ देती रही थी। लेकिन राजनीति में सब-कुछ संभव होता है।

उत्तर प्रदेश में भाजपा-बसपा के गठबंधन के बाद वहाँ जो स्थितियां बननी शुरू हुई, वह बहुत ही अजीब प्रकार की थीं। गठबंधन के पूर्व दोनों में से किसी पार्टी ने भी कोई साझा कार्यक्रम बनाने पर विचार तक नहीं किया।

मायावती के कार्यकाल का मूल्यांकन और विश्लेषण करें तो दो-तीन बातें उभरकर आती हैं। सबसे पहली बात तो यह है कि उत्तर प्रदेश का जो दलित समाज है, उसके अंदर एक नई प्रकार की चेतना आई है। मायावती के मुख्यमंत्री बनने से दलितों को इस बात का अहसास हुआ कि उत्तर प्रदेश में उनकी सरकार है। यह बहस का अलग मुद्दा है कि दलितों के इस अहसास को सवर्ण जातियों ने किस हद तक स्वीकार किया।

जहां तक बसपा के सुप्रीमो कांशीराम के विचार या चिंतन की बात है, उन्होंने पहली बात यह मानी कि शीर्ष पदों पर दलित अधिकारियों की नियुक्ति मात्र से ही दलितों पर अत्याचार व उत्पीड़न नहीं बंद हो सकता, और इसके लिए जरूरी है कि राज्य में नीचे के स्तर तक तथा गाँव के थाने तक दलित पुलिस इंस्पेक्टर व सब-इंस्पेक्टर नियुक्त किए जाएँ। दूसरी बात यह कि भूमि सुधार संबंधी सवाल को उठाना चाहे दिखावे के लिए ही सही, जरूरी है। इसके लिए कांशीराम ने दो कार्यक्रमों की घोषणा की थी (1) उनकी सरकार दो साल के भीतर राज्य के गाँवों में सभी दलितों (भूमिहीन किसानों) को जमीन का पट्टा और उस पर वास्तविक कब्जा दिला देगी, और दो साल के बाद जो व्यक्ति यह जानकारी देगा कि उसे जमीन पर कब्जा नहीं मिला, उसे इनाम दिया जाएगा (जैसे, चेचक के बारे में जानकारी देने पर इनाम देने की सरकारी घोषणा होती है); और (2) उत्तर प्रदेश में 64 लाख

ग्रामीण दलित औरतों को, जो 'सवर्णों' के खेतों में व ईंट भट्टों पर काम करती हैं और उत्पीड़न की शिकार होती हैं, सरकार उन्हें स्व-रोजगार देगी, ताकि वे खेतों में व ईंट भट्टों पर काम करने न जाएँ। इस तरह 1995-96 में ऐसी छह लाख औरतों को स्व-रोजगार देने का लक्ष्य रखा गया है।

दिक्कत यह है कि जो लोग कांशीराम तथा राज्य की सपा-बसपा सरकार के रंग-ढंग को करीब से जानते हैं, वे इन घोषणाओं को गंभीरता से नहीं ले रहे थे। ग्रामीण दलित महिलाओं के लिए स्व-रोजगार की योजना किस हद तक व्यावहारिक है और क्या यह जवाहर रोजगार योजना में फैले जबर्दस्त भ्रष्टाचार की तरह समानांतर भ्रष्टाचार को जन्म नहीं देगी। इस विषय पर अजय सिंह ने कई गंभीर सवाल उठाये हैं, जिन पर गंभीरतापूर्वक ही विचार होना चाहिए।

बहरहाल, इस स्वीकारोक्ति से यह तो पता चलता ही है कि उत्तर प्रदेश में भूमि सुधार का सवाल अभी भी अहम् सवाल बना हुआ है।

मायावती सरकार ने प्रदेश की राजधानी में एक भव्य सांस्कृतिक कार्यक्रम आयोजित कराया था। शायद पहली बार लखनऊ में इस तरह का सांस्कृतिक कार्यक्रम हुआ। आदिवासी मेले में मध्य प्रदेश के आदिवासियों ने ही नहीं, बल्कि उड़ीसा, गुजरात, महाराष्ट्र, बिहार आदि कई अन्य दूसरे प्रदेशों से भी लाखों आदिवासियों ने भाग लेकर मेले को ऐतिहासिक बना दिया। बहुजन संगठक लिखता है कि अन्य प्रदेशों से आए सैकड़ों सांस्कृतिक तथा नाट्य कलाकारों ने भी अपनी-अपनी भाषा-शैली में कार्यक्रम प्रस्तुत कर अपनी आदिवासी संस्कृति को याद कराने के साथ-साथ आदिवासी कलाकारों द्वारा मेले में प्रस्तुत गीत व नृत्य (कर्मा नृत्य, पंथी नृत्य, शैला नृत्य, गरबा नृत्य, गेंडी नृत्य, मुण्डा आदिवासी नृत्य) आदि कार्यक्रमों में मनोरंजन का नहीं, बल्कि मनुवादी व्यवस्था के विरूद्ध हजारों वर्षों से चल रहे संघर्ष का संदेश दिया।

इस तीन दिवसीय आदिवासी मेले का 26 जनवरी (गणतंत्र दिवस) को मुख्य अतिथि बसपा के राष्ट्रीय अध्यक्ष कांशीराम ने उद्‌घाटन कर शुभारंभ किया। मेले में मध्य प्रदेश के सभी तत्कालीन बसपा विधायक दाऊराम रत्नाकर (प्रदेशाध्यक्ष), जयकरण साकेत (प्रदेश महासचिव), रामलखन सिंह पटेल, बुद्धसेन पटेल, सोने राम कुशवाह, चतुरी लाल बराहदिया, डॉ. नरेश सिंह गुर्जर, आई.एम.पी. वर्मा, गणेश बारी, इन्दल सिंह कन्साना, सांसद भीमसिंह पटेल (रीवा) के अलावा महाराष्ट्र के प्रदेश प्रभारी श्रीकृष्ण उबाले व उड़ीसा, गुजरात, बिहार, आंध्र प्रदेश आदि राज्यों के बसपा नेता भी उपस्थित थे।

जबलपुर में बसपा द्वारा आयोजित इन तीन दिवसीय मेले में आए लाखों उपस्थित बहुजन समाज के लोगों को संबोधित करते हुए कांशीराम ने कहा कि अगले पाँच वर्षों में हुक्मरान और देश के सच्चे उत्तराधिकारी बनने के लिए मनुवादियों से सत्ता छीननी होगी। देश के मौजूदा हालातों पर टिप्पणी करते हुए कहा कि जब तक

राजनीतिक और सामाजिक व्यवस्था नहीं बदलती तब तक बहुजन समाज का न तो कल्याण हो सकता है और न ही, उन्हें जायज अधिकार मिल सकते हैं।

1994 में शिवाजी पार्क बंबई में आयोजित बसपा की रैली में पार्टी के संस्थापक अध्यक्ष ने कहा था हमें सिर्फ सत्ता चाहिए सत्ता से कम उन्हें कुछ नहीं चाहिए, यही कारण था कि वह मराठवाड़ा विश्वविद्यालय के नामांतरण के मसले पर खामोश रहे। उनकी खामोशी पर महाराष्ट्र तथा उत्तरी भारत के अनेक पत्रकारों तथा समीक्षकों ने टिप्पणी करते हुए कहा था कि जब समूचे महाराष्ट्र में नामांतरण के विरोधियों के द्वारा दलितों को मारने पीटने के साथ उनके घर जलाये जा रहे थे तब कांशीराम कौनसी गुत्थी सुलझाने में लगे थे। इस संबंध में वे कहते हैं : **''कांशीराम इस तरह का आंदोलन नहीं करता। यदि मैं विश्वविद्यालय बनाने के लिए आंदोलन करता, तो 17 वर्ष तक आंदोलन ही करता रहता और कुछ भी न कर पाता। हमने आंदोलन किया सरकार बनाने के लिए। आज उत्तर प्रदेश में हमारी सरकार है। अब हमें आंदोलन नहीं करना हैं। अब हमें वह काम करना है, जो नहीं हुआ है।''** यानी, यह सत्ता के लिए ही संघर्ष करना चाहते हैं। और यह संघर्ष तब तक जारी रखना चाहते, जब तक महाराष्ट्र में बसपा की सरकार न बन जाए। कांशीराम का यह भी कहना था कि ''सामाजिक परिवर्तन के लिए लंबा समय लग सकता है। आर्थिक परिवर्तन के लिए उससे थोड़ा कम समय लगेगा। लेकिन हम राजनीतिक परिवर्तन बहुत जल्दी ला सकते हैं।''

लखनऊ में वे अपने एक बयान में कहते हैं कि, ''हम यहाँ किसी दूसरे के राजनैतिक लाभ की खातिर सरकार नहीं चला रहे हैं, अब हमें दिल्ली पर कब्जा करना है।''

बसपा की घोषणा पत्र के बारे में अलग राय रही है। हम राष्ट्रीय सहारा में प्रकाशित टिप्पणी को छाप रहे हैं :

बहुजन समाज पार्टी के राजनीतिक तौर-तरीक बड़े निराले हैं। कांशीराम मानते हैं कि घोषणा पत्र एक छलावा हैं और राजनीतिक पार्टियाँ चुनावी घोषणा पत्र जारी करके जनता को बेवकूफ बनाती हैं। घोषणा पत्र जारी करने वाली पार्टियाँ दबी कुचली जनता को अपने चुनावी वायदों में फंसाकर उनका वोट हासिल करती हैं और फिर दूध की मक्खी की तरह उन्हें निकालकर बाहर फेंक देती हैं। इसलिए कांशीराम की बहुजन समाज पाटी किसी भी चुनाव में घोषणा पत्र जारी नहीं करती है। वैसे बहुजन समाज पार्टी का प्रमुख उद्देश्य है : दलितों को सत्ता में भागीदार बनाना, ब्राह्मणवादी व्यवस्था का उन्मूलन करना। उसकी आस्था सामाजिक न्याय में नहीं सामाजिक परिवर्तन में है। वह मौजूदा सामाजिक ढाँचे में जातियों के लिए निर्धारित स्थान को उलट देना चाहती है। यानी आज जहाँ दलित खड़े हैं वह स्थान सवर्णों को दे दी जानी चाहिए।

आशुतोष मिश्र लिखते हैं कि शुद्ध जातिवादी आधार पर आज तक कोई आंदोलन स्थाई संगठन में नहीं बदल पाया है। अम्बेडकर को भी शेडयूल्ड कास्ट

फेडरेशन की जगह रिपब्लिक पार्टी की राजनीति पर आना पड़ा। आखिर में उतना मजबूत आंदोलन भी बिक गया और 1972 में तो थोक भाव से खरीद लिया गया। बुद्ध प्रिय मौर्य जैसे निर्विवाद नेता तो चरण सिंह के पास चले गए। कोई कारण नहीं दिखता कि कांशीराम अपने परंपरागत नेतृत्व से बहुत अलग राजनीति करेंगे। आखिर में उन्हें इसी व्यवस्था में एडजस्ट किया जाएगा। उनका महत्त्व बहुत ऊँचे आँका जाएगा, लेकिन उनकी व्यक्तिगत उपलब्धि पूरे समुदाय की सामुहिक पराजय भी होगी। फिलहाल तो उन्हें अपनी शक्ति का नकारात्मक प्रदर्शन करना है। वे जानते हैं ही, शायद चाहते भी हैं कि उनके संगठन को कोई दृढ़ दीर्घकालिक आधार न बने। अपनी तात्कालिक ताकत से वे एक-दो चुनावों में चमत्कार दिखाएँगे। फिर व्यवस्था उन्हें एडजस्ट कर लेगी और अपनी वर्तुल विकास यात्रा में पुराने बिंदु पर पहुंचकर उसी अंदाज में दूसरे की शुरुआत करेगी।

पुष्पेंद्र के विचार में चुनाव और राजनीतिक सत्ता के जरिए अपने सामाजिक और आर्थिक अधिकारों को हासिल करने की दलितों द्वारा की जा रही इस कोशिश का वर्चस्वशाली वर्गों द्वारा विरोध होना स्वाभाविक ही है। भारतीय समाज है ही इसी तरह का। दलित इसका जवाब शिक्षित होकर, संगठित होकर, चुनावी और गैरचुनावी संघर्षों में उत्साह से भागीदारी करके दे रहे हैं। खास बात यह है कि पार्टियों को चुनने और छोड़ने का उनका पैमाना संकीर्ण न होकर उनके जाति-धर्मनिरपेक्ष सरोकारों का प्रतीक है। उन्होंने बता दिया है कि वे अपने हितों की रोशनी में काफी सोच-समझ कर चुनावी निर्णय लेने लगे हैं।

राजनीति में दलितों के उभार का सबसे ज्यादा फायदा दलितों की अपनी पार्टी बहुजन समाज पार्टी, वामपंथी दलों और वामोन्मुख दलों को ही हुआ है। दलितों के अंदरूनी विभेदों की अभिव्यक्ति आमतौर से उनके बीच में बढ़ रहे वर्ग विभेदों के रूप में हो रही है। पार्टियों के चुनाव की दृष्टि से दलितों के उच्च वर्ग और निम्न वर्ग बदलाव के दौर से गुजर रहे हैं। उनका बहुसंख्यक गरीब तबका वामपंथी रुझान रखता है और छोटा सा अपेक्षाकृत समृद्ध हिस्सा भाजपा की तरफ झुकता हुआ दिखाई देता है। भारतीय लोकतंत्र की राजनीतिक संस्थाओं में दलितों को उम्मीद लगती है, लेकिन उसके राजनीतिक कानूनों यानी नेताओं और पार्टियों से वे कुछ निराश हैं। जाहिर है कि इन नतीजों को एक चेतावनी की तरह लिया जाना चाहिए।

गठबंधन की कीमत

नरेंद्र कुमार सिंह लिखते हैं कि एक-दूसरे के खिलाफ सार्वजनिक बयानों के बावजूद 'राजनैतिक अछूत' भाजपा और 'सामाजिक अछूत' बसपा ने राजनैतिक सौदेबाजी कर ली। देश में अपनी तरह के अनूठे इस सौदे की शर्तों के मुताबिक, मायावती शपथ लेने के छह माह बाद भाजपा के लिए मुख्यमंत्री की कुर्सी खाली कर देंगी

जो अगले छह माह तक सरकार चलाएगी। सरकार के कामकाज की निगरानी संचालन समिति के हाथ में रहेगी, जिसके सदस्य हैं भाजपा के अटल बिहारी वाजपेयी, लालकृष्ण आडवाणी और बसपा सुप्रीमो कांशीराम ऐसी एक योजना बनी। यह एक प्रस्तावित राजनैतिक एजेंडा था।

मुख्यमंत्री बनने का मौका पहले मिलने की वजह से स्वाभाविक है कि आलोचनाओं का सामना मायावती को ही पहले करना पड़ा। इसका मौका उन्होंने अपने फैसलों से दे भी दिया है। मुख्यमंत्री पद की शपथ लेते ही उन्होंने आइ.ए. एस और आइ.पी.एस अधिकारियों के थोक तबादलों का आदेश दे दिया। ऐसा आरोप भी उन पर लगाया गया।

कांशीराम से यह पूछे जाने पर कि क्या भाजपा सत्ता में आने पर मायावती के फैसलों को उलट नहीं देगी, उनका जवाब था, "भाजपा अपनी विचारधारा के मुताबिक सरकार चलाने को स्वतंत्र है। हर छह माह में प्रमुख सचिव और दूसरे सचिव बदल दिए जाएँगे। आखिर इसमें गलत क्या है? छह माह हमारी सरकार रहेगी। उसके बाद भाजपा का राज आएगा। मैं इस व्यवस्था से खुश हूँ।"

कांशीराम की इस टिप्पणी में सामाजिक सरोकार की गुंजाईश नहीं दिखाई देती। महसूस होता है केवल अवसर की राजनीति करने की लालसा। उन्हें सत्ता चाहिए। भले ही छह-छह माह के लिए। ऐसी परिस्थितियों में दलितों की बेहतरी के लिए मायावती सरकार में क्या कुछ हुआ होगा।

राजनैतिक चुनावी रंग हो या सामाजिक या फिर धार्मिक, तब तक दलित मतदाताओं ने यह अच्छी तरह से समझ लिया था कि कांशीराम और मायावती दोनों पर ही भगवा रंग चढ़े बिना नहीं रह सका। या फिर बसपा की यह सत्ता में बने रहने की विवशता भी कही जा सकती है। भारत अश्वघोष लिखता है कि "जून, 1997 में फरूखाबाद के विधानसभा तथा पूर्वी दिल्ली के संसदीय चुनावों में संघपरिवार के दो टीकाधारी उम्मीदवारों को जिताने के लिए कांशीराम तथा मायावती ने अपनी इज्जत का सवाल बना लिया था तथा इन्होंने दोनों को जिताया भी।"

देश में ऐसा पहली बार हुआ था कि भारत के दो सबसे प्रभावशाली दलित नेताओं ने सीधे हिंदुत्व के नाम पर लड़ने वाली संघी उम्मीदवारों को जिताने के लिए न सिर्फ दलितों से अपील की, बल्कि उनकी चुनाव सभाओं में भाषण भी दिया। इतना ही नहीं, मायावती ने कई बार प्रेस सम्मेलनों में जोर देकर कहा : "बी.जे. पी. सांप्रदायिक पार्टी नहीं है।" उनके ऐसे बयान संघपरिवार के लिए एक ऐतिहासिक दस्तावेज बन चुके हैं। इस राजनीतिक विकास से नागपुर से संचालित संघ नीति की सफलता के बादल बड़ी तेजी से छाने लगे थे। संघ परिवार की इस नई दोस्ती ने मायावती को विशेष रूप से ऐसा भावुक बना दिया था कि उन्होंने संघ नेता मुरली मनोहर जोशी तथा लालजी टन्डन को राखियाँ तक बाँधी।

जब पहली बार मुलायम को लुढ़काकर कांशीराम ने बी.जे.पी. के समर्थन से मायावती को जून, 1995 में उत्तर प्रदेश का मुख्यमंत्री बनाया, तो उन्होंने कहा था : "मैं मायावती को भविष्य में प्रधानमंत्री बनवाने का अभी रिहर्सल करवा रहा हूँ।" किंतु बी.जे.पी. का कहना था कि उसने संघपरिवार-विरोधी मुसलमानों के कट्टर समर्थक मुलायम सिंह यादव से छुटकारा पाने के लिए मायावती का समर्थन किया था। इस संदर्भ में यह उल्लेखनीय है कि मुलायम की समाजवादी पार्टी तथा कांशीराम की बी.एस.पी. के गठबंधन को 1993 के चुनावों में बहुमत प्राप्त था, जिसके कारण बी.जे.पी. उत्तर प्रदेश में ध्वस्त होने लगी थी। उस समय 'दलित-पिछड़ा वर्ग तथा मुस्लिम' एकता देखते ही बनती थी। ऐसा लगता था कि मानो 'बहुजन समाज की अवधारणा साकार होने लगी थी। अंततोगत्वा वह एकता टूट गई, जिसका सबसे ज्यादा फायदा संघपरिवार को पहुँचा।

जैसा कि लोकसभा (1996) चुनावों ने सिद्ध कर दिया, जिसमें बी.जे.पी. को 55 सीटें मिली थीं। राजनीतिक विश्लेषकों का मानना है कि यदि बी.एस.पी. का पूर्व गठबंधन किसी भी तरह कायम रहता, तो बी.जे.पी. से लोकसभा के उस चुनाव में पाँच सीट से ज्यादा नहीं मिल पातीं। बाद में जब विधानसभा का चुनाव हुआ तो मुलायम संयुक्त मोर्चा के साथ मिलकर चुनाव लड़े, कांशीराम की बी.एस.पी. काँग्रेस से मिलकर तथा बी.जे.पी. अपने 'छोट भइया' समता पार्टी से मिलकर चुनाव लड़ी। इस चुनाव में एक स्वागत् योग्य विकास क्रम यह था कि दिल्ली के जामा मस्जिद के इमाम मौलाना अब्दुल्ला बुखारी ने बी.एस.पी. का खुलेआम समर्थन किया। बुखारी ने इस समर्थन के बदले कांशीराम से यह वायदा कराया था कि वे आगे भविष्य में बी.जे.पी. से कभी हाथ नहीं मिलाएँगे। कांशीराम ने खुलेआम लाखों की उपस्थिति में कई आम सभाओं में बुखारी से इसे निभाने की बात दोहराई थी। यही कारण था कि मुसलमानों के एक बड़े हिस्से का समर्थन बी.एस.पी. को उस चुनाव में मिला था तथा उसके 67 विजयी उम्मीदवारों में आठ मुस्लिम जीत कर आए।

इससे ऐसा लगने लगा था कि मुसलमान धीरे-धीरे दलितों के साथ राजनीतिक गठबंधन में भविष्य में आ सकेंगे। किंतु कांशीराम द्वारा मौलाना बुखारी से किया गया वह वायदा उस समय टूट गया, जब बी.जे.पी. से उन्होंने एक बार फिर हाथ मिलाकर 21 मार्च, 1997 को मायावती को दोबारा मुख्यमंत्री बना दिया। इस बार सरकार में बी.जे.पी. शामिल हुई, जबकि पहली बार वह सरकार में नहीं थी। इस तरह धीरे-धीरे पनप रही दलित-मुस्लिम एकता भी भंग हो गई।

इस संदर्भ में उल्लेखनीय तथ्य यह है कि मायावती के पहली बार बी.जे.पी. की सहायता से मुख्यमंत्री बनने के साथ ही दलित-पिछड़ा वर्ग एकता उसी समय भंग हो गई थी तथा अधिकांश पिछड़ा वर्ग मुलायम के साथ हो गया था। 18 अक्टूबर को बी.एस.पी. के मंत्रियों के बहिष्कार के बीच बी.जे.पी. ने मायावती सरकार द्वारा

दिए गए तीन फैसलों को बदल दिया। इनमें से एक फैसला था लाटरी पर पुनः प्रतिबंध लगाना, दूसरा था चित्रकूट धाम को एक नया मंडल बनाना तथा तीसरा था नया जिला संत रविदास नगर के मुख्यालय को पुनः ज्ञानपुर ले जाना, जिसे मायावती ने सुंदर बन मुसीलाट पुर कर दिया था। लाटरी के संदर्भ में एक उल्लेखनीय तथ्य यह है कि जब मायावती पहली बार मुख्यमंत्री बनी थीं, तो उन्होंने गरीबों की विरोधी कहकर जून, 1995 में लाटरी पर प्रतिबंध लगा दिया था, किंतु जब दूसरी बार मुख्यमंत्री बनीं तो उस पर 20 प्रतिशत का टैक्स लगाकर फिर से लाटरी को शुरू करा दिया था। जाहिर है मुख्यमंत्री कल्याण सिंह के उक्त सारे फैसलों के विरोध में बी.एस. पी. के मंत्रियों ने मंत्रिमंडल की बैठक का बहिष्कार किया था। इन्हीं फैसलों के कारण दोनों पार्टियों के बीच में 18 अक्टूबर को ही कबड्डी-रेखा खिंच गई। लखनऊ में उस दिन मायावती ने राज्यपाल से मुलाकात की और अफवाहें उड़ीं कि बी.एस. पी. सरकार से समर्थन वापस लेने वाली है। यद्यपि उस दिन मायावती ने ऐसी अफवाहों का खंडन किया किंतु 19 अक्टूबर को उन्होंने ही राज्यपाल को एक पत्र सौंपकर समर्थन वापस लेने के साथ ही विधानसभा भंग करके कल्याण सिंह सरकार को बर्खास्त करने की माँग की तथा कल्याण सिंह को राज्यपाल भंडारी ने दो दिन का समय, अर्थात् 21 अक्टूबर को अपना बहुमत सिद्ध करने का मौका दिया। इस बीच मायावती ने अपने सभी 67 विधायकों को पार्टी दफ्तर में रखा, ताकि उन्हें दल बदल से बचाया जा सके, लेकिन इस बार मायावती चूक गई और उनकी पार्टी के 12 विधायक सदन में भाग कर मार्कन्डे चन्द के नेतृत्व में बी.जे.पी. खेमे में जा मिले। उधर 22 काँग्रेसी विधायक नरेश अग्रवाल के नेतृत्व में कल्याण के साथ हो गए। इनके अतिरिक्त जनता दल के कुछ विधायकों के साथ निर्दलीयों ने भी कल्याण सिंह का साथ दिया। परिणामस्वरूप 222 के बहुमत से विश्वास प्राप्त हो गया।

किसी राजनीतिक दल के जीवन में पंद्रह वर्ष कोई खास नहीं होते। क्षेत्रीय दलों को छोड़कर राष्ट्रीय महत्त्वाकांक्षाओं वाली पार्टियाँ आम तौर पर इतनी छोटी अवधि में अपने पाँव जमाने के लिए ही संघर्ष करती रहती हैं। बसपा तो एक वैकल्पिक राजनीतिक समुदाय बनाने के इरादे से चली थी इसलिए उसकी खामियों-खूबियों का विश्लेषण एक दीर्घकालीन परिप्रेक्ष्य और उसके तात्कालिक परिस्थिति के साथ संबंध के आधार पर ही किया जाना चाहिए।

बसपा की बुनियाद डालने वाले संगठन बामसेफ की परिकल्पना जिन दिनों की गई थी, वे दलित राजनीति के लिए उतार के दिन थे। अम्बेडकर 1956 में अपनी मृत्यु के बाद धर्मांतरण, रिपब्लिकन पार्टी और संविधान द्वारा प्रदत्त आरक्षण की तीन विरासतें छोड़ गए थे। धर्मांतरण का सिलसिला शुरुआती उछाल के बाद मंद पड़ गया और धीरे-धीरे दलितों के बीच नवबौद्धीकरण की प्रक्रिया थम गई। रिपब्लिकन पार्टी साठ के दशक में महाराष्ट्र के काँग्रेसी सूबेदार यशवंतराव चव्हाण के राजनीतिक

दाँव पर चढ़ गई। आर डी भंडारे, दादा साहेब रुपवते और कांबले जैसे नेता काँग्रेस में चले गए। धीरे-धीरे यह पार्टी 12 घटकों में और उससे जुड़े जुझारू दलित पेंथर तरह-तरह के मतभेदों और गुटबाजी के कारण छह टुकड़ों में टूट गए, लेकिन जल्दी ही उलटे-सीधे गठजोड़ों और इंदिरा गाँधी की **फर्जी रेडिकल राजनीति** ने इस संभावना को भी निरस्त कर दिया। वे लिखते हैं कि दलितों को मजदूर वर्ग के रूप में राजनीतिक गोलबंदी करने का अम्बेडकर प्रयास इंडिपेंडेण्ट लेबर पार्टी के रूप में उतना सार्थक नहीं हुआ था। क्योंकि मजदूर वर्ग के स्थापित नेता मजदूर आंदोलन में दलित प्रश्न को बिखराव के स्रोत के अलावा कुछ और मानने के लिए तैयार नहीं थे। अम्बेडकरवादी राजनीति की सीमाएँ स्पष्ट थीं। वह आंदोलन दलितों में शिक्षा और संगठन के लिए तड़प पैदा करने में सफल रहा था। साथ ही उसने धीरे-धीरे आरक्षण के जरिए अपेक्षाकृत अधिक साधन संपन्न दलितों का एक बड़ा तबका भी तैयार कर दिया था।

दलितों में मध्यवर्ग के उभार की इस परिघटना का पूरा श्रेय अम्बेडकर और उनके युग को दिया जा सकता है। यदि काका कालेलकर रपट में दर्ज अम्बेडकर के साक्ष्य को देखा जाए तो पता लगता है कि अम्बेडकर की प्राथमिकताएँ राजनीति से ज्यादा सामाजिक अधिक थीं। अस्सी के दशक में किए गए एक सर्वेक्षण से पता चलता है कि दलितों का मध्यम वर्ग किसी मजबूत और टिकाऊ राजनीतिक प्रतिनिधि के अभाव में कितना असहाय महसूस कर रहा था। एक तरह से उसने गैर राजनीतिक मुद्रा अख्तियार कर रखी थी। वह सामुदायिक मोक्ष के बजाए तालमेल और बीच के रास्ते के जरिए निजी मोक्ष की खोज कर रहा था। बसपा के उभार ने इस मध्य वर्ग की राजनीतिक जरूरत को पूरा किया और उसे अपने समाज के विकास में ठोस योगदान देने का मौका दिया।

बसपा के मतदाताओं का एक विश्लेषण बताता है कि सरकारी कर्मचारियों द्वारा संचालित इस पार्टी ने शहर आधारित अभिजनों के माध्यम से देहाती गरीबों को गोलबंद करने का अनूठा उदाहरण पेश किया हैं। बसपा के अधिकांश मतदाता अकुशल मजदूर, खेती और उससे जुड़े धंधों में लगे मजदूर, कारीगर और छोटे और सीमांत किसान हैं। इनमें बेहतर आर्थिक स्थिति वाले मतदाता तो केवल 2.6 (व्यवसायरत) और 1.6 (नौकरीपेशा) फीसद ही थे। कांशीराम ने जिस समय बसपा का गठन किया, उस समय के राजनीतिक हालात पर भी एक नजर डाल लेना विषयानुकूल होगा। वे काँग्रेसी वर्चस्व के आखिरी दिन थे और काँग्रेस के पास बाबू जगजीवनराम जैसे किसी प्रतिष्ठित दलित नेता की सेवाएँ उपलब्ध नहीं थीं। दलीय प्रणाली लगातार एक पार्टी को बहुमत मिलने के बावजूद राजनीतिक स्थायित्व की गारंटी नहीं कर पा रही थी। आपातकाल की नसबंदी मुहिम और तुर्कमान गेट जैसे कांडों के साथ-साथ इंदिरा गाँधी के हिंदू कार्ड ने काँग्रेस के परंपरागत समर्थन आधार के टूटने की परिस्थितियां पैदा कर दी थीं। इस हालात में बामसेफ के बुनियादी काम

और डी.एस.फोर के प्रचारात्मक काम के आधार पर दलितों के स्वतंत्र हस्तक्षेप के लिए प्रतिबद्ध पार्टी की संभावनाएँ काफी थीं। सारे देश में ही दलितों के मतदान का प्रतिशत बढ़ रहा था जो 1996 और 1998 के संसदीय निर्वाचनों राष्ट्रीय औसत और ऊँची जातियों के मतदान प्रतिशत से भी आगे निकल गया। बसपा को इस पृष्ठभूमि का काफी लाभ मिला।

बसपा की सांगठनिक समस्याओं की जड़ में उसके अनौपचारिक चरित्र की भूमिका भी लगती है। कांशीराम जिस शैली में बामसेफ को चलाते थे, उन्होंने बसपा को भी उसी तरह खड़ा किया। उसका औपचारिक ढाँचा बहुत बाद में, मायावती के दो बार मुख्यमंत्री बनने के बाद बनाया गया। अधिकारी तंत्र के दलित हिस्से के बसपा के निर्माण में अभूतपूर्व योगदान के जरिए उन्होंने सत्ता और नौकरशाही की एक अनूठी धुरी तो बना डाली, लेकिन वे यह भी मान बैठे कि गैर सरकारी लोकतांत्रिक प्रक्रियाओं में जाए बिना वे सिर्फ दलित अधिकारियों के दम पर **गुरु किल्ली** का प्रयोग कर लेंगे। इसलिए उन्होंने संगठन को मजबूत करने या पंचायतों व स्थानीय निकायों के चुनावों पर कम ध्यान दिया। पार्टी निर्माण की उनकी गैर पारंपरिक विधि के शुरू में अच्छे परिणाम निकले, लेकिन बाद में मतभेद और संकट का सामना करना पड़ा।

लोकतांत्रिक राजनीति में दलीय होड़ के जरिए बहुजन एकता का कमोबेश टिकाऊ लक्ष्य हासिल करने के लिए बसपा को चाहिए कि वह कुछ बुनियादी मसलों पर विचार करे। हरित क्रांति के बाद आर्थिक रूप से ताकतवर हुई भूमिधर पिछड़ी जातियाँ 60-70 और 80 के दशक में दो तरह के सामाजिक-राजनीतिक अनुभवों से गुजरी थीं। एक तरफ उनमें नवब्राह्मणीकरण की प्रवृत्तियाँ मजबूत हुई थीं और दूसरी तरफ वे समाजवादियों के प्रभाव के कारण बाएँ बाजू की राजनीति के आस पास गोलबंद हुई थीं। नवब्राह्मणीकरण की प्रवृत्ति ने इन जातियों को सामाजिक और आर्थिक स्तर पर बेहद गरीब और कमजोर दलितों के अंतर्विरोध में खड़ा कर दिया, लेकिन राजनीतिक स्तर पर उनकी दलितों से एकता के दो तरफा प्रयास होते रहे। सपा-बसपा गठजोड़ के रूप में राजनीतिक एकता हो जाने के बाद आर्थिक और सामाजिक अंतर्विरोधों को नरम करने के लिए स्पष्ट कार्यक्रम बनाए जाने की जरूरत थी। इसमें भूमि सुधारों के जरिए दलित वर्गों की पिछड़ी जातियों के मुकाबले तुलनात्मक ताकत बढ़ाने से लेकर कृषि आधारित उद्योग-धंधों के माध्यम से दलितों को आगे बढ़ाने के कार्यक्रम पर यादवों, आदि को ज्यादा आपत्ति भी नहीं हो सकती थी। लेकिन सपा-बसपा गठजोड़ ने इस पहलू को पूरी तरह नजरअंदाज कर दिया। मुलायम सिंह ने तो इधर ध्यान दिया ही नहीं, कांशीराम ने भी अपने दलित आधार की खुशहाली के लिए आवश्यक इस मुद्दे को नहीं उठाया।

जहाँ तक दलितों और मुसलमानों के आपसी रिश्तों का सवाल था—कांशीराम

को दरअसल कुशलतापूर्वक उत्तर भारतीय दलितों के उस हिस्से की मुसलमान विरोधी भावनाओं को धर्मनिरपेक्ष स्पर्श देना चाहिए था जो आर्य समाज के प्रभाव में आकर राजनीतिक हिंदुत्व का स्वाद चख चुका था। उत्तर भारत के चूड़े, हलालखोर, मेहतर और भंगी खुद को वाल्मीकि कहते हैं। आर्य समाज के प्रचारकों ने लंबे अरसे से उनके दिमाग में कूट-कूटकर भर रखा है कि उनकी मौजूदा हालत का जिम्मेदार मुसलमान शासन था। ये दलित जातियाँ वाल्मीकि की एक महर्षि के रूप में पूजा करती हैं। 40 के दशक में पंजाब के दौरे में अम्बेडकर को इस समस्या की तीखी अनुभूति हुई थी और उन्होंने वाल्मीकि भक्ति के संप्रदाय की आलोचना करते हुए वाल्मीकि को 'राम राज्य की एक सदस्यीय विज्ञान एजेंसी' करार दिया था। 1936 में जात-पाँत तोड़क मंडल के लिए लिखे गए अपने भाषण में अम्बेडकर ने संभवतः इसीलिए जानबूझकर राम द्वारा शंबूक (शूद्र) की हत्या का प्रकरण उठाया था। कांशीराम ने इस तथ्य का ध्यान रखना भी मुनासिब नहीं समझा कि कार सेवा के दौरान संघपरिवार ने बड़े पैमाने पर वाल्मीकियों को कार सेवक के रूप में गोलबंद करने की कोशिश की थी। संघपरिवार ने इन वाल्मीकियों से राम मंदिर के साथ-साथ वाल्मीकि का मंदिर बनाने का वायदा भी कर दिया था।

कांशीराम को यह श्रेय दिया जाना चाहिए कि उन्होंने पंजाब के रमदसिया चमारों का नेता बनने के आसान रास्ते को छोड़कर राष्ट्रीय पैमाने पर प्रयास किया।

पंजाब और उत्तर प्रदेश दोनों जगहों पर बसपा वर्ण व्यवस्था की विषमता के जिस तर्क के आधार पर अनुसूचित जातियों तथा पिछड़ों का कॉंग्रेस के दायरे से निकालकर अपने साथ ला पाई, उसी तर्क के आधार पर उसे अन्य दलित जातियों को भी अपने साथ लाने की कोशिश करनी चाहिए थी। लेकिन व्यावहारिक रूप से उसे ऐसा करते हुए नहीं देखा गया। आँकड़े बताते हैं कि उत्तर प्रदेश में बसपा ने दलित मतदाताओं के बहुलांश (तकरीबन साठ फीसद) को कॉंग्रेस की झोली से निकाल लिया है लेकिन पंजाब, हरियाणा और मध्य प्रदेश में उसकी सफलता (44.4 फीसद से 22. 4 फीसद तक) इस मामले में कुछ मंझोले स्तर की ही मानी जाएगी। बाकी सभी राज्यों में बसपा के हाथ कुछ खास नहीं लगा है। जिन राज्यों में अधिकतर दलित उसके साथ गए भी हैं वहाँ भी वह अम्बेडकर कालीन बर्फ की कुछ परतों को अभी नहीं तोड़ पाई है।

पंजाब में बसपा की राजनीति ने दो तरह से एकजुट कर दिया। आद-धर्मी और रमदसिया का ध्रुवीकरण हो गया, लेकिन मध्य प्रदेश में छत्तीसगढ़ के सतनामियों का उसका समर्थन आधार मालवा क्षेत्र के चमारों तक विस्तृत नहीं हो पाया।

देश में उत्तरप्रदेश सबसे बड़ा राज्य है। उसकी प्रगति संपूर्ण राष्ट्र की प्रगति बन सकती है। साथ ही एक आदर्श राज्य का संदेश भी दूर-दूर जा सकता हैं। प्रदेश की मौजूदा मुख्यमंत्री के पास यह सुनहरा अवसर है। दलितों की साहित्य, संस्कृति से लेकर उद्योग तक में भागीदारी दी जा सकती है। बशर्ते मुख्यमंत्री के पास एक ऐसी टीम हो

जो वास्तव में ही समाज में क्रांतिकारी बदलाव लाने में विश्वास करती हो। दूसरे पं. दीनदयाल उपाध्याय के 'अन्त्योदय' और बसपा के 'सर्वजन हिताय' में कोई टकराव होना भी नहीं चाहिए। भाजपा के प्रदेशीय सिपहसालार अगर दलित एजेंडे से मतभेद रखेंगे तो जरूर ही मायावती के सामने संकट आएगा, क्योंकि सरकार रहेगी तो दलितों के लिए कुछ संभव होगा, पर अपनी सरकार बनाए रखने के लिए तो क्या कोई अन्य समझौता नहीं करना पड़ेगा। इस बारे में मुलायम सिंह का बैकवर्ड कार्ड भी चुनौती बनेगा। उत्तरप्रदेश में कानूनी व्यवस्था कायम रखना सरकार का पहला कर्तव्य है। गांव में उसी स्थिति में दलितों की सुरक्षा हो सकेगी। बिहार में दलितों की सुरक्षा प्रदान करने में विफल रहने के कारण राबड़ी देवी सरकार से बसपा का समर्थन वापस लेना एक अच्छा कदम है, काश स्वयं अपने राज्य में दलितों को सुरक्षा की गारंटी मिल सके।

उ.प्र. में सामाजिक रूप से पिछड़े दलित समुदायों के युवा वकीलों को सामाजिक सुरक्षा के रूप में मासिक वजीफा देने का अच्छा कदम है। इससे वे गरीब दलितों के मुकदमों को आसानी से लड़ सकेंगे। देखना है कि अति संवेदनशील परिस्थितियों में दलित एजेंडा को आगे बढ़ाने में उ.प्र. की मुख्यमंत्री भाजपा तथा अन्य पार्टियों से कैसे और कब तक तालमेल रखने में सफल हो सकेगी?

संदर्भ

- अमर उजाला, उ.प्र., 2002
- राष्ट्रीय सहारा, नोएडा 22 अप्रैल, 1996
- दलित लिबरेशन टुडे, लखनऊ, अगस्त, 1996
- अश्वघोष, नागपुर, जनवरी-फरवरी, 1998
- राष्ट्रीय सहारा (हस्तक्षेप) 27 सितंबर, 1997
- अजय सिंह, कांशीराम का आत्म समर्पण समकालीन जनमत, दिल्ली, 16-30 अप्रैल, 1995, पृष्ठ 13
- बहुजन संगठक, नई दिल्ली, 12 फरवरी, 1996
- राष्ट्रीय सहारा, 27 अक्टूबर, 1995
- ब्लिट्ज, हिंदी साप्ताहिक, संपादक आर.के. करंजिया बंबई, 22 जनवरी, 1994
- राष्ट्रीय, सहारा (हस्तक्षेप), 13 अप्रैल, 1996
- इंडिया टुडे, नई दिल्ली, 6-20 अप्रैल, 1997
- अश्वघोष, नागपुर, नव-दिस, 1997, पृष्ठ 3
- वही, पृ. 4
- कांशीराम 'चमचा युग' : दि एरा ऑव स्टूजिस, अनुवाद : रामगोपाल आजाद, समता प्रकाशन, नागपुर, 1998
- रामाश्रय राय और वी.बी. सिंह, हरिजन इलीट, अजंता, दिल्ली, 1986
- पुष्पेंद्र, दलित एसर्शन थ्रू इलेक्ट्रोरल पॉलिटिक्स, ईपीडब्ल्यू, 4 सितम्बर, 1999
- कांचन चंद्रा, 'ट्रांसफार्मेशन ऑव इथनिक पॉलिटिक्स इन इंडिया : दि डिक्लाइन ऑव कांग्रेस एंड राइज ऑव बहुजन समाज पार्टी इन होशियारपुर, दि जनरल एशियन स्टडीज 59, अंक-1, फरवरी 2000, पृ. 35-36

www.ingramcontent.com/pod-product-compliance
Lightning Source LLC
LaVergne TN
LVHW010928051026
849532LV00003B/889
* 9 7 8 9 3 9 5 1 4 5 1 7 6 *